COLLECTION
L'IMAGINAIRE

Marcel Proust

Pastiches et mélanges

Ce volume reprend l'édition de 1919
publiée du vivant de Marcel Proust.

Gallimard

C'est en 1893 que l'on retrouve les premières traces de l'intérêt que Proust manifeste à l'égard de l'esthéticien anglais John Ruskin, dont il lit des extraits dans une revue dirigée par Paul Desjardins. À cette date, Marcel Proust, né le 10 juillet 1871 à Paris, est bachelier en droit et se destine à une carrière de bibliothécaire — mais on le verra très peu à la Bibliothèque Mazarine où il est officiellement attaché en 1895. Il a suivi ses études secondaires au Lycée Condorcet, où il est entré à onze ans et s'est fait remarquer par l'excellence de ses prestations et par ses absences : il avait eu sa première crise d'asthme en 1881. Il a effectué son service militaire, comme engagé volontaire, en 1890. Deux ans plus tard, alors en Sorbonne et à l'école libre des Sciences Politiques, il a fondé une revue, *Le banquet.* Il y publie, de même que dans *La revue blanche* et *Le Gaulois,* les chroniques, poèmes, contes et études réunis en 1896 dans *Les plaisirs et les jours* et qui, rétrospectivement, ne pouvaient guère laisser préjuger de son génie — on y reconnaît, cependant, sa finesse psychologique, son goût pour la philosophie et l'influence de Bergson. Introduit dans le « grand monde », dans les salons littéraires et les milieux artistiques, il est un jeune mondain, apparemment superficiel et snob, et c'est aujourd'hui à la seule lumière de la *Recherche* que l'on peut le supposer rassemblant, ici et là, lors des visites et des soirées, le matériau qui allait constituer son œuvre.

C'est dans ce « monde », en tout cas, et après avoir lu le *Ruskin et la religion de la Beauté* de Robert de la Sizeranne, qu'il rencontre Marie Nordlinger, une cousine de Reynaldo Hahn, qui a déjà traduit un chapitre de Ruskin et assistera Marcel Proust dans son travail sur l'esthéticien. Il commence la traduction de *La Bible d'Amiens* en 1899, peu de temps avant la mort de John Ruskin. Pour parfaire sa connaissance des lieux décrits par Ruskin, il fait des pèlerinages à Amiens, à Rouen et à Venise — une première fois avec sa mère en mai, une seconde fois seul en octobre 1900. Il publiera cette année-là, dans *Le Figaro : Pèlerinages ruskiniens en France* et, dans le *Mercure de France : Ruskin à Notre-Dame d'Amiens*. Puis un grand essai publié en deux parties dans *La Gazette des Beaux-Arts*.

Au moment de la publication de *La Bible d'Amiens*, qu'il a donc traduite et préfacée, il travaille à la traduction de *Sésame et les lys*, qui sera publié en 1906, alors que la préface *Sur la lecture*, reprise dans *Pastiches et Mélanges* sous le titre *Journées de lecture* paraît isolément, en 1905, dans *La Renaissance latine*. Chacun, toujours, s'est entendu pour considérer cette préface comme le premier texte à avoir mis le génie proustien en lumière.

Sa mère meurt, le 26 septembre 1905. En décembre de l'année suivante, Proust s'installe boulevard Haussman d'où il ne sortira plus que pour passer l'été à Cabourg, et, en 1919, contraint de déménager, pour aller habiter au 44 rue Hamelin, XVIe, où il meurt, le 18 novembre 1922.

C'est en 1909 que Proust songe à rassembler les pastiches de Balzac, Flaubert, Michelet, Renan, Sainte-Beuve, Henri de Régnier, Saint-Simon, etc., qui faisaient partie d'une série publiée dans *Le Figaro*. Mais « non, écrit-il à Fernand Gregh, un volume pour les pastiches, ce serait excessif. (...) pas rien que pour les pastiches » — cet « exercice ridicule », avait-il dit au moment de cesser d'en écrire, auquel il a, par ailleurs, prétendu s'être livré, « par paresse de faire de la critique littéraire, amusement de faire de la critique littéraire en action ».

Pastiches et mélanges sera publié en 1919 et rassemble, à côté de ces variations « à la manière de », les grandes préfaces aux ouvrages qu'il a traduits de Ruskin et quelques articles tels *Sentiments filiaux d'un parricide*, et *Impressions de route en automobile*, parus dans *Le Figaro* en février et novembre 1907. La même année, paraîtront une réédition de *Du côté de chez Swann* et *À l'ombre des jeunes filles en fleurs* qui lui vaut le Prix Goncourt 1919. Les autres volumes de la *Recherche* sortiront entre 1920 et 1927.

Jean Santeuil, en 1952.

Contre Sainte-Beuve, en 1954.

À MONSIEUR WALTER BERRY.

Avocat et lettré, qui, depuis le premier jour de la guerre, devant l'Amérique encore indécise, a plaidé, avec une énergie et un talent incomparables, la cause de la France, et l'a gagnée.

Son ami,
MARCEL PROUST.

PASTICHES

L'AFFAIRE LEMOINE[1]

I

DANS UN ROMAN DE BALZAC

Dans un des derniers mois de l'année 1907, à un de ces « routs » de la marquise d'Espard où se pressait alors l'élite de l'aristocratie parisienne (la plus élégante de l'Europe, au dire de M. de Talleyrand, ce Roger Bacon de la nature sociale,

1. On a peut-être oublié, depuis dix ans, que Lemoine ayant faussement prétendu avoir découvert le secret de la fabrication du diamant et ayant reçu, de ce chef, plus d'un million du président de la De Beers, Sir Julius Werner, fut ensuite, sur la plainte de celui-ci, condamné le 6 juillet 1909 à six ans de prison. Cette insignifiante affaire de police correctionnelle, mais qui passionnait alors l'opinion, fut choisie un soir par moi, tout à fait au hasard, comme thème unique de morceaux, où j'essayerais d'imiter la manière d'un certain nombre d'écrivains. Bien qu'en donnant sur des pastiches la moindre explication on risque d'en diminuer l'effet, je rappelle pour éviter de froisser de légitimes amours-propres, que c'est l'écrivain pastiché qui est censé parler, non seulement selon son esprit, mais dans le langage de son temps. A celui de Saint-Simon par exemple, les mots bonhomme, bonne femme n'ont nullement le sens familier et protecteur d'aujourd'hui. Dans ses *Mémoires*, Saint-Simon dit couramment le bonhomme Chaulnes pour le duc de Chaulnes qu'il respectait infiniment, et pareillement de beaucoup d'autres.

Pastiches

qui fut évêque et prince de Bénévent), de Marsay et Rastignac, le comte Félix de Vandenesse, les ducs de Rhétoré et de Grandlieu, le comte Adam Laginski, Me Octave de Camps, lord Dudley, faisaient cercle autour de Mme la princesse de Cadignan, sans exciter pourtant la jalousie de la marquise. N'est-ce pas en effet une des grandeurs de la maîtresse de maison — cette carmélite de la réussite mondaine — qu'elle doit immoler sa coquetterie, son orgueil, son amour même, à la nécessité de se faire un salon dont ses rivales seront parfois le plus piquant ornement? N'est-elle pas en cela l'égale de la sainte? Ne mérite-t-elle pas sa part, si chèrement acquise, du paradis social? La marquise — une demoiselle de Blamont-Chauvry, alliée des Navarreins, des Lenoncourt, des Chaulieu — tendait à chaque nouvel arrivant cette main que Desplein, le plus grand savant de notre époque, sans en excepter Claude Bernard, et qui avait été élève de Lavater, déclarait la plus profondément calculée qu'il luï eût été donné d'examiner. Tout à coup la porte s'ouvrit devant l'illustre romancier Daniel d'Arthez. Un physicien du monde moral qui aurait à la fois le génie de Lavoisier et de Bichat — le créateur de la chimie organique — serait seul capable d'isoler les éléments qui composent la sonorité spéciale du pas des hommes supérieurs. En entendant résonner celui de d'Arthez vous eussiez frémi. Seul pouvait ainsi marcher un sublime génie ou un grand criminel. Le génie n'est-il pas d'ailleurs une sorte de crime contre la routine du passé que notre temps punit plus sévèrement que le crime même, puisque les savants meurent à l'hôpital qui est plus triste que le bagne.

Athénaïs ne se sentait pas de joie en voyant revenir chez elle l'amant qu'elle espérait bien enlever à sa meilleure amie. Aussi pressa-t-elle la main de la princesse en gardant le calme impénétrable que possèdent les femmes de la haute société au moment même où elles vous enfoncent un poignard dans le cœur.

— Je suis heureuse pour vous, ma chère, que M. d'Arthez soit venu, dit-elle à Mme de Cadignan, d'autant plus qu'il aura une surprise complète, il ne savait pas que vous seriez ici.

— Il croyait sans doute y rencontrer M. de Rubempré dont il admire le talent, répondit Diane avec une moue câline qui cachait la plus mordante des railleries, car on savait que Mme d'Espard ne pardonnait pas à Lucien de l'avoir abandonnée.

— Oh ! mon ange, répondit la marquise avec une aisance surprenante, nous ne pouvons retenir ces gens-là, Lucien subira le sort du petit d'Esgrignon, ajouta-t-elle en confondant les personnes présentes par l'infamie de ces paroles dont chacune était un trait accablant pour la princesse. (Voir le *Cabinet des Antiques*.)

— Vous parlez de M. de Rubempré, dit la vicomtesse de Beauséant qui n'avait pas reparu dans le monde depuis la mort de M. de Nueil et qui, par une habitude particulière aux personnes qui ont longtemps vécu en province, se faisait une fête d'étonner des Parisiens avec une nouvelle qu'elle venait d'apprendre. Vous savez qu'il est fiancé à Clotilde de Grandlieu.

Chacun fit signe à la vicomtesse de se taire, ce mariage étant encore ignoré de Mme de Sérizy, qu'il allait jeter dans le désespoir.

— On me l'a affirmé, mais cela peut être faux, reprit la vicomtesse qui, sans comprendre exactement en quoi elle avait fait une gaucherie, regretta d'avoir été aussi démonstrative.

Ce que vous dites ne me surprend pas, ajouta-t-elle, car j'étais étonnée que Clotilde se fût éprise de quelqu'un d'aussi peu séduisant.

— Mais au contraire, personne n'est de votre avis, Claire, s'écria la princesse en montrant la comtesse de Sérizy qui écoutait.

Ces paroles furent d'autant moins saisies par la vicomtesse qu'elle ignorait entièrement la liaison de Mme de Sérizy avec Lucien.

— Pas séduisant, essaya-t-elle de corriger, pas séduisant... du moins pour une jeune fille !

— Imaginez-vous, s'écria d'Arthez avant même d'avoir remis son manteau à Paddy, le célèbre tigre de feu Beaudenord (voir les *Secrets de la princesse de Cadignan*), qui se tenait devant lui avec l'immobilité spéciale à la domesticité du Faubourg Saint-Germain, oui, imaginez-vous, répéta le grand homme avec cet enthousiasme des penseurs qui paraît ridicule au milieu de la profonde dissimulation du grand monde.

— Qu'y a-t-il ? que devons-nous nous imaginer, demanda ironiquement de Marsay en jetant à Félix de Vandenesse et au prince Galathione ce regard à double entente, véritable privilège de ceux qui avaient longtemps vécu dans l'intimité de MADAME.

— *Tuchurs pô!* renchérit le baron de Nucingen avec l'affreuse vulgarité des parvenus qui croient, à l'aide des plus grossières rubriques, se donner du genre et singer les Maxime de Trailles ou les de Marsay ; *et fous afez du quir ; fous esde le frai brodecdir tes baufres, à la Jambre.*

(Le célèbre financier avait d'ailleurs des raisons particulières d'en vouloir à d'Arthez qui ne l'avait pas suffisamment soutenu, quand l'ancien amant d'Esther avait cherché en vain à faire admettre sa femme, née Goriot, chez Diane de Maufrigneuse).

— *Fite, fite, mennesir, la ponhire zera gomblète bir mi si vi mi druffez tigne ti savre ke vaudille himachinei?*

— Rien, répondit avec à-propos d'Arthez, je m'adresse à la marquise.

Cela fut dit d'un ton si perfidement épigrammatique que Paul Morand, un de nos plus impertinents secrétaires d'ambassade, murmura : — Il est plus fort que nous! Le baron, se sentant joué, avait froid dans le dos. Mme Firmiani suait dans ses pantoufles, un des chefs-d'œuvre de l'industrie polonaise. D'Arthez fit semblant de ne pas s'être aperçu de la comédie qui venait de se jouer, telle que la vie de Paris peut seule en offrir d'aussi profonde (ce qui explique pourquoi la province a toujours donné si peu de grands hommes d'Etat à la France) et sans s'arrêter à la belle Négrepelisse, se tournant vers Mme de Sérizy avec cet effrayant sang-froid qui peut triompher des plus grands obstacles (en est-il

pour les belles âmes de comparables à ceux du
cœur ?) :

— On vient, madame, de découvrir le secret de
la fabrication du diamant.

— *Cesde iffire esd eine crant dressor,* s'écria le baron
ébloui.

— Mais j'aurai cru qu'on en avait toujours
fabriqué, répondit naïvement Léontine.

Mme de Cadignan, en femme de goût, se garda
bien de dire un mot, là où des bourgeoises se fussent
lancées dans une conversation où elles eussent
niaisement étalé leurs connaissances en chimie.
Mais Mme de Sérizy n'avait pas achevé cette
phrase qui dévoilait une incroyable ignorance, que
Diane, en enveloppant la comtesse tout entière, eut
un regard sublime. Seul Raphaël eût peut-être été
capable de le peindre. Et certes, s'il y eût réussi, il
eût donné un pendant à sa célèbre *Fornarina*, la plus
saillante de ses toiles, la seule qui le place au-dessus
d'André del Sarto dans l'estime des connaisseurs.

Pour comprendre le drame qui va suivre, et
auquel la scène que nous venons de raconter peut
servir d'introduction, quelques mots d'explication
sont nécessaires. A la fin de l'année 1905, une
affreuse tension régna dans les rapports de la
France et de l'Allemagne. Soit que Guillaume II
comptât effectivement déclarer la guerre à la
France, soit qu'il eût voulu seulement le laisser
croire afin de rompre notre alliance avec l'Angleterre, l'ambassadeur d'Allemagne reçut l'ordre
d'annoncer au gouvernement français qu'il allait

présenter ses lettres de rappel. Les rois de la finance jouèrent alors à la baisse sur la nouvelle d'une mobilisation prochaine. Des sommes considérables furent perdues à la Bourse. Pendant toute une journée on vendit des titres de rente que le banquier Nucingen, secrètement averti par son ami le ministre de Marsay de la démission du chancelier Delcassé, qu'on ne sut à Paris que vers quatre heures, racheta à un prix dérisoire et qu'il a gardées depuis.

Il n'est pas jusqu'à Raoul Nathan qui ne crut à la guerre, bien que l'amant de Florine, depuis que du Tillet, dont il avait voulu séduire la belle-sœur (voir *une Fille d'Ève*), lui avait fait faire un puff à la Bourse, soutint dans son journal la paix à tout prix.

La France ne fut alors sauvée d'une guerre désastreuse que par l'intervention, restée longtemps inconnue des historiens, du maréchal de Montcornet, l'homme le plus fort de son siècle après Napoléon. Encore Napoléon n'a-t-il pu mettre à exécution son projet de descente en Angleterre, la grande pensée de son règne. Napoléon, Montcornet, n'y a-t-il pas entre ces deux noms comme une sorte de ressemblance mystérieuse ? Je me garderais bien d'affirmer qu'ils ne sont pas rattachés l'un à l'autre par quelque lien occulte. Peut-être notre temps, après avoir douté de toutes les grandes choses sans essayer de les comprendre, sera-t-il forcé de revenir à l'harmonie préétablie de Leibniz. Bien plus, l'homme qui était alors à la tête de la plus colossale affaire de diamants de l'Angleterre s'appelait Werner, Julius Werner, Werner ! ce nom

ne vous semble-t-il pas évoquer bizarrement le
moyen âge ? Rien qu'à l'entendre, ne voyez-vous
pas déjà le docteur Faust, penché sur ses creusets,
avec ou sans Marguerite ? N'implique-t-il pas l'idée
de la pierre philosophale ? Werner ! Julius ! Werner !
Changez deux lettres et vous avez Werther. *Werther*
est de Gœthe.

Julius Werner se servit de Lemoine, un de ces
hommes extraordinaires qui, s'ils sont guidés par
un destin favorable, s'appellent Geoffroy Saint-
Hilaire, Cuvier, Ivan le Terrible, Pierre le Grand,
Charlemagne, Berthollet, Spalanzani, Volta. Changez les circonstances et ils finiront comme le
maréchal d'Ancre, Balthazar Cleas, Pugatchef, Le
Tasse, la comtesse de la Motte ou Vautrin. En
France, le brevet que le gouvernement octroie aux
inventeurs n'a aucune valeur par lui-même. C'est là
qu'il faut chercher la cause qui paralyse, chez nous,
toute grande entreprise industrielle. Avant la Révolution, les Séchard, ces géants de l'imprimerie, se
servaient encore à Angoulême des presses à bois, et
les frères Cointet hésitaient à acheter le second
brevet d'imprimeur. (Voir les *Illusions perdues*.)
Certes peu de personnes comprirent la réponse que
Lemoine fit aux gendarmes venus pour l'arrêter. —
Quoi ? L'Europe m'abandonnerait-elle ? s'écria le
faux inventeur avec une terreur profonde. Le mot
colporté le soir dans les salons du ministre Rastignac y passa inaperçu.

— Cet homme serait-il devenu fou ? dit le comte
de Granville étonné.

L'ancien clerc de l'avoué Bordin devait précisément prendre la parole dans cette affaire au nom du ministère public, ayant retrouvé depuis peu, par le mariage de sa seconde fille avec le banquier du Tillet, la faveur que lui avait fait perdre auprès du nouveau gouvernement son alliance avec les Vandenesse, etc.

II

L' « AFFAIRE LEMOINE »
PAR GUSTAVE FLAUBERT

La chaleur devenait étouffante, une cloche tinta, des tourterelles s'envolèrent, et, les fenêtres ayant été fermées sur l'ordre du président, une odeur de poussière se répandit. Il était vieux, avec un visage de pitre, une robe trop étroite pour sa corpulence, des prétentions à l'esprit ; et ses favoris égaux, qu'un reste de tabac salissait, donnaient à toute sa personne quelque chose de décoratif et de vulgaire. Comme la suspension d'audience se prolongeait, des intimités s'ébauchèrent ; pour entrer en conversation, les malins se plaignaient à haute voix du manque d'air, et, quelqu'un ayant dit reconnaître le ministre de l'intérieur dans un monsieur qui sortait, un réactionnaire soupira : « Pauvre France ! » En tirant de sa poche une orange, un nègre s'acquit de la considération, et, par amour de la popularité, en offrit les quartiers à ses voisins, en s'excusant, sur un journal : d'abord à un ecclésiastique, qui affirma « n'en avoir jamais mangé d'aussi bonne ; c'est un excellent fruit, rafraîchissant » ; mais une douai-

rière prit un air offensé, défendit à ses filles de rien
accepter « de quelqu'un qu'elles ne connaissaient
pas », pendant que d'autres personnes, ne sachant
pas si le journal arriverait jusqu'à elles, cherchaient
une contenance : plusieurs tirèrent leur montre, une
dame enleva son chapeau. Un perroquet le surmon-
tait. Deux jeunes gens s'en étonnèrent, auraient
voulu savoir s'il avait été placé là comme souvenir
ou peut-être par goût excentrique. Déjà les farceurs
commençaient à s'interpeller d'un banc à l'autre, et
les femmes, regardant leurs maris, s'étouffaient de
rire dans un mouchoir, quand un silence s'établit, le
président parut s'absorber pour dormir, l'avocat de
Werner prononçait sa plaidoirie. Il avait débuté sur
un ton d'emphase, parla deux heures, semblait
dyspeptique, et chaque fois qu'il disait « Monsieur
le Président » s'effondrait dans une révérence si
profonde qu'on aurait dit une jeune fille devant un
roi, un diacre quittant l'autel. Il fut terrible pour
Lemoine, mais l'élégance des formules atténuait
l'âpreté du réquisitoire. Et ses périodes se succé-
daient sans interruption, comme les eaux d'une
cascade, comme un ruban qu'on déroule. Par
moment, la monotonie de son discours était telle
qu'il ne se distinguait plus du silence, comme une
cloche dont la vibration persiste, comme un écho
qui s'affaiblit. Pour finir, il attesta les portraits des
présidents Grévy et Carnot, placés au-dessus du
tribunal ; et chacun, ayant levé la tête, constata que
la moisissure les avait gagnés dans cette salle
officielle et malpropre qui exhibait nos gloires et
sentait le renfermé. Une large baie la divisait par le

milieu, des bancs s'y alignaient jusqu'au pied du tribunal ; elle avait de la poussière sur le parquet, des araignées aux angles du plafond, un rat dans chaque trou, et on était obligé de l'aérer souvent à cause du voisinage du calorifère, parfois d'une odeur plus nauséabonde. L'avocat de Lemoine répliquant, fut bref. Mais il avait un accent méridional, faisait appel aux passions généreuses, ôtait à tout moment son lorgnon. En l'écoutant, Nathalie ressentait ce trouble où conduit l'éloquence ; une douceur l'envahit et son cœur s'étant soulevé, la batiste de son corsage palpitait, comme une herbe au bord d'une fontaine prête à sourdre, comme le plumage d'un pigeon qui va s'envoler. Enfin le président fit un signe, un murmure s'éleva, deux parapluies tombèrent : on allait entendre à nouveau l'accusé. Tout de suite les gestes de colère des assistants le désignèrent ; pourquoi n'avait-il pas dit vrai, fabriqué du diamant, divulgué son invention ? Tous, et jusqu'au plus pauvre, auraient su — c'était certain — en tirer des millions. Même ils les voyaient devant eux, dans la violence du regret où l'on croit posséder ce qu'on pleure. Et beaucoup se livrèrent une fois encore à la douceur des rêves qu'ils avaient formés, quand ils avaient entrevu la fortune, sur la nouvelle de la découverte, avant d'avoir dépisté l'escroc.

Pour les uns, c'était l'abandon de leurs affaires, un hôtel avenue du Bois, de l'influence à l'Académie ; et même un yacht qui les aurait menés l'été dans des pays froids, pas au Pôle pourtant, qui est curieux, mais la nourriture y sent l'huile, le jour de

vingt-quatre heures doit être gênant pour dormir, et
puis comment se garer des ours blancs ?

A certains, les millions ne suffisaient pas ; tout de
suite ils les auraient joués à la Bourse ; et, achetant
des valeurs au plus bas cours la veille du jour où
elles remonteraient — un ami les aurait renseignés
— verraient centupler leur capital en quelques
heures. Riches alors comme Carnegie, ils se garde-
raient de donner dans l'utopie humanitaire. (D'ailleurs, à quoi bon ? Un milliard partagé entre tous
les Français n'en enrichirait pas un seul, on l'a
calculé.) Mais, laissant le luxe aux vaniteux, ils
rechercheraient seulement le confort et l'influence,
se feraient nommer président de la République,
ambassadeur à Constantinople, auraient dans leur
chambre un capitonnage de liège qui amortît le
bruit des voisins. Ils n'entreraient pas au Jockey-
Club, jugeant l'aristocratie à sa valeur. Un titre du
pape les attirait davantage. Peut-être pourrait-on
l'avoir sans payer. Mais alors à quoi bon tant de
millions ? Bref, ils grossiraient le denier de saint
Pierre tout en blâmant l'institution. Que peut bien
faire le pape de cinq millions de dentelles, tant de
curés de campagne meurent de faim ?

Mais quelques-uns, en songeant que la richesse
aurait pu venir à eux, se sentaient prêts à défaillir ;
car ils l'auraient mise aux pieds d'une femme dont
ils avaient été dédaignés jusqu'ici, et qui leur aurait
enfin livré le secret de son baiser et la douceur de
son corps. Ils se voyaient avec elle, à la campagne,
jusqu'à la fin de leurs jours, dans une maison tout
en bois blanc, sur le bord triste d'un grand fleuve.

Ils auraient connu le cri du pétrel, la venue des brouillards, l'oscillation des navires, le développement des nuées, et seraient restés des heures avec son corps sur leurs genoux, à regarder monter la marée et s'entrechoquer les amarres, de leur terrasse, dans un fauteuil d'osier, sous une tente rayée de bleu, entre des boules de métal. Et ils finissaient par ne plus voir que deux grappes de fleurs violettes, descendant jusqu'à l'eau rapide qu'elles touchent presque, dans la lumière crue d'un après-midi sans soleil, le long d'un mur rougeâtre qui s'effritait. A ceux-là, l'excès de leur détresse ôtait la force de maudire l'accusé ; mais tous le détestaient, jugeant qu'il les avait frustrés de la débauche, des honneurs, de la célébrité, du génie ; parfois de chimères plus indéfinissables, de ce que chacun recelait de profond et de doux, depuis son enfance, dans la niaiserie particulière de son rêve.

III

CRITIQUE DU ROMAN DE
M. GUSTAVE FLAUBERT SUR
L' « AFFAIRE LEMOINE », PAR
SAINTE-BEUVE, DANS SON FEUILLETON
DU *CONSTITUTIONNEL*

L'Affaire Lemoine... par M. Gustave Flaubert!
Sitôt surtout après *Salammbô,* le titre a généralement
surpris. Quoi? l'auteur avait dressé son chevalet en
plein Paris, au Palais de justice, dans la chambre
même des appels correctionnels... : on le croyait
encore à Carthage! M. Flaubert — estimable en
cela dans sa velléité et sa prédilection — n'est pas
de ces écrivains que Martial a bien finement raillés
et qui, passés maîtres sur un terrain, ou réputés
pour tels, s'y cantonnent, s'y fortifient, soucieux
avant tout de ne pas offrir de prise à la critique,
n'exposant jamais dans la manœuvre qu'une aile à
la fois. M. Flaubert, lui, aime à multiplier les
reconnaissances et les sorties, à faire front de tous
côtés, que dis-je, il tient les défis, quelques conditions qu'on propose, et ne revendique jamais le
choix des armes ni l'avantage du terrain. Mais cette
fois-ci, il faut le reconnaître, cette volte-face si
précipitée, ce retour d'Egypte (ou peu s'en faut) à la
Bonaparte, et qu'aucune victoire bien certaine ne

devait ratifier, n'ont pas paru très heureux ; on y a vu, ou cru y voir, disons-le, comme un rien de mystification. Quelques-uns ont été jusqu'à prononcer, non sans apparence de raison, le mot de gageure. Cette gageure, M. Flaubert, du moins, l'a-t-il gagnée ? C'est ce que nous allons examiner en toute franchise, mais sans jamais oublier que l'auteur est le fils d'un homme bien regrettable, que nous avons tous connu, professeur à l'Ecole de médecine de Rouen, qui a laissé dans sa profession et dans sa province sa trace et son rayon ; et que cet aimable fils — quelque opinion qu'on puisse d'ailleurs opposer à ce que des jeunes gens bien hâtifs ne craignent pas, l'amitié aidant, d'appeler déjà son talent — mérite, d'ailleurs, tous les égards par la simplicité reconnue de ses relations toujours sûres et parfaitement suivies — lui, le contraire même de la simplicité dès qu'il prend une plume ! — par le raffinement et la délicatesse invariable de son procédé.

Le récit débute par une scène qui, mieux conduite, aurait pu donner de M. Flaubert une idée assez favorable, dans ce genre tout immédiat et impromptu du croquis, de l'étude prise sur la réalité. Nous sommes au Palais de justice, à la chambre correctionnelle, où se juge l'affaire Lemoine, pendant une suspension d'audience. Les fenêtres viennent d'être fermées sur l'ordre du président. Et ici un éminent avocat m'assure que le président n'a rien à voir, comme il semble en effet plus naturel et convenable, dans ces sortes de

choses, et à la suspension même s'était certainement retiré dans la chambre du conseil. Ce n'est
qu'un détail si l'on veut. Mais vous qui venez nous
dire (comme si en vérité vous les aviez comptés !) le
nombre des éléphants et des onagres dans l'armée
carthaginoise, comment espérez-vous, je vous le
demande, être cru sur parole quand, pour une
réalité si prochaine, si aisément vérifiable, si som-
maire même et nullement détaillée, vous commettez
de telles bévues ! Mais passons : l'auteur voulait
une occasion de décrire le président, il ne l'a pas
laissée échapper. Ce président a « un visage de pitre
(ce qui suffit à désintéresser le lecteur) une robe
trop étroite pour sa corpulence (trait assez gauche
et qui ne peint rien), des prétentions à l'esprit ».
Passe encore pour le visage de pitre ! L'auteur est
d'une école qui ne voit jamais rien dans l'humanité
de noble ou d'estimable. Pourtant M. Flaubert, bas
Normand s'il en fut, est d'un pays de fine chicane et
de haute sapience qui a donné à la France assez de
considérables avocats et magistrats, je ne veux
point distinguer ici. Sans même se borner aux
limites de la Normandie, l'image d'un président
Jeannin sur lequel M. Villemain nous a donné plus
d'une indication délicate, d'un Mathieu Marais,
d'un Saumaise, d'un Bouhier, voire de l'agréable
Patru, de tel de ces hommes distingués par la
sagesse du conseil et d'un mérite si nécessaire, serait
aussi intéressante, je crois, et aussi vraie que celle
du président à « visage de pitre » qui nous est ici
montrée. Va pourtant pour visage de pitre ! Mais
s'il a des « prétentions à l'esprit », qu'en savez-

vous, puisque aussi bien il n'a pas encore ouvert la bouche ? Et de même, un peu plus loin, l'auteur, dans le public qu'il nous décrit, nous montrera du doigt un « réactionnaire ». C'est une désignation assez fréquente aujourd'hui. Mais ici, je le demande encore à M. Flaubert : « Un réactionnaire ? à quoi reconnaissez-vous cela à distance ? Qui vous l'a dit ? Qu'en savez-vous ? » L'auteur, évidemment, s'amuse, et tous ces traits sont inventés à plaisir. Mais ce n'est rien encore, poursuivons. L'auteur continue à peindre le public, ou plutôt de purs « modèles » bénévoles qu'il a groupés à loisir dans son atelier : « En tirant une orange de sa poche, un nègre... » Voyageur ! vous n'avez à la bouche que les mots de vérité, d' « objectivité », vous en faites profession, vous en faites parade ; mais, sous cette prétendue impersonnalité, comme on vous reconnaît vite, ne serait-ce qu'à ce nègre, à cette orange, tout à l'heure à ce perroquet, fraîchement débarqués avec vous, à tous ces accessoires *rapportés* que vous vous dépêchez bien vite de venir *plaquer* sur votre esquisse, la plus bigarrée, je le déclare, la moins véridique, la moins ressemblante où se soit jamais évertué votre pinceau.

Donc le nègre tire de sa poche une orange, et ce faisant, il... « s'attire de la considération » ! M. Flaubert, j'entends bien, veut dire que dans une foule quelqu'un qui peut faire emploi et montre d'un avantage, même usuel et familier à chacun, qui tire un gobelet par exemple quand près de lui on boit à la bouteille ; un journal, s'il est le seul qui ait pensé à l'acheter, que ce quelqu'un-là est aussitôt

désigné à la remarque et à la distinction des autres.
Mais avouez qu'au fond vous n'êtes pas fâché, en
hasardant cette expression si bizarre et déplacée de
considération, d'insinuer que toute considération,
jusqu'à la plus haute et la plus recherchée, n'est pas
beaucoup plus que cela, qu'elle est faite de l'envie
que donnent aux autres des biens au fond sans
valeur. Eh bien, nous le disons à M. Flaubert, cela
n'est pas vrai ; la considération, — et nous savons
que l'exemple vous touchera, car vous n'êtes de
l'école de l'insensibilité, de l'*impassibilité,* qu'en
littérature, — on l'acquiert par toute une vie
donnée à la science, à l'humanité. Les lettres,
autrefois, pouvaient la procurer aussi, quand elles
n'étaient que le gage et comme la fleur de l'urbanité
de l'esprit, de cette disposition tout humaine qui
peut avoir, certes, sa prédilection et sa visée, mais
admet, à côté des images du vice et des ridicules,
l'innocence et la vertu. Sans remonter aux anciens
(bien plus « naturalistes » que vous ne serez jamais,
mais qui, sur le tableau découpé dans un cadre réel,
font toujours descendre à l'air libre et comme à ciel
ouvert un rayon tout divin qui pose sa lumière au
fronton et éclaire le contraste), sans remonter
jusqu'à eux, qu'ils aient nom Homère ou Moschus,
Bion ou Léonidas de Tarente, et pour en venir à des
peintures plus préméditées, est-ce autre chose,
dites-le-nous, qu'ont toujours fait ces mêmes écrivains dont vous ne craignez pas de vous réclamer ?
Et Saint-Simon d'abord, à côté des portraits tout
atroces et calomniés d'un Noailles ou d'un Harlay,
quels grands coups de pinceau n'a-t-il pas pour

nous montrer, dans sa lumière et sa proportion, la vertu d'un Montal, d'un Beauvilliers, d'un Rancé, d'un Chevreuse? Et, jusque dans cette « Comédie humaine », ou soi-disant telle, où M. de Balzac, avec une suffisance qui prête à sourire, prétend tracer des « scènes (en réalité toutes fabuleuses) de la vie parisienne et de la vie de province » (lui, l'homme incapable d'observer s'il en fut), en regard et comme en rachat des Hulot, des Philippe Bridau, des Balthazar Claes, comme il les appelle, et à qui vos Narr'Havas et vos Shahabarims n'ont rien à envier, je le confesse, n'a-t-il pas imaginé une Adeline Hulot, une Blanche de Mortsauf, une Marguerite de Solis?

Certes, on eût bien étonné, et à bon droit, les Jacquemont, les Daru, les Mérimée, les Ampère, tous ces hommes de finesse et d'étude qui l'ont si bien connu et qui ne croyaient pas qu'il y eût besoin, pour si peu, de faire sonner tant de cloches, si on leur avait dit que le spirituel Beyle, à qui l'on doit tant de vues claires et fructueuses, tant de remarques appropriées, passerait romancier de nos jours. Mais enfin, il est encore plus *vrai* que vous! Mais il y a plus de vérité dans la moindre étude, je dis de Sénac de Meilhan, de Ramond ou d'Althon Shée, que dans la vôtre, si laborieusement inexacte! Tout cela est faux à crier, vous ne le sentez donc pas?

Enfin l'audience est reprise (tout cela est bien dépourvu de circonstances et de détermination), l'avocat de Werner a la parole, et M. Flaubert nous avertit qu'en se tournant vers le président il fait, chaque fois, « une révérence si profonde qu'on aurait dit un diacre quittant l'autel ». Qu'il y ait eu de tels avocats, et même au barreau de Paris, « agenouillés », comme dit l'auteur, devant la cour et le ministère public, c'est bien possible. Mais il y en a d'autres aussi — cela, M. Flaubert ne veut pas le savoir — et il n'y a pas si longtemps que nous avons entendu le bien considérable Chaix d'Est-Ange (dont les discours publiés ont perdu non certes toute l'impulsion et le sel, mais l'à-propos et le colloque) répondre fièrement à une sommation hautaine du ministère public : « Ici, à la barre, M. l'avocat général et moi, nous sommes égaux, au talent près ! » Ce jour-là, l'aimable juriste qui ne pouvait certes trouver autour de lui l'atmosphère, la résonance divine du dernier âge de la République, avait su pourtant, tout comme un Cicéron, lancer la flèche d'or.

Mais l'action, un moment déprimée, se motive et se hâte. L'accusé est introduit, et d'abord, à sa vue, certaines personnes regrettent (toujours des suppositions !) la richesse qui leur aurait permis de partir au loin avec une femme aimée jadis, à ces heures dont parle le poète, seules dignes d'être vécues et où l'on s'enflamme parfois pour toute la vie, *vita dignior ætas* ! Le morceau, lu à haute voix, — et bien qu'y manque un peu ce ressentiment d'impressions douces et véritables, où se sont laissés aller avec bien de l'agrément un Monselet, un Frédéric Soulié — présenterait assez d'harmonie et de vague :

« Ils auraient connu le cri des pétrels, la venue des brouillards, l'oscillation des navires, le développement des nuées. » Mais, je le demande, que viennent faire ici les pétrels ? L'auteur visiblement recommence à s'amuser, tranchons le mot, à nous mystifier. On peut n'avoir pas pris ses us en ornithologie et savoir que le pétrel est un oiseau fort commun sur nos côtes, et qu'il n'est nul besoin d'avoir découvert le diamant et fait fortune pour le rencontrer. Un chasseur qui en a souvent poursuivi m'assure que son cri n'a absolument rien de particulier et qui puisse si fort émouvoir celui qui l'entend. Il est clair que l'auteur a mis cela au hasard de la phrase. Le cri du pétrel, il a trouvé que cela faisait bien et, dare-dare, il nous l'a servi. M. de Chateaubriand est le premier qui ait ainsi fait entrer dans un cadre étudié des détails ajoutés après coup et sur la vérité desquels il ne se montrait pas difficile. Mais lui, même dans son annotation dernière, il avait le don divin, le mot qui dresse l'image en pied, pour toujours, dans sa lumière et sa désignation, il possédait, comme disait Joubert, le talisman de l'Enchanteur. Ah ! postérité d'Atala, postérité d'Atala, on te retrouve partout aujourd'hui, jusque sur la table de dissection des anatomistes ! etc.

IV

PAR HENRI DE RÉGNIER

Le diamant ne me plaît guère. Je ne lui trouve
pas de beauté. Le peu qu'il en ajoute à celle des
visages est moins un effet de la sienne qu'un reflet
de la leur. Il n'a ni la transparence marine de
l'émeraude, ni l'azur illimité du saphir. Je lui
préfère le rayon saure de la topaze, mais surtout le
sortilège crépusculaire des opales. Elles sont emblématiques et doubles. Si le clair de lune irise une
moitié de leur face, l'autre semble teinte par les feux
roses et verts du couchant. Nous ne nous divertis-
sons pas tant des couleurs qu'elles nous présentent,
que nous ne sommes touchés du songe que nous
nous y représentons. A qui ne sait rencontrer au-
delà de soi-même que la forme de son destin, elles
en montrent le visage alternatif et taciturne.
    Elles se trouvaient en grand nombre dans la ville
où Hermas me conduisit. La maison que nous
habitions valait plus par la beauté du site que par la
commodité des êtres. La perspective des horizons y
était mieux ménagée, que l'aménagement des lieux

n'y était bien entendu. Il était plus agréable d'y
songer qu'il n'était aisé d'y dormir. Elle était plus
pittoresque que confortable. Accablés par la chaleur pendant le jour, les paons faisaient entendre
toute la nuit leur cri fatidique et narquois qui, à vrai
dire, est plus propice à la rêverie qu'il n'est
favorable au sommeil. Le bruit des cloches empêchait d'en trouver pendant la matinée, à défaut de
celui qu'on ne goûte bien qu'avant le jour, un
second qui répare au moins dans une certaine
mesure la fatigue d'avoir été entièrement privé du
premier. La majesté des cérémonies dont leurs
sonneries annonçaient l'heure, compensait mal le
contretemps d'être réveillé à celle où il convient de
dormir, si l'on veut ensuite pouvoir profiter des
autres. La seule ressource était alors de quitter la
toile des draps et la plume de l'oreiller pour aller se
promener dans la maison. L'entreprise, à vrai dire,
si elle offrait du charme, présentait aussi du danger.
Elle était divertissante sans laisser d'être périlleuse.
On aimait encore mieux en répudier le plaisir que
d'en poursuivre l'aventure. Les parquets que M. de
Séryeuse avait rapportés des îles étaient multicolores
et disjoints, glissants et géométriques. Leur mosaïque était brillante et inégale. Le dessin de ses
losanges, tantôt rouges et tantôt noirs, offrait aux
regards un plus plaisant spectacle que la boiserie ici
exhaussée, là rompue, ne garantissait aux pas une
promenade assurée.

L'agrément de celle qu'on pouvait faire dans la
cour n'était pas acheté par tant de risques. On y
descendait vers midi. Le soleil chauffait les pavés,

ou la pluie dégouttait des toits. Parfois le vent faisait grincer la girouette. Devant la porte close, monumentale et verdie, un Hermès sculpté donnait à l'ombre qu'il projetait la forme de son caducée. Les feuilles mortes des arbres voisins descendaient en tournoyant jusqu'à ses talons et repliaient sur les ailes de marbre leurs ailes d'or. Votives et pansues, des colombes venaient se percher dans les voussures de l'archivolte ou sur l'ébrasement du piédestal, et en laissaient souvent tomber une boule fade, écailleuse et grise. Elle venait aplatir sur le gravier ou sur le gazon sa masse intermittente et grenue, et poissait de l'herbe qu'elle avait été celle dont abondait la pelouse et dont ne manquait pas l'allée de ce que M. de Séryeuse appelait son jardin.

Lemoine venait souvent s'y promener.

C'est là que je le vis pour la première fois. Il paraissait plutôt ajusté dans la souquenille du laquais qu'il n'était coiffé du bonnet du docteur. Le drôle pourtant prétendait l'être et en plusieurs sciences où il est plus profitable de réussir qu'il n'est souvent prudent de s'y livrer.

Il était midi quand son carrosse arriva en décrivant un cercle devant le perron. Le pavé résonna des sabots de l'attelage, un valet courut au marchepied. Dans la rue, des femmes se signèrent. La bise soufflait. Au pied de l'Hermès de marbre, l'ombre caducéenne avait pris quelque chose de fugace et de sournois. Pourchassée par le vent, elle semblait rire. Des cloches sonnèrent. Entre les volées de bronze d'un bourdon, un carillon hasarda à contretemps sa

chorégraphie de cristal. Dans le jardin, une escar-
polette grinçait. Des graines séchées étaient dispo-
sées sur le cadran solaire. Le soleil brillait et
disparaissait tour à tour. Agatisé par sa lumière,
l'Hermès du seuil s'obscurcissait plus de sa disparition qu'il n'eût fait de son absence. Successif et
ambigu, le visage marmoréen vivait. Un sourire
semblait allonger en forme de caducée les lèvres
expiatrices. Une odeur d'osier, de pierre ponce, de
cinéraire et de marqueterie s'échappait par les
persiennes fermées du cabinet et par la porte
entr'ouverte du vestibule. Elle rendait plus lourd
l'ennui de l'heure. M. de Séryeuse et Lemoine
continuaient à causer sur le perron. On entendait
un bruit équivoque et pointu comme un éclat de rire
furtif. C'était l'épée du gentilhomme qui heurtait la
cornue de verre du spagirique. Le chapeau à
plumes de l'un garantissait mieux du vent que le
serre-tête de soie de l'autre. Lemoine s'enrhumait.
De son nez qu'il oubliait de moucher, un peu de
morve avait tombé sur le rabat et sur l'habit. Son
noyau visqueux et tiède avait glissé sur le linge de
l'un, mais avait adhéré au drap de l'autre et tenait
en suspens au-dessus du vide la frange argentée et
fluente qui en dégouttait. Le soleil en les traversant
confondait la mucosité gluante et la liqueur diluée.
On ne distinguait plus qu'une seule masse juteuse,
convulsive, transparente et durcie ; et dans l'éphémère éclat dont elle décorait l'habit de Lemoine,
elle semblait y avoir immobilisé le prestige d'un
diamant momentané, encore chaud, si l'on peut
dire, du four dont il était sorti, et dont cette gelée

instable, corrosive et vivante qu'elle était pour un instant encore, semblait à la fois, par sa beauté menteuse et fascinatrice, présenter la moquerie et l'emblème.

V

DANS LE « JOURNAL DES GONCOURT »

21 décembre 1907.

Dîné avec Lucien Daudet, qui parle avec un rien de verve blagueuse des diamants fabuleux vus sur les épaules de Mme X..., diamants dits par Lucien dans une forte jolie langue, ma foi, à la notation toujours artiste, à l'épellement savoureux de ses épithètes décelant l'écrivain tout à fait supérieur, être malgré tout une pierre bourgeoise, un peu bébête, qui ne serait pas comparable, par exemple, à l'émeraude ou au rubis. Et au dessert, Lucien nous jette de la porte que Lefebvre de Béhaine lui disait ce soir, à lui Lucien, et à l'encontre du jugement porté par la charmante femme qu'est Mme de Nadaillac, qu'un certain Lemoine aurait trouvé le secret de la fabrication du diamant. Ce serait, dans le monde des affaires, au dire de Lucien, tout un émoi rageur devant la dépréciation possible du stock de diamants encore invendu, émoi qui pourrait bien finir par gagner la magistrature, et amener l'internement de ce Lemoine pour le reste de ses jours en quelque *in pace,* pour crime de lèse-bijouterie. C'est plus fort que l'histoire de Galilée, plus moderne, plus prêtant à l'artiste évocation d'un milieu, et tout d'un coup je vois un beau sujet de pièce pour nous, une pièce où il pourrait y avoir de fortes choses sur la puissance de la haute industrie d'aujourd'hui, puissance menant, au fond, le gouvernement et la justice, et s'opposant à ce qu'a de calamiteux pour elle toute nouvelle invention. Comme bouquet, on apporte à Lucien la nouvelle, me donnant le dénouement de la pièce déjà ébauchée, que leur ami Marcel Proust se serait tué, à la suite de la baisse des valeurs diamantifères, baisse anéantissant une partie de sa fortune. Un curieux être, assure Lucien, que ce Marcel Proust, un être qui vivrait tout à fait dans l'enthousiasme, dans le *bondieusement* de certains paysages, de certains livres, un être par exemple qui serait complètement enamouré des romans de Léon. Et après un long silence, dans l'expansion enfiévrée de l'après-dîner, Lucien affirme : — Non, ce n'est pas parce qu'il s'agit de mon frère, ne le croyez pas, monsieur de Goncourt, absolument pas. Mais enfin il faut bien dire la vérité. Et il cite ce trait qui ressort joliment dans le faire miniaturé de son dire : Un jour, un monsieur rendait un immense service à Marcel Proust, qui pour le remercier l'emmenait déjeuner à la campagne. Mais voici qu'en causant, le monsieur, qui n'était autre que Zola, ne voulait absolument pas reconnaître qu'il n'y avait jamais eu en France qu'un écrivain tout à fait grand et dont Saint-Simon seul approchait, et que cet écri-

vain était Léon. Sur quoi, fichtre ! Proust oubliant
la reconnaissance qu'il devait à Zola l'envoyait,
d'une paire de claques, rouler dix pas plus loin, les
quatre fers en l'air. Le lendemain on se battait,
mais, malgré l'entremise de Ganderax, Proust s'op-
posait bel et bien à toute réconciliation. » Et tout à
coup, dans le bruit des *mazagrans* qu'on passe,
Lucien me fait à l'oreille, avec un geignardement
comique, cette révélation : « Voyez-vous, moi,
monsieur de Goncourt, si, même avec la *Fourmilière,*
je ne connais pas cette vogue, c'est que même les
paroles que disent les gens, je les *vois,* comme si je
peignais, dans la *saisie* d'une nuance, avec la même
embué que la Pagode de Chanteloup. » Je quitte
Lucien, la tête tout échauffée par cette affaire de
diamant et de suicide, comme si on venait de m'y
verser des cuillerées de cervelle. Et dans l'escalier je
rencontre le nouveau ministre du Japon qui, de son
air un tantinet avortonné et *décadent,* air le faisant
ressembler au samouraï tenant, sur mon paravent
de Coromandel, les deux pinces d'une écrevisse, me
dit gracieusement avoir été longtemps en mission
chez les Honolulus où la lecture de nos livres, à mon
frère et à moi, serait la seule chose capable d'arra-
cher les indigènes aux plaisirs du caviar, lecture se
prolongeant très avant dans la nuit, d'une seule
traite, aux intermèdes consistant seulement dans le
chiquage de quelques cigares du pays enfermés
dans de longs étuis de verre, étuis destinés à les
protéger pendant la traversée contre une certaine
maladie que leur donne la mer. Et le ministre me
confesse son goût de nos livres, avouant avoir connu

à Hong-Kong une fort grande dame de là-bas qui
n'avait que deux ouvrages sur sa table de nuit : *la
Fille Elisa* et *Robinson Crusoé*.

22 décembre.

Je me réveille de ma sieste de quatre heures avec
le pressentiment d'une mauvaise nouvelle, ayant
rêvé que la dent qui m'a fait tant souffrir quand
Cruet me l'a arrachée, il y a cinq ans, avait
repoussé. Et aussitôt Pélagie entre, avec cette
nouvelle apportée par Lucien Daudet, nouvelle
qu'elle n'était pas venue me dire pour ne pas
troubler mon cauchemar : Marcel Proust ne s'est
pas tué, Lemoine n'a rien inventé du tout, ne serait
qu'un escamoteur pas même habile, une espèce de
Robert Houdin manchot. Voilà bien notre guigne !
Pour une fois que la vie plate, envestonnée d'aujourd'hui, *s'artistisait,* nous jetait un sujet de pièce !
A Rodenbach, qui attendait mon réveil, je ne peux
contenir ma déception, me reprenant à m'animer, à
jeter des tirades déjà tout écrites, que m'avait
inspirées la fausse nouvelle de la découverte et du
suicide, fausse nouvelle plus artiste, plus *vraie,* que
le dénouement trop optimiste et *public,* le dénouement à la Sarcey, raconté être le vrai par Lucien à
Pélagie. Et c'est de ma part toute une révolte
chuchotée pendant une heure à Rodenbach sur
cette guigne qui nous a toujours poursuivis, mon
frère et moi, faisant des plus grands événements
comme des plus petits, de la révolution d'un peuple
comme du rhume d'un souffleur, autant d'obstacles

levés contre la marche en avant de nos œuvres. Il faut cette fois que le syndicat des bijoutiers s'en mêle! Alors Rodenbach de me confesser le fond de sa pensée, qui serait que ce mois de décembre nous a toujours été malchanceux, à mon frère et à moi, ayant amené nos poursuites en correctionnelle, l'échec voulu par la presse d'*Henriette Maréchal*, le bouton que j'ai eu sur la langue à la veille du seul discours que j'aie jamais eu à prononcer, bouton ayant fait dire que je n'avais pas osé parler sur la tombe de Vallès, quand c'est moi qui avais demandé à le faire; tout un ensemble de fatalités qui, dit superstitieusement l'homme du Nord artiste qu'est Rodenbach, devrait nous faire éviter de rien entreprendre ce mois-là. Alors, moi interrompant les théories cabalistiques de l'auteur de *Bruges la Morte*, pour aller passer un frac rendu nécessaire par le dîner chez la princesse, je lui jette, en le quittant à la porte de mon cabinet de toilette : « Alors, Rodenbach, vous me conseillez de réserver ce mois-là pour ma mort! »

VI

« L'AFFAIRE LEMOINE »
PAR MICHELET

Le diamant, lui, se peut extraire à d'étranges
profondeurs (1 300 mètres). Pour en ramener la
pierre fort brillante, qui seule peut soutenir le feu
d'un regard de femme (en Afghanistan, diamant se
dit « œil de flamme »), sans fin faudra-t-il descendre au royaume sombre. Que de fois Orphée
s'égarera avant de ramener au jour Eurydice ! Nul
découragement pourtant. Si le cœur faiblit, la pierre
est là qui, de sa flamme fort distincte, semble dire :
« Courage, encore un coup de pioche, je suis à toi. »
Du reste une hésitation, et c'est la mort. Le salut
n'est que dans la vitesse. Touchant dilemme. A le
résoudre, bien des vies s'épuisèrent au moyen âge.
Plus durement se posa-t-il au commencement du
vingtième siècle (décembre 1907-janvier 1908). Je
raconterai quelque jour cette magnifique affaire
Lemoine dont aucun contemporain n'a soupçonné
la grandeur, je montrerai ce petit homme, aux
mains débiles, aux yeux brûlés par la terrible
recherche, juif probablement (M. Drumont l'a

affirmé non sans vraisemblance ; aujourd'hui
encore les Lemoustiers — contraction de Monastère
— ne sont pas rares en Dauphiné, terre d'élection
d'Israël pendant tout le moyen âge), menant pendant trois mois toute la politique de l'Europe,
courbant l'orgueilleuse Angleterre à consentir un
traité de commerce ruineux pour elle, pour sauver
ses mines menacées, ses compagnies en discrédit.
Que nous qui livrions l'homme, sans hésiter elle le
payerait au poids de sa chair. La liberté provisoire,
la plus grande conquête des temps modernes
(Sayous, Batbie), trois fois fut refusée. L'Allemand
fort déductivement devant son pot de bière, voyant
chaque jour les cours de la De Beers baisser,
reprenait courage (revision du procès Harden, loi
polonaise, refus de répondre au Reichstag). Touchante immolation du juif au long des âges ! « Tu
me calomnies, obstinément m'accuses de trahison
contre toute vraisemblance, sur terre, sur mer
(affaire Dreyfus, affaire Ullmo) ; eh bien ! je te
donne mon or (voir le grand développement des
banques juives à la fin du XIXe siècle), et plus que
l'or, ce qu'au poids de l'or tu ne pourrais pas
toujours acheter : le diamant. » — Grave leçon ;
fort tristement la méditais-je souvent durant cet
hiver de 1908 où la nature même, abdiquant toute
violence, se faisait perfide. Jamais on ne vit moins
de grands froids, mais un brouillard qu'à midi
même le soleil ne parvenait pas à percer. D'ailleurs,
une température fort douce — d'autant plus meur-
trière. Beaucoup de morts — plus que dans les dix
années précédentes — et, dès janvier, des violettes

sous la neige. L'esprit fort troublé de cette affaire Lemoine, qui très justement m'apparut tout de suite comme un épisode de la grande lutte de la richesse contre la science, chaque jour j'allais au Louvre où d'instinct le peuple, plus souvent que devant la *Joconde* du Vinci, s'arrête aux diamants de la Couronne. Plus d'une fois j'eus peine à en approcher. Faut-il le dire, cette étude m'attirait, je ne l'aimais pas. Le secret de ceci ? Je n'y sentais pas la vie. Toujours ce fut ma force, ma faiblesse aussi, ce besoin de la vie. Au point culminant du règne de Louis XIV, quand l'absolutisme semble avoir tué toute liberté en France, durant deux longues années — plus d'un siècle — (1680-1789), d'étranges maux de tête me faisaient croire chaque jour que j'allais être obligé d'interrompre mon histoire. Je ne retrouvai vraiment mes forces qu'au serment du Jeu de Paume (20 juin 1789). Pareillement me sentais-je troublé devant cet étrange règne de la cristallisation qu'est le monde de la pierre. Ici plus rien de la flexibilité de la fleur qui au plus ardu de mes recherches botaniques, fort timidement — d'autant mieux — ne cessa jamais de me rendre courage : « Aie confiance, ne crains rien, tu es toujours dans la vie, dans l'histoire. »

VII

DANS UN FEUILLETON DRAMATIQUE
DE M. ÉMILE FAGUET

L'auteur de *le Détour* et de *le Marché* — c'est à savoir M. Henri Bernstein — vient de faire représenter par les comédiens du Gymnase un drame, ou plutôt un ambigu de tragédie et de vaudeville, qui n'est peut-être pas son *Athalie* ou son *Andromaque,* son *l'Amour veille* ou son *les Sentiers de la vertu,* mais encore est quelque chose comme son *Nicomède,* qui n'est point, comme vous avez peut-être ouï dire, une pièce entièrement méprisable et n'est point tout à fait le déshonneur de l'esprit humain. Tant est que la pièce est allée, je ne dirai pas par-dessus les nues, mais enfin est allée aux nues, où il y a un peu d'exagération, mais d'un succès légitime, comme la pièce de M. Bernstein fourmille d'invraisemblances, mais sur un fond de vérité. C'est par où *l'Affaire Lemoine* diffère de *la Rafale,* et, en général, des tragédies de M. Bernstein, comme aussi d'une bonne moitié des comédies d'Euripide, lesquelles fourmillent de vérités, mais sur un fond d'invraisemblance. De plus c'est la première fois qu'une pièce de M. Bernstein intéresse des personnes, dont il s'était jusqu'ici gardé. Donc, l'escroc Lemoine, voulant faire une dupe avec sa prétendue découverte de la fabrication du diamant, s'adresse... au plus grand propriétaire de mines de diamants du monde. Comme invraisemblance, vous m'avouerez que c'est une assez forte invraisemblance. Et d'une. Au moins, pensez-vous que ce potentat, qui a dans la tête toutes les plus grandes affaires du monde, va envoyer promener Lemoine, comme le prophète Néhémie disait du haut des remparts de Jérusalem à ceux qui lui tendaient une échelle pour descendre : *Non possum descendere, magnum opus facio.* Ce qui serait parler de cire. Pas du tout, il s'empresse de prendre l'échelle. La seule différence est, qu'au lieu d'en descendre, il y monte. Un peu jeune, ce Werner. Ce n'est pas un rôle pour M. Coquelin le cadet, c'est un rôle pour M. Brulé. Et de deux. Notez que ce secret, qui n'est naturellement qu'une poudre de perlimpinpin insignifiante, Lemoine ne lui en fait pas cadeau. Il le lui vend deux millions et encore lui fait comprendre que c'est donné :

> *Admirez mes bontés et le peu qu'on vous vend*
> *Le trésor merveilleux que ma main vous dispense.*
> *O grande puissance*
> *De l'orviétan !*

Ce qui ne change pas grand'chose, à tout prendre, à l'invraisemblance n° 1, mais ne laisse pas d'aggraver considérablement l'invraisemblance n° 2. Mais enfin, tout coup vaille ! Mon Dieu, remarquez que jusqu'ici nous suivons l'auteur qui, en somme, est bon dramatiste. On nous dit que Lemoine a découvert le secret de la fabrication du diamant. Nous n'en savons rien, après tout; on nous le dit, nous voulons bien, nous marchons. Werner, grand connaisseur en diamants, a marché, et Werner, financier retors, a casqué. Nous marchons de plus en plus. Un grand savant anglais, moitié physicien, moitié grand seigneur, un lord anglais, comme dit l'autre (mais non, madame, tous les lords sont Anglais, donc un lord anglais est un pléonasme; ne recommencez pas, personne ne vous a entendue), jure que Lemoine a vraiment découvert la pierre philosophale. On ne peut pas plus marcher que nous ne marchons. Patatras! voilà les bijoutiers qui reconnaissent dans les diamants de Lemoine des pierres qu'ils lui ont vendues et qui viennent *précisément de la mine de Werner.* Un peu gros, cela. Les diamants *ont encore les marques qu'y avaient mises les bijoutiers.* De plus en plus gros :

> *Au diamant marqué qui sort ainsi du four,*
> *Je ne reconnais plus l'auteur de* le Détour.

Lemoine est arrêté, Werner redemande son argent, le lord anglais ne dit plus mot; du coup, nous ne marchons plus, et comme toujours, en pareil cas, nous sommes furieux d'avoir marché et nous passons notre mauvaise humeur sur... Parbleu! l'auteur est là pour quelque chose, je pense. Werner aussitôt demande au juge de faire saisir l'enveloppe où est le fameux secret. Le juge y consent immédiatement. Personne de plus aimable que ce juge. Mais l'avocat de Lemoine dit au juge que la chose est illégale. Le juge renonce aussitôt ; personne de plus versatile que ce juge. Quant à Lemoine, il veut absolument aller se balader avec le juge, les avocats, les experts, etc., jusqu'à Amiens où est son usine, pour leur prouver qu'il sait faire du diamant. Et chaque fois que le juge aimable et versatile lui répète qu'il a escroqué Werner, Lemoine répond : « Laissons ce discours et voyons ma balade. » A quoi le juge pour lui donner la réplique : « La balade, à mon goût, est une chose fade. » Personne de plus versé dans le répertoire moliériste que ce juge. Etc.

VIII

PAR ERNEST RENAN

Si Lemoine avait réellement fabriqué du diamant, il eût sans doute contenté par là, dans une certaine mesure, ce matérialisme grossier avec lequel devra compter de plus en plus celui qui prétend se mêler des affaires de l'humanité ; il n'eût pas donné aux âmes éprises d'idéal cet élément d'exquise spiritualité sur lequel, après si longtemps, nous vivons encore. C'est d'ailleurs ce que paraît avoir compris avec une rare finesse le magistrat qui fut commis pour l'interroger. Chaque fois que Lemoine, avec le sourire que nous pouvons imaginer, lui proposait de venir à Lille, dans son usine, où l'on verrait s'il savait ou non faire du diamant, le juge Le Poittevin, avec un tact exquis, ne le laissait pas poursuivre, lui indiquait d'un mot, parfois d'une plaisanterie un peu vive[1], toujours contenue par un rare sentiment de la mesure, qu'il ne s'agissait pas de cela, que la cause était ailleurs.

1. *Procès,* tome II *passim,* et notamment pays, etc.

Rien, du reste, ne nous autorise à affirmer que même à ce moment où se sentant perdu (dès le mois de janvier, la sentence ne faisant plus de doute, l'accusé s'attachait naturellement à la plus fragile planche de salut) Lemoine ait jamais prétendu qu'il savait fabriquer le diamant. Le lieu où il proposait aux experts de les conduire et que les traductions nomment « usine », d'un mot qui a pu prêter au contresens, était situé à l'extrémité de la vallée de plus de trente kilomètres qui se termine à Lille. Même de nos jours, après tous les déboisements qu'elle a subis, c'est un véritable jardin, planté de peupliers et de saules, semé de fontaines et de fleurs. Au plus fort de l'été, la fraîcheur y est délicieuse. Nous avons peine à imaginer aujourd'hui qu'elle a perdu ses bois de châtaigniers, ses bosquets de noisetiers et de vignes, la fertilité qui en faisait au temps de Lemoine un séjour enchanteur. Un Anglais qui vivait à cette époque, John Ruskin, que nous ne lisons malheureusement que dans la traduction d'une platitude pitoyable que Marcel Proust nous en a laissée, vante la grâce de ses peupliers, la fraîcheur glacée de ses sources. Le voyageur sortant à peine des solitudes de la Beauce et de la Sologne, toujours désolées par un implacable soleil, pouvait croire vraiment, quand il voyait étinceler à travers les feuillages leurs eaux transparentes, que quelque génie, touchant le sol de sa baguette magique, en faisait ruisseler à profusion le diamant. Lemoine, probablement, ne voulut jamais dire autre chose. Il semble qu'il ait voulu, non sans finesse, user de tous les délais de la loi française, qui

permettaient aisément de prolonger l'instruction
jusqu'à la mi-avril, où ce pays est particulièrement
délicieux. Aux haies, le lilas, le rosier sauvage,
l'épine blanche et rose sont en fleurs et tendent au
long de tous les chemins une broderie d'une fraîcheur de tons incomparable, où les diverses espèces
d'oiseaux de ce pays viennent mêler leurs chants.
Le loriot, la mésange, le rossignol à tête bleue,
quelquefois le bengali, se répondent de branche en
branche. Les collines, revêtues au loin des fleurs
roses des arbres fruitiers, se déploient sur le bleu du
ciel avec des courbes d'une délicatesse ravissante.
Aux bords des rivières qui sont restées le grand
charme de cette région, mais où les scieries entre-
tiennent aujourd'hui à toute heure un bruit insupportable, le silence ne devait être troublé que par le
brusque plongeon d'une de ces petites truites dont
la chair assez insipide pourtant est pour le paysan
picard le plus exquis des régals. Nul doute qu'en
quittant la fournaise du Palais de justice, experts et
juges n'eussent subi comme les autres l'éternel
mirage de ces belles eaux que le soleil à midi vient
vraiment diamanter. S'allonger au bord de la
rivière, saluer de ses rires une barque dont le sillage
raye la soie changeante des eaux, distraire quelques
bribes azurées de ce gorgerin de saphir qu'est le col
du paon, en poursuivre gaiement de jeunes blan-
chisseuses jusqu'à leur lavoir en chantant un refrain
populaire [1], tremper dans la mousse du savon un

---

1. Quelques-uns de ces chants d'une délicieuse naïveté nous ont été
conservés. C'est généralement une scène empruntée à la vie quoti-

pipeau taillé dans le chaume à la façon de la flûte de Pan, y regarder perler des bulles qui unissent les délicieuses couleurs de l'écharpe d'Iris et appeler cela enfiler des perles, former parfois des chœurs en se tenant par la main, écouter chanter le rossignol, voir se lever l'étoile du berger, tels étaient sans doute les plaisirs auxquels Lemoine comptait convier les honorables MM. Le Poittevin, Bordas et consorts, plaisirs d'une race vraiment idéaliste, où tout finit par des chansons, où dès la fin du dix-neuvième siècle la légère ivresse du vin de Champagne paraît trop grossière encore, où l'on ne demande plus la gaieté qu'à la vapeur qui, de profondeurs parfois incalculables, monte à la surface d'une source faiblement minéralisée.

Le nom de Lemoine ne doit pas d'ailleurs nous donner l'idée d'une de ces sévères obédiences ecclésiastiques qui l'eussent rendu lui-même peu accessible à ces impressions d'une poésie enchante-resse. Ce n'était probablement qu'un surnom, comme on en portait souvent alors, peut-être un simple sobriquet que les manières réservées du jeune savant, sa vie peu adonnée aux dissipations mondaines, avaient tout naturellement amené sur les lèvres des personnes frivoles. Au reste il ne

---

dienne que le chanteur retrace gaiement. Seuls les mots de *Zizi Panpan*, qui les coupent presque toujours à intervalles réguliers, ne présentent à l'esprit qu'un sens assez vague. C'était sans doute de pures indications rythmiques destinées à marquer la mesure pour une oreille qui eût été sans cela tentée de l'oublier, peut-être même simplement une exclamation admirative, poussée à la vue de l'oiseau de Junon, comme tendrait à le faire croire ces mots plusieurs fois répétés *les plumes de paon*, qui les suivent à peu d'intervalle.

semble pas que nous devions attacher beaucoup d'importance à ces surnoms, dont plusieurs paraissent avoir été choisis au hasard, probablement pour distinguer deux personnes qui sans cela eussent risqué d'être confondues. La plus légère nuance, une distinction parfois tout à fait oiseuse, conviennent alors parfaitement au but que l'on se propose. La simple épithète d'*aîné*, de *cadet*, ajoutée à un même nom, semblait suffisante. Il est souvent question dans les documents de cette époque d'un certain *Coquelin aîné* qui paraît avoir été une sorte de personnage proconsulaire, peut-être un riche administrateur à la manière de Crassus ou de Murena. Sans qu'aucun texte certain permette d'affirmer qu'il eût servi en personne, il occupait un rang distingué dans l'ordre de la Légion d'honneur, créé expressément par Napoléon pour récompenser le mérite militaire. Ce surnom d'aîné lui avait peut-être été donné pour le distinguer d'un autre Coquelin, comédien de mérite, appelé *Coquelin cadet*, sans qu'on puisse savoir s'il existait entre eux une différence d'âge bien réelle. Il semble qu'on ait voulu seulement marquer par là la distance qui existait encore à cette époque entre l'acteur et le politicien, l'homme ayant rempli des charges publiques. Peut-être tout simplement voulait-on éviter une confusion sur les listes électorales.

... Une société où la femme belle, où le noble de naissance pareraient leur corps de vrais diamants serait vouée à une grossièreté irrémédiable. Le mondain, l'homme à qui suffisent le sec bon sens, le brillant tout superficiel que donne l'éducation clas-

sique, s'y plairait peut-être. Les âmes vraiment
pures, les esprits passionnément attachés au bien et
au vrai y éprouveraient une insupportable sensation
d'étouffement. De tels usages ont pu exister dans le
passé. On ne les reverra plus. A l'époque de
Lemoine, selon toute apparence, ils étaient depuis
longtemps tombés en désuétude. Le plat recueil de
contes sans vraisemblance qui porte le titre de
Comédie humaine de Balzac n'est peut-être l'œuvre ni
d'un seul homme ni d'une même époque. Pourtant
son style informe encore, ses idées tout empreintes
d'un absolutisme suranné nous permettent d'en
placer la publication deux siècles au moins avant
Voltaire. Or, Mme de Beauséant qui, dans ces
fictions d'une insipide sécheresse, personnifie la
femme parfaitement distinguée, laisse déjà avec
mépris aux femmes des financiers enrichis de paraître en public ornées de pierres précieuses. Il est
probable qu'au temps de Lemoine la femme soucieuse de plaire se contentait de mêler à sa cheve-
lure des feuillages où tremblait encore quelque
goutte de rosée, aussi étincelante que le diamant le
plus rare. Dans le centon de poèmes disparates
appelé *Chansons des rues et des bois*, qui est communé-
ment attribué à Victor Hugo, quoiqu'il soit probablement un peu postérieur, les mots de diamants, de
perles, sont indifféremment employés pour peindre
le scintillement des gouttelettes qui ruissellent d'une
source murmurante, parfois d'une simple ondée.
Dans une sorte de petite romance érotique qui
rappelle le *Cantique des Cantiques*, la fiancée dit en
propres termes à l'Epoux qu'elle ne veut d'autres

diamants que les gouttes de la rosée. Nul doute qu'il s'agisse ici d'une coutume généralement admise, non d'une préférence individuelle. Cette dernière hypothèse est, d'ailleurs, exclue d'avance par la parfaite banalité de ces petites pièces qu'on a mises sous le nom d'Hugo en vertu sans doute des mêmes considérations de publicité qui durent décider Cohélet (l'*Ecclésiaste*) à couvrir du nom respecté de Salomon, fort en vogue à l'époque, ses spirituelles maximes.

Au reste, qu'on apprenne demain à fabriquer le diamant, je serai sans doute une des personnes les moins faites pour attacher à cela une grande importance. Cela tient beaucoup à mon éducation. Ce n'est guère que vers ma quarantième année, aux séances publiques de la Société des Etudes juives, que j'ai rencontré quelques-unes des personnes capables d'être fortement impressionnées par la nouvelle d'une telle découverte. A Tréguier, chez mes premiers maîtres, plus tard à Issy, à Saint-Sulpice, elle eût été accueillie avec la plus extrême indifférence, peut-être avec un dédain mal dissimulé. Que Lemoine eût ou non trouvé le moyen de faire du diamant, on ne peut imaginer à quel point cela eût peu troublé ma sœur Henriette, mon oncle Pierre, M. Le Hir ou M. Carbon. Au fond, je suis toujours resté sur ce point-là, comme sur bien d'autres, le disciple attardé de saint Tudual et de saint Colomban. Cela m'a souvent conduit à commettre, dans toutes les choses qui regardent le luxe, des naïvetés impardonnables. A mon âge, je ne serais pas capable d'aller acheter seul une bague chez un bijoutier. Ah! ce n'est pas dans notre Trégorrois que les jeunes filles reçoivent de leur fiancé, comme la Sulamite, des rangs de perles, des colliers de prix, sertis d'argent, « *vermiculata argento* ». Pour moi, les seules pierres précieuses qui seraient encore capables de me faire quitter le Collège de France, malgré mes rhumatismes, et prendre la mer, si seulement un de mes vieux saints bretons consentait à m'emmener sur sa barque apostolique, ce sont celles que les pêcheurs de Saint-Michel-en-Grève aperçoivent parfois au fond des eaux, par les temps calmes, là où s'élevait autrefois la ville d'Ys, enchâssées dans les vitraux de ses cent cathédrales englouties.

... Sans doute des cités comme Paris, Londres, Paris-Plage, Bucarest, ressembleront de moins en moins à la ville qui apparut à l'auteur présumé du IVe Evangile, et qui était bâtie d'émeraude, d'hyacinthe, de béryl, de chrysoprase, et des autres pierres précieuses, avec douze portes formées chacune d'une seule perle fine. Mais l'existence dans une telle ville nous ferait vite bâiller d'ennui, et qui sait si la contemplation incessante d'un décor comme celui où se déroule l'*Apocalypse* de Jean ne risquerait pas de faire périr brusquement l'univers d'un transport au cerveau? De plus en plus le « *fundabo te in saphiris et ponam jaspidem propugnacula tua et omnes terminos tuos in lapides desiderabiles* » nous apparaîtra comme une simple parole en l'air, comme une promesse qui aura été tenue pour la dernière fois à Saint-Marc de Venise. Il est clair que s'il croyait ne pas devoir s'écarter des principes de

l'architecture urbaine tels qu'ils ressortent de la
Révélation et s'il prétendait appliquer à la lettre le
« *Fundamentum primum calcedonius..., duodecimum
amethystus* », mon éminent ami M. Bouvard risquerait d'ajourner indéfiniment le prolongement du
boulevard Haussmann.

Patience donc ! Humanité, patience. Rallume
encore demain le four éteint mille fois déjà d'où
sortira peut-être un jour le diamant ! Perfectionne,
avec une bonne humeur que peut t'envier l'Eternel,
le creuset où tu porteras le carbone à des tempéra-
tures inconnues de Lemoine et de Berthelot. Répète
inlassablement le *sto ad ostium et pulso*, sans savoir si
jamais une voix te répondra : « *Veni, veni, coronabe-
ris* ». Ton histoire est désormais entrée dans une
voie d'où les sottes fantaisies du vaniteux et de
l'aberrant ne réussiront pas à t'écarter. Le jour où
Lemoine, par un jeu de mots exquis, a appelé
pierres précieuses une simple goutte d'eau qui ne
valait que par sa fraîcheur et sa limpidité, la cause
de l'idéalisme a été gagnée pour toujours. Il n'a pas
fabriqué de diamant : il a mis hors de conteste le
prix d'une imagination ardente, de la parfaite
simplicité de cœur, choses autrement importantes à
l'avenir de la planète. Elles ne perdraient de leur
valeur que le jour où une connaissance approfondie
des localisations cérébrales et le progrès de la
chirurgie encéphalique permettraient d'actionner à
coup sûr les rouages infiniment délicats qui mettent
en éveil la pudeur, le sentiment inné du beau. Ce
jour-là, le libre penseur, l'homme qui se fait une
haute idée de la vertu, verrait la valeur sur laquelle

il a placé toutes ses espérances subir un irrésistible mouvement de dépréciation. Sans doute, le croyant, qui espère échanger contre une part des félicités éternelles une vertu qu'il a achetée à vil prix avec des indulgences, s'attache désespérément à une thèse insoutenable. Mais il est clair que la vertu du libre penseur ne vaudrait guère davantage le jour où elle résulterait nécessairement du succès d'une opération intracrânienne.

Les hommes d'un même temps voient entre les personnalités diverses qui sollicitent tour à tour l'attention publique des différences qu'ils croient énormes et que la postérité n'apercevra pas. Nous sommes tous des esquisses où le génie d'une époque prélude à un chef-d'œuvre qu'il n'exécutera probablement jamais. Pour nous, entre deux personnalités telles que l'honorable M. Denys Cochin et Lemoine les dissemblances sautent aux yeux. Elles échapperaient peut-être aux *Sept Dormants*, s'ils s'éveillaient une seconde fois du sommeil où ils s'endormirent sous l'empereur Decius et qui ne devait durer que trois cent soixante-douze ans. Le point de vue messianique ne saurait plus être le nôtre. De moins en moins la privation de tel ou tel don de l'esprit nous apparaîtra comme devant mériter les malédictions merveilleuses qu'il a inspirées à l'auteur inconnu du *Livre de Job*. « Compensation », ce mot, qui domine la philosophie d'Emerson, pourrait bien être le dernier mot de tout jugement sain, le jugement du véritable agnostique. La comtesse de Noailles, si elle est l'auteur des poèmes qui lui sont attribués, a laissé une œuvre extraordinaire, cent fois supérieure au Cohélet, aux chansons de Béranger. Mais quelle fausse position ça devait lui donner dans le monde ! Elle paraît d'ailleurs l'avoir parfaitement compris et avoir mené à la campagne, peut-être non sans quelque ennui [1], une vie entièrement simple et retirée, dans le petit verger qui lui sert habituellement d'interlocuteur. L'excellent chanteur Polin, lui, manque peut-être un peu de métaphysique ; il possède un bien plus précieux mille fois, et que le fils de Sirach ni Jérémie ne connurent jamais : une jovialité délicieuse, exempte de la plus légère trace d'affectation, etc.

1. On peut se demander si cet exil était bien volontaire et s'il ne faut pas plutôt voir là une de ces décisions de l'autorité analogue à celle qui empêchait Mme de Staël de rentrer en France, peut-être en vertu d'une loi dont le texte ne nous est pas parvenu et qui défendait aux femmes d'écrire. Les exclamations mille fois répétées dans ces poèmes avec une insistance si monotone : « Ah ! partir ! ah ! partir ! prendre le train qui siffle en bondissant ! » (*Occident.*) « Laissez-moi m'en aller, laissez-moi m'en aller. » (*Tumulte dans l'aurore.*) « Ah ! Laissez-moi partir. » (*Les héros.*) « Ah ! rentrer dans ma ville, voir la Seine couler entre sa noble rive. Dire à Paris : je viens, je reprends, j'arrive ! » etc., montrent bien qu'elle n'était pas libre de prendre le train. Quelques vers où elle semble s'accommoder de sa solitude : « Et si déjà mon ciel est trop divin pour moi », etc., ont été évidemment ajoutés après coup pour tâcher de désarmer par une soumission apparente les rigueurs de l'Administration.

IX

DANS LES MÉMOIRES
DE SAINT-SIMON

Mariage de Talleyrand-Périgord. — Succès remportés par les Impériaux devant Château-Thierry, fort médiocres. — Le Moine, par la Mouchi, arrive au Régent. — Conversation que j'ai avec M. le duc d'Orléans à ce sujet. Il est résolu de porter l'affaire au duc de Guiche. — Chimères des Murat sur le rang de prince étranger. — Conversation du duc de Guiche avec M. le duc d'Orléans sur Le Moine, au parvulo donné à Saint-Cloud pour le roi d'Angleterre voyageant incognito en France. — Présence inouïe du comte de Fels à ce parvulo. — Voyage en France d'un infant d'Espagne, très singulier.

Cette année-là vit le mariage de la bonne femme Blumenthal avec L. de Talleyrand-Périgord dont il a été maintes fois parlé, avec force éloges, et très mérités au cours de ces Mémoires. Les Rohan en firent la noce où se trouvèrent des gens de qualité. Il ne voulut pas que sa femme fût assise en se mariant, mais elle osa la housse sur sa chaise et se fit incontinent appeler duchesse de Montmorency,

dont elle ne fut pas plus avancée. La campagne
continua contre les Impériaux qui malgré les
révoltes d'Hongrie, causées par la cherté du pain,
remportèrent quelques succès devant Château-
Thierry. Ce fut là qu'on vit pour la première fois
l'indécence de M. de Vendôme traité publiquement
d'Altesse. La gangrène gagna jusqu'aux Murat et
ne laissait pas de me causer des soucis contre
lesquels je soutenais difficilement mon courage si
bien que j'étais allé loin de la cour, passer à la Ferté
la quinzaine de Pâques en compagnie d'un gentilhomme qui avait servi dans mon régiment et était
fort considéré par le feu Roi, quand la veille de
Quasimodo un courrier que m'envoyait Mme de
Saint-Simon me rendit une lettre par laquelle elle
m'avisait d'être à Meudon dans le plus bref délai
qu'il se pourrait, pour une affaire d'importance,
concernant M. le duc d'Orléans. Je crus d'abord
qu'il s'agissait de celle du faux marquis de Ruffec,
qui a été marquée en son lieu ; mais Biron l'avait
écumée, et par quelques mots échappés à Mme de
Saint-Simon, de pierreries et d'un fripon appelé Le
Moine, je ne doutai plus qu'il ne s'agît encore d'une
de ces affaires d'alambics qui, sans mon intervention auprès du chancelier, avaient été si près de
faire — j'ose à peine à l'écrire — enfermer M. le duc
d'Orléans à la Bastille. On sait en effet que ce
malheureux prince, n'ayant aucun savoir juste et
étendu sur les naissances, l'histoire des familles, ce
qu'il y a de fondé dans les prétentions, l'absurdité
qui éclate dans d'autres et laisse voir le tuf qui n'est
que néant, l'éclat des alliances et des charges,

encore moins l'art de distinguer dans sa politesse le rang plus ou moins élevé, et d'enchanter par une parole obligeante qui montre qu'on sait le réel et le consistant, disons le mot, l'intrinsèque des généalogies, n'avait jamais su se plaire à la cour, s'était vu abandonné par la suite de ce dont il s'était détourné d'abord, tant et si loin qu'il en était tombé, encore que premier prince du sang, à s'adonner à la chimie, à la peinture, à l'Opéra, dont les musiciens venaient souvent lui apporter leurs livres et leurs violons qui n'avaient pas de secrets pour lui. On a vu aussi avec quel art pernicieux ses ennemis, et par-dessus tous le maréchal de Villeroy, avaient usé contre lui de ce goût si déplacé de chimie, lors de la mort étrange du dauphin et de la dauphine. Bien loin que les bruits affreux qui avaient été alors semés avec une pernicieuse habileté par tout ce qui approchait la Maintenon eussent fait repentir M. le duc d'Orléans de recherches qui convenaient si peu à un homme de sa sorte, on a vu qu'il les avait poursuivies avec Mirepoix, chaque nuit, dans les carrières de Montmartre, en travaillant sur du charbon qu'il faisait passer dans un chalumeau où, par une contradiction qui ne se peut concevoir que comme un châtiment de la Providence, ce prince qui tirait une gloire abominable de ne pas croire en Dieu m'a avoué plus d'une fois avoir espéré voir le diable.

Les affaires du Mississippi avaient tourné court et le duc d'Orléans venait, contre mon avis, de rendre son inutile édit contre les pierreries. Ceux qui en possédaient, après avoir montré de l'empressement et éprouvé de la peine à les offrir, préfèrent les garder en les dissimulant, ce qui est bien plus facile que pour l'argent, de sorte que malgré tous les tours de gobelets et diverses menaces d'enfermerie, la situation des finances n'avait été que fort peu et fort passagèrement améliorée. Le Moine le sut et pensa faire croire à M. le duc d'Orléans qu'elle le serait s'il le persuadait qu'il était possible de fabriquer du diamant. Il espérait du même coup flatter par là les détestables goûts de chimie de ce prince et qu'il lui ferait ainsi sa cour. C'est ce qui n'arriva pas tout de suite. Il n'était pourtant pas difficile d'approcher M. le duc d'Orléans pourvu qu'on n'eût ni naissance, ni vertu. On a vu ce qu'étaient les soupers de ces roués d'où seule la bonne compagnie était tenue à l'écart par une exacte clôture. Le Moine, qui avait passé sa vie, enterré dans la crapule la plus obscure et ne connaissait pas à la cour un homme qui se put nommer, ne sut pourtant à qui s'adresser pour entrer au Palais Royal ; mais à la fin, la Mouchi en fit la planche. Il vit M. le duc d'Orléans, lui dit qu'il savait faire du diamant, et ce prince, naturellement crédule, s'en coiffa. Je pensai d'abord que le mieux était d'aller au Roi par Maréchal. Mais je craignis de faire éclater la bombe, qu'elle n'atteignit d'abord celui que j'en voulais préserver et je résolus de me rendre tout droit au Palais Royal. Je commandai mon carrosse, en pétillant d'impatience et je m'y jetai comme un homme qui n'a pas tous ses sens à lui. J'avais souvent dit à M. le duc d'Orléans que je n'étais pas homme à l'importuner de mes conseils, mais que lorsque j'en aurais, si j'osais dire, à lui donner, il pourrait penser qu'ils étaient urgents et lui demandais qu'il me fît alors la grâce de me recevoir de suite car je n'avais jamais été d'une humeur à faire antichambre. Ses valets les plus principaux me l'eussent évité, du reste, par la connaissance que j'avais de tout l'intérieur de sa cour. Aussi bien me fit-il entrer ce jour-là sitôt que mon carrosse se fût rangé dans la dernière cour du Palais Royal, qui était toujours remplie de ceux à qui l'accès eût dû en être interdit, depuis que, par une honteuse prostitution de toutes les dignités et par la faiblesse déplorable du Régent, ceux des moindres gens de qualité, qui ne craignaient même plus d'y monter en manteaux longs, y pouvaient pénétrer aussi bien et presque sur le même rang que ceux des ducs. Ce sont là des choses qu'on peut traiter de bagatelles, mais auxquelles n'auraient pu ajouter foi ceux des hommes du précédent règne, qui, pour leur bonheur, sont morts assez tôt pour ne les point voir. Aussitôt entré auprès du régent que je trouvai sans un seul de ses chirurgiens ni de ses autres domestiques, et après que je l'eusse salué d'une révérence fort médiocre et fort courte qui me fut exactement rendue : — Eh bien, qu'y a-t-il encore ? me dit-il d'un air de bonté et d'embarras. — Il y a, puisque vous me commandez de parler, Monsieur, lui dis-je avec feu en tenant mes regards fichés sur les siens qui ne les purent soutenir que vous êtes en train de perdre auprès de tous le peu d'estime et de considération — ce furent là les

termes dont je me servis — qu'a gardé pour vous le
gros du monde.

Et, le sentant outré de douleur (d'où, malgré ce
que je savais de sa débonnaireté, je conçus quelque
espérance), sans m'arrêter, pour me débarrasser en
une fois de la fâcheuse pilule qu'il me fallait lui faire
prendre, et ne pas lui laisser le temps de m'interrompre, je lui représentai avec le plus terrible détail
en quel abandon il vivait à la cour, quel progrès ce
délaissement, il fallait dire le vrai mot, ce mépris,
avaient fait depuis quelques années ; combien ils
s'augmenteraient de tout le parti que les cabales ne
manqueraient pas de tirer scélératement des préten-
dues inventions du Moine pour jeter contre lui-
même des accusations ineptes, mais dangereuses au
dernier point ; je lui rappelai — et je frémis encore
parfois, la nuit quand je me réveille, de la hardiesse
que j'eus d'employer ces mots mêmes — qu'il avait
été accusé à plusieurs reprises d'empoisonnement
contre les princes qui lui barraient la voie au trône ;
que ce grand amas de pierreries qu'on ferait
accepter comme vraies l'aiderait à atteindre plus
facilement à celui d'Espagne, pour quoi on ne
doutait point qu'il y eut concert entre lui, la cour de
Vienne, l'empereur et Rome ; que par la détestable
autorité de celle-ci il répudierait Mme d'Orléans
dont c'était pour lui une grâce de la Providence que
les dernières couches eussent été heureuses, sans
quoi eussent été renouvelées les infâmes rumeurs
d'empoisonnement ; qu'à vrai dire, pour vouloir la
mort de madame sa femme, il n'était pas comme
son frère convaincu du goût italien — ce furent

encore mes termes — mais que c'était le seul vice
dont on ne l'accusât pas (non plus que n'avoir pas
les mains nettes), puisque ses relations avec Mme la
duchesse de Berry paraissaient à beaucoup ne pas
être celles d'un père; que s'il n'avait pas hérité
l'abominable goût de Monsieur pour tout le reste, il
en était bien le fils par l'habitude des parfums qui
l'avaient mis mal avec le roi qui ne les pouvait
souffrir, et plus tard avaient favorisé les bruits
affreux d'avoir attenté à la vie de la dauphine, et
par avoir toujours mis en pratique la détestable
maxime de diviser pour régner à l'aide des redites
de l'un à l'autre qui étaient la peste de sa cour,
comme elles l'avaient été de celle de Monsieur, son
père, où elles avaient empêché de régner l'unisson :
qu'il avait gardé pour les favoris de celui-ci une
considération qu'il n'accordait à pas un autre, et
que c'étaient eux — je ne me contraignis pas à
nommer Effiat — qui, aidés de Mirepoix et de la
Mouchi, avaient frayé un chemin au Moine; que
n'ayant pour tout bouclier que des hommes qui ne
comptaient plus depuis la mort de Monsieur et ne
l'avaient pu pendant sa vie que par l'horrible
conviction où était chacun, et jusqu'au roi qui avait
ainsi fait le mariage de Mme d'Orléans, qu'on
obtenait tout d'eux par l'argent, et de lui par eux
entre les mains de qui il était, on ne craindrait pas
de l'atteindre par la calomnie la plus odieuse, la
plus touchante, qu'il n'était que temps, s'il l'était
encore, qu'il relevât enfin sa grandeur et pour cela
un seul moyen, prendre dans le plus grand secret les
mesures pour faire arrêter Le Moine et, aussitôt la

chose décidée, n'en point retarder l'exécution et ne le laisser de sa vie rentrer en France.

M. le duc d'Orléans, qui s'était seulement écrié une ou deux fois au commencement de ce discours, avait ensuite gardé le silence d'un homme anéanti par un si grand coup; mais mes derniers mots en firent sortir enfin quelques-uns de sa bouche. Il n'était pas méchant et la résolution n'était pas son fort :

— Eh quoi! me dit-il d'un ton de plainte, l'arrêter? Mais enfin si son invention était vraie?

— Comment, Monsieur, lui dis-je étonné au dernier point d'un aveuglement si extrême et si pernicieux, vous en êtes là, et si peu de temps après avoir été détrompé sur l'écriture du faux marquis de Ruffec. Mais enfin, si vous avez seulement un doute, faites venir l'homme de France qui se connaît le mieux à la chimie comme à toutes les sciences, ainsi qu'il a été reconnu par les académies et par les astronomes, et dont aussi le caractère, la naissance, la vie sans tache qui l'a suivie, vous garantissent la parole. Il comprit que je voulais parler du duc de Guiche et avec la joie d'un homme empêtré dans des résolutions contraires et à qui un autre ôte le souci d'avoir à prendre celle qui conviendra :

— Oh bien! nous avons eu la même idée, me dit-il. Guiche en décidera, mais je ne peux le voir aujourd'hui. Vous savez que le roi d'Angleterre, voyageant très incognito sous le nom de comte de Stanhope, vient demain parler avec le Roi des affaires d'Hollande et d'Allemagne; je lui donne une fête à Saint-Cloud où Guiche se trouvera. Vous lui parlerez et moi pareillement, après le souper. Mais êtes-vous sûr qu'il y viendra ? ajoute-t-il d'un air embarrassé.

Je compris qu'il n'osait faire mander le duc de Guiche au Palais Royal, où, comme on peut bien penser et par le genre de gens que M. le duc d'Orléans voyait et avec lesquels Guiche n'avait nulle familiarité, hors avec Besons et avec moi, il venait le moins souvent qu'il pouvait, sachant que c'étaient les roués qui y tenaient le premier rang plutôt que des hommes du sien. Aussi le Régent craignant toujours qu'il chantât pouilles sur lui, vivait à son égard dans des inquiétudes et des mesures perpétuelles. Fort attentif à rendre à chacun ce qui lui était dû et n'ignorant pas ce qui l'était au propre fils de Monsieur, Guiche le visitait aux occasions seulement, et je ne crois pas qu'on l'eût revu au Palais Royal depuis qu'il était venu lui faire sa cour pour la mort de Monsieur et la grossesse de Mme d'Orléans. Encore ne restât-il que quelques instants, avec un air de respect il est vrai, mais qui savait montrer avec discernement qu'il s'adressait, plutôt qu'à la personne, au rang de premier prince du sang. M. le duc d'Orléans le sentait et ne laissait pas d'être touché d'un traitement si amer et si cuisant.

Comme je quittais le Palais Royal, au désespoir de voir remettre au parvulo de Saint-Cloud un parti pris et qui ne serait peut-être pas exécuté s'il ne l'était à l'instant même, tant étaient grandes la versatilité et les cavillations habituelles de M. le duc

d'Orléans, il m'arriva une curieuse aventure que je
ne rapporte ici que parce qu'elle n'annoncait que
trop ce qui devait se passer à ce parvulo. Comme je
venais de monter dans mon carrosse où m'attendait
Mme de Saint-Simon, je fus au comble de l'étonnement en voyant que se préparait à passer devant lui
le carrosse de S. Murat, si connu par sa valeur aux
armées, et celle de tous les siens. Ses fils s'y sont
couverts d'honneur par des traits dignes de l'antiquité ; l'un, qui y a laissé une jambe, brille partout
de beauté ; un autre est mort, laissant des parents
qui ne se pourront consoler ; tellement qu'ayant
montré des prétentions aussi insoutenables que
celles des Bouillon, ils n'ont point perdu comme eux
l'estime des honnêtes gens.

J'aurais pourtant dû être moins surpris par cette
entreprise du carrosse, en me rappelant quelques
propositions assez étranges, comme à un des derniers marlis où Mme Murat avait tenté le manège
de céder à Mme de Saint-Simon, mais fort équivo-
quement et sans affecter de place, en disant qu'il y
avait moins d'air là, que Mme de Saint-Simon le
craignait et qu'à elle au contraire Fagon le lui avait
recommandé ; Mme de Saint-Simon ne s'était pas
laissée étourdir par des paroles si osées et avait
vivement répondu qu'elle se mettait à cette place
non parce qu'elle craignait l'air, mais parce que
c'était la sienne et que si Mme Murat faisait mine
d'en prendre une, elle et les autres duchesses iraient
demander à Mme la duchesse de Bourgogne de s'en
plaindre au Roi. Sur quoi, la princesse Murat
n'avait répondu mot, sinon qu'elle savait ce qu'elle

devait à Mme de Saint-Simon, qui avait été fort applaudie pour sa fermeté par les duchesses présentes et par la princesse d'Espinoy. Malgré ce marli fort singulier, qui m'était resté dans la mémoire et où j'avais bien compris que Mme Murat avait voulu tâter le pavé, je crus cette fois à une méprise, tant la prétention me parut forte ; mais voyant que les chevaux du prince Murat prenaient l'avance, j'envoyai un gentilhomme le prier de les faire reculer, à qui il fut répondu que le prince Murat l'eût fait avec grand plaisir s'il avait été seul, mais qu'il était avec Mme Murat, et quelques paroles vagues sur la chimère de prince étranger. Trouvant que ce n'était pas le lieu de montrer le néant d'une entreprise si énorme, je fis donner l'ordre à mon cocher de lancer mes chevaux qui endommagèrent quelque peu au passage le carrosse du prince Murat. Mais fort échauffé par l'affaire du Moine, j'avais déjà oublié celle du carrosse, pourtant si importante pour ce qui regarde le bon fonctionnement de la justice et l'honneur du royaume, quand le jour même du parvulo de Saint-Cloud, les ducs de Mortemart et de Chevreuse me vinrent avertir, comme qui avait au cœur le plus juste souci des anciens et incontestables privilèges des ducs, véritable fondement de la monarchie, que le prince Murat, à qui on avait déjà fait la complaisance si dangereuse de l'eau bénite, avait prétendu à la main, pour le souper, sur le duc de Gramont, appuyant cette belle prétention sur être le petit-fils d'un homme qui avait été roi des Deux-Siciles, qu'il l'avait exposée à M. d'Orléans par

Effiat, comme ayant été le principal ressort de la cour de Monsieur son père, que M. le duc d'Orléans, embarrassé au dernier point et n'ayant pas d'ailleurs cette instruction claire, nette, profonde, dont le décisif met à néant les chimères, n'avait pas osé se prononcer fermement sur celle-ci, avait répondu qu'il verrait, qu'il en parlerait à la duchesse d'Orléans. Etrange disparate d'aller remettre les intérêts les plus vitaux de l'Etat, qui repose sur les droits des ducs, tant qu'il n'est pas touché à eux, à qui n'y tenait que par les liens les plus honteux et n'avait jamais su ce qui lui était dû, encore bien moins à Monsieur son époux et à la pairie tout entière. Cette réponse fort curieuse et inouïe avait été rendue par la princesse Soutzo à MM. de Mortemart et de Chevreuse qui, étonnés à l'extrême, m'étaient aussitôt venus trouver. Il est suffisamment au su de chacun qu'elle est la seule femme qui, pour mon malheur, ait pu me faire sortir de la retraite où je vivais depuis la mort du Dauphin et de la Dauphine. On ne connaît guère soi-même la raison de ces sortes de préférences et je ne pourrais dire par où celle-là réussit, là où tant d'autres avaient échoué. Elle ressemblait à Minerve, telle qu'elle est représentée sur les belles miniatures en pendants d'oreilles que m'a laissées ma mère. Ses grâces m'avaient enchaîné et je ne bougeais guère de ma chambre de Versailles que pour aller la voir. Mais je remets à une autre partie de ces Mémoires qui sera surtout consacrée à la comtesse de Chevigné, de parler plus longuement d'elle et de son mari qui s'était fort distingué par sa valeur et était parmi les plus honnêtes gens que j'aie connu. Je n'avais quasi nul commerce avec M. de Mortemart depuis l'audacieuse cabale qu'il avait montée contre moi chez la duchesse de Beauvilliers pour me perdre dans l'esprit du Roi. Jamais esprit plus nul, plus prétendant au contraire, plus tâchant d'appuyer ce contraire de brocards sans fondement aucun qu'il allait colporter ensuite. Pour M. de Chevreuse, menin de Monseigneur, c'était un homme d'une autre sorte et il a été ici trop souvent parlé de lui en son temps pour que j'aie à revenir sur ses qualités infinies, sur sa science, sur sa bonté, sur sa douceur, sur sa parole éprouvée. Mais c'était un homme, comme on dit, à faire des trous dans la lune et qui vainement s'embarrassait d'un rien comme d'une montagne. On a vu les heures que j'avais passées à lui représenter l'inconsistant de sa chimère sur l'ancienneté de Chevreuse et les rages qu'il avait failli donner au chancelier pour l'érection de Chaulnes. Mais enfin, ils étaient ducs tous deux et fort justement attachés aux prérogatives de leur rang ; et comme ils savaient que j'en étais plus jaloux moi-même que pas un qui fût à la cour, ils étaient venus me trouver parce que j'étais de plus ami particulier de M. le duc d'Orléans, qui n'avais jamais eu en vue que le bien de ce prince et ne l'avais jamais abandonné quand les cabales de la Maintenon et du maréchal de Villeroy le laissaient seul au Palais Royal. Je tâchai d'arraisonner M. le duc d'Orléans, je lui représentai l'injure qu'il faisait non seulement aux ducs, qui se sentiraient tous atteints en la personne du duc de Gramont, mais au bon sens, en laissant le prince Murat, comme autrefois les ducs de La Tremoïlle, sous le vain prétexte de prince étranger et de son grand-père, si connu par sa bravoure, roi de Naples pendant quelques années, avoir pendant le parvulo de Saint-Cloud, la main qu'il se garderait bien de ne pas exiger ensuite à Versailles, à Marly, et qu'elle servirait de véhicule à l'Altesse, car on sait où conduisent ces sourdes et profondes menées de princerie quand elles ne sont pas étouffées dans l'œuf. On en a vu l'effet avec MM. de Turenne et de Vendôme. Il y aurait fallu plus de commandement et un savoir plus étendu que n'en avait M. le duc d'Orléans. Jamais pourtant cas plus simple, plus clair, plus facile à exposer, plus impossible, plus abominable à contredire. D'un côté, un homme qui ne peut pas remonter à plus de deux générations sans se perdre dans une nuit où plus rien de marquant n'apparaît; de l'autre, le chef d'une famille illustre connue depuis mille ans, père et fils de deux maréchaux de France, n'ayant jamais compté que les plus grandes alliances. L'affaire du Moine ne touchait pas à des intérêts si vitaux pour la France.

Dans le même temps, Delaire épousa une Rohan et prit très étrangement le nom de comte de Cambacérès. Le marquis d'Albuféra, qui était fort de mes amis et dont la mère l'était, porta force plaintes qui, malgré l'estime infime et, on le verra par la suite, bien méritée que le Roi avait pour lui, restèrent sans effet. Et il en est maintenant de ces beaux comtes de Cambacérès (sans même parler du vicomte Vigier, qu'on imagine toujours dans les Bains d'où il est sorti), comme des comtes à la même mode de Montgomery et de Brye que le Français ignorant croit descendre de G. de Montgomery, si célèbre pour son duel sous Henri II, et appartenir à la famille de Briey, dont était mon amie la comtesse de Briey, laquelle a souvent figuré dans ces Mémoires et qui appelait plaisamment les nouveaux comtes de Brye, d'ailleurs gentilshommes de bon lieu quoique d'un moins haut parage, « les non brils ».

Un autre et plus grand mariage retarda la venue du roi d'Angleterre, qui n'intéressait pas que ce pays. Mlle Asquith, qui était probablement la plus intelligente d'aucun, et semblait une de ces belles figures peintes à fresque qu'on voit en Italie, épousa le prince Antoine Bibesco, qui avait été l'idole de ceux où il avait résidé. Il était fort l'ami de Morand, envoyé du Roi auprès de leurs Majestés Catholiques, duquel il sera souvent question au cours de ces Mémoires, et le mien. Ce mariage fit grand bruit, et partout d'applaudissement. Seul, un peu d'Anglais mal instruits, crurent que Mlle Asquith ne contractait pas une assez grande alliance. Elle pouvait certes prétendre à toutes, mais ils ignoraient que ces Bibesco en ont avec les Noailles, les Montesquiou, les Chimay, et les Bauffremont qui sont de la race capétienne et pourraient revendiquer avec beaucoup de raison la couronne de France, comme j'ai souvent dit.

Pas un des ducs ni un homme titré n'alla à ce parvulo de Saint-Cloud, hors moi, à cause de

Mme de Saint-Simon par la place de dame d'atour
de Mme la duchesse de Bourgogne, acceptée de vive
force, sur le péril du refus et la nécessité d'obéir au
Roi, mais avec toute la douleur et les larmes qu'on a
vues et les instances infinies de M. le duc et de
Mme la duchesse d'Orléans; les ducs de Villeroy et
de La Rochefoucauld par ne pouvoir se consoler de
n'être plus que de peu, on peut dire de rien et
vouloir pomper un dernier petit fumet d'affaires,
qui s'en servirent, aussi comme d'une occasion d'en
faire leur cour au Régent; le chancelier, faute de
conseil, dont il n'y avait pas ce jour-là; à des
moments, Artagnan, capitaine des gardes, quand il
vint dire que le Roi était servi, un peu après, à son
fruit, apporter des biscotins pour ses chiennes
couchantes; enfin quand il annonça que la musique
était commencée, dont il voulut ardemment tirer
une distinction qui ne put venir à terme.

Il était de la maison de Montesquiou; une de ses
sœurs avait été fille de la Reine, s'était accommodée
et avait épousé le duc de Gesvres. Il avait prié son
cousin Robert de Montesquiou-Fezensac, de se
trouver à ce parvulo de Saint-Cloud. Mais celui-ci
répondit par cet admirable apophtegme qu'il descendait des anciens comtes de Fezensac, lesquels
sont connus avant Philippe-Auguste, et qu'il ne
voyait pas pour quelle raison cent ans — c'était le
prince Murat qu'il voulait dire — devraient passer
avant mille ans. Il était fils de T. de Montesquiou
qui était fort dans la connaissance de mon père et
dont j'ai parlé en son lieu, et avec une figure et une
tournure qui sentaient fort ce qu'il était et d'où il

était sorti, le corps toujours élancé, et ce n'est pas
assez dire, comme renversé en arrière, qui se
penchait, à la vérité, quand il lui en prenait
fantaisie, en grande affabilité et révérences de toutes
sortes, mais revenait assez vite à sa position naturelle qui était toute de fierté, de hauteur, d'intransi-
geance à ne plier devant personne et à ne céder sur
rien, jusqu'à marcher droit devant soi sans s'occuper du passage, bousculant sans paraître le voir, ou
s'il voulait fâcher, montrant qu'il le voyait, qui était
sur le chemin, avec un grand empressement toujours autour de lui des gens des plus de qualité et
d'esprit à qui parfois il faisait sa révérence de droite
et de gauche, mais le plus souvent leur laissait,
comme on dit, leurs frais pour compte, sans les voir,
les deux yeux devant soi, parlant fort haut et fort
bien à ceux de sa familiarité qui riaient de toutes les
drôleries qu'il disait, et avec grande raison, comme
j'ai dit, car il était spirituel autant que cela se peut
imaginer, avec des grâces qui n'étaient qu'à lui et
que tous ceux qui l'ont approché ont essayé,
souvent sans le vouloir et parfois même sans s'en
douter, de copier et de prendre, mais pas un jusqu'à
y réussir, ou à autre chose qu'à laisser paraître en
leurs pensées, en leurs discours et presque dans l'air
de l'écriture et le bruit de la voix qu'il avait toutes
deux fort singulières et fort belles, comme un vernis
de lui qui se reconnaissait tout de suite et montrait
par sa légère et indélébile surface, qu'il était aussi
difficile de ne pas chercher à l'imiter que d'y
parvenir.

Il avait souvent auprès de lui un Espagnol dont le

nom était Yturri et que j'avais connu, lors de mon
ambassade à Madrid, comme il a été rapporté. En
un temps où chacun ne pousse guère ses vues plus
loin qu'à faire distinguer son mérite, il avait celui, à
la vérité fort rare, de mettre tout le sien à faire
mieux éclater celui de ce comte, à l'aider dans ses
recherches, dans ses rapports avec les libraires,
jusque dans les soins de sa table, ne trouvant nulle
tâche fastidieuse si seulement elle lui en épargnait
quelqu'une, la sienne n'étant, si l'on peut dire,
qu'écouter et faire retentir au loin les propos de
Montesquiou, comme faisaient ces disciples qu'a-
vaient accoutumé d'avoir toujours avec eux les
anciens sophistes, ainsi qu'il appert des écrits
d'Aristote et des discours de Platon. Cet Yturri
avait gardé la manière bouillante de ceux de son
pays, lesquels à propos de tout ne vont pas sans
tumulte, dont Montesquiou le reprenait fort souvent et fort plaisamment, à la gaieté de tous et tout
le premier d'Yturri même, qui s'excusait en riant
sur la chaleur de la race et avait garde d'y rien
changer, car cela plaisait ainsi. Il se connaissait en
objets d'autrefois dont beaucoup profitaient pour
l'aller voir et consulter là-dessus, jusque dans la
retraite que s'étaient ajustée nos deux ermites et qui
était sise, comme j'ai dit, à Neuilly, proche de la
maison de M. le duc d'Orléans.

Montesquiou invitait fort peu et fort bien, tout le
meilleur et le plus grand, mais pas toujours les
mêmes et à dessein, car il jouait fort au roi, avec des
faveurs et des disgrâces jusqu'à l'injustice à en crier,
mais tout cela soutenu par un mérite si reconnu,

qu'on le lui passait, mais quelques-uns pourtant
fort fidèlement et fort régulièrement, qu'on était
presque toujours sûr de trouver chez lui quand il
donnait un divertissement, comme la duchesse
Mme de Clermont-Tonnerre de laquelle il sera
parlé beaucoup plus loin, qui était fille de Gramont,
petite-fille du célèbre ministre d'Etat, sœur du duc
de Guiche, qui était fort tourné, comme on l'a vu,
vers la mathématique et la peinture et Mme Gref-
fulhe, qui était Chimay, de la célèbre maison
princière des comtes de Bossut. Leur nom est
Hennin-Liétard et j'en ai déjà parlé à propos du
prince de Chimay, à qui l'Electeur de Bavière fit
donner la Toison d'or par Charles II et qui devint
mon gendre, grâce à la duchesse Sforze, après la
mort de sa première femme, fille du duc de Nevers.
Il n'était pas moins attaché à Mme de Brantes, fille
de Cessac, dont il a déjà été parlé fort souvent et qui
reviendra maintes fois dans le cours de ces
Mémoires, et aux duchesses de la Roche-Guyon et
de Fezensac. J'ai suffisamment parlé de ces Montesquiou à propos de leur plaisante chimère de descendre de Pharamond, comme si leur antiquité n'était
pas assez grande et assez reconnue pour ne pas
avoir besoin de la barbouiller de fables, et de l'autre
à propos du duc de la Roche-Guyon, fils aîné du
duc de La Rochefoucauld et survivancier de ses
deux charges, de l'étrange présent qu'il reçut de
M. le duc d'Orléans, de sa noblesse à éviter le piège
que lui tendit l'astucieuse scélératesse du premier
président de Mesmes et du mariage de son fils avec
Mlle de Toiras. On y voyait fort aussi Mme de

Noailles, femme du dernier frère du duc d'Ayen, aujourd'hui duc de Noailles, et dont la mère est La Ferté. Mais j'aurai l'occasion de parler d'elle plus longuement comme de la femme du plus beau génie poétique qu'ait vu son temps, et qui a renouvelé, et l'on peut dire agrandi, le miracle de la célèbre Sévigné. On sait que ce que j'en dis est équité pure, étant assez au su de chacun en quels termes j'en suis venu avec le duc de Noailles, neveu du cardinal et mari de Mlle d'Aubigné, nièce de Mme de Maintenon, et je me suis assez étendu en son lieu sur ses astucieuses menées contre moi jusqu'à se faire avec Canillac avocat des conseillers d'Etat contre les gens de qualité, son adresse à tromper son oncle le cardinal, à bombarder Daguesseau chancelier, à courtiser Effiat et les Rohan, à prodiguer les grâces pécuniaires énormes de M. le duc d'Orléans au comte d'Armagnac pour lui faire épouser sa fille, après avoir manqué pour elle le fils aîné du duc d'Albret. Mais j'ai trop parlé de tout cela pour y revenir et de ses noirs manèges à l'égard de Law et dans l'affaire des pierreries et lors de la conspiration du duc et de la duchesse du Maine. Bien différent, et à tant de générations d'ailleurs, était Mathieu de Noailles, qui avait épousé celle dont il est question ici et que son talent a rendu fameuse. Elle était la fille de Brancovan, prince régnant de Valachie, qu'ils nomment là-bas Hospodar, et avait autant de beauté que de génie. Sa mère était Musurus qui est le nom d'une famille très noble et très des premières de la Grèce, fort illustrée par diverses ambassades nombreuses et distinguées et par l'amitié d'un de ces Musurus avec le célèbre Erasme. Montesquiou avait été le premier à parler de ses vers. Les duchesses allaient souvent écouter les siens, à Versailles, à Sceaux, à Meudon, et depuis quelques années les femmes de la ville les imitent par une mécanique connue et font venir des comédiens qui les récitent dans le dessein d'en attirer quelqu'une, dont beaucoup iraient chez le Grand Seigneur plutôt que de ne pas les applaudir. Il y avait toujours quelque récitation dans sa maison de Neuilly, et aussi le concours tant des poètes les plus fameux que des plus honnêtes gens et de la meilleure compagnie, et de sa part, à chacun, et devant les objets de sa maison, une foule de propos, dans ce langage si particulier à lui que j'ai dit, dont chacun restait émerveillé.

Mais toute médaille a son revers. Cet homme d'un mérite si hors de pair, où le brillant ne nuisait pas au profond, cet homme, qui a pu être dit délicieux, qui se faisait écouter pendant des heures avec amusement pour les autres comme pour lui-même, car il riait fort de ce qu'il disait comme s'il avait été à la fois l'auteur et le parleur, et avec profit pour eux, cet homme avait un vice : il n'avait pas moins soif d'ennemis que d'amis. Insatiable des derniers, il était implacable aux autres, si l'on peut ainsi dire, car à quelques années de distance, c'était les mêmes dont il avait cessé d'être engoué. Il lui fallait toujours quelqu'un, sous le prétexte de la plus futile pique, à détester, à poursuivre, à persécuter, par où il était la terreur de Versailles car il ne se contraignait en rien et de sa voix qu'il avait fort

haute lançait devant qui ne lui revenait pas les
propos les plus griefs, les plus spirituels, les plus
injustes, comme quand il cria fort distinctement
devant Diane de Peydan de Brou, veuve estimée du
marquis de Saint-Paul, qu'il était aussi fâcheux
pour le paganisme que pour le catholicisme qu'elle
s'appelât à la fois Diane et Saint-Paul. C'était de ses
rapprochements de mots dont personne ne se fût
avisé et qui faisaient trembler. Ayant passé sa
jeunesse dans le plus grand monde, son âge mûr
parmi les poètes, revenu également des uns et des
autres, il ne craignait personne et vivait dans une
solitude qu'il rendait de plus en plus stricte par
chaque ancien ami qu'il en chassait. Il était fort de
ceux de Mme Straus, fille et veuve des célèbres
musiciens Halévy et Bizet, femme d'Emile Straus,
avocat à la cour des Aides, et de qui les admirables
répliques sont dans la mémoire de tous. Sa figure
était restée charmante et aurait suffi sans son esprit
à attirer tous ceux qui se pressaient autour d'elle.
C'est elle qui, une fois dans la chapelle de Versailles
où elle avait son carreau, comme M. de Noyon dont
le langage était toujours si outré et si éloigné du
naturel demandait s'il ne lui semblait pas que la
musique qu'on entendait était octogonale, lui
répondit : « Ah ! monsieur, j'allais le dire ! » comme
à quelqu'un qui a prononcé avant tous une chose
qui vient naturellement à l'esprit.

On ferait un volume si l'on rapportait tout ce qui
a été dit par elle et qui vaut de n'être pas oublié. Sa
santé avait toujours été délicate. Elle en avait
profité de bonne heure pour se dispenser des Marly,

des Meudon, n'allait faire sa cour au Roi que fort rarement, où elle était toujours reçue seule et avec une grande considération. Les fruits et les eaux dont elle avait fait en tous temps un usage qui surprenait, sans liqueurs, ni chocolat, lui avaient noyé l'estomac, dont Fagon n'avait pas voulu s'apercevoir depuis qu'il diminuait. Il appelait charlatans ceux qui donnent des remèdes ou n'avaient pas été reçus dans les Facultés, à cause de quoi il chassa un Suisse qui aurait pu la guérir. A la fin, comme son estomac s'était déshabitué des nourritures trop fortes, son corps du sommeil et des longues promenades, elle tourna cette fatigue en distinction. Mme la duchesse de Bourgogne la venait voir et ne voulait pas être conduite au-delà de la première pièce. Elle recevait les duchesses, assise, qui la visitaient tout de même tant c'était un délice de l'écouter. Montesquiou ne s'en faisait pas faute ; il était fort aussi dans la familiarité de Mme Standish, sa cousine, qui vint à ce parvulo de Saint-Cloud, étant l'amie la plus anciennement admise en tout et dans la plus grande proximité avec la reine d'Angleterre, la plus distinguée par elle, où toutes les femmes ne lui cédèrent point le pas comme cela aurait dû être et ne fut pas par l'incroyable ignorance de M. le duc d'Orléans, qui la crut peu de chose parce qu'elle s'appelait Standish, alors qu'elle était fille d'Escars, de la maison de Pérusse, petite-fille de Brissac, et une des plus grandes dames du royaume comme aussi l'une des plus belles et avait toujours vécu dans la société la plus trayée dont elle était le suprême élixir. M. le duc

d'Orléans ignorait aussi que H. Standish était fils
d'une Noailles, de la branche des marquis d'Arpa-
jon. Il fallut que M. d'Hinnisdal le lui apprît. On
eut donc à ce parvulo le scandale fort remarquable
du prince Murat, sur un ployant, à côté du roi
d'Angleterre. Cela fit un étrange vacarme qui
retentit bien loin de Saint-Cloud. Ceux qui avaient
à cœur le bien de l'Etat en sentirent les bases
sapées; le Roi, si peu versé dans l'histoire des
naissances et des rangs, mais comprenant la flétris-
sure infligée à sa couronne par la faiblesse d'avoir
anéanti la plus haute dignité du royaume, attaqua
de conversation là-dessus le comte A. de La Rochefoucauld, qui l'était plus que personne et qui,
commandé de répondre par son maître, qui était
aussi son ami, ne craignit pas de le faire en termes si
nets et si tranchants qu'il fut entendu de tout le
salon où se jouait pourtant à gros bruit un fort
lansquenet. Il déclara que, fort attaché à la grandeur de sa maison, il ne croyait pas pourtant que cet
attachement l'aveuglât et lui fît rien dérober à
quiconque, quand il trouvait qu'il était — pour ne
pas dire plus — un aussi grand seigneur que le
prince Murat; que pourtant il avait toujours cédé le
pas au duc de Gramont et continuerait à faire de
même. Sur quoi le roi fit faire défense au prince
Murat de ne prendre en nulle circonstance plus que
la qualité d'Altesse et le traversement du parquet.
Le seul qui eût pu y prétendre était Achille Murat,
parce qu'il a des prérogatives souveraines dans la
Mingrélie qui est un Etat avoisinant ceux du czar.
Mais il était aussi simple qu'il était brave, et sa

mère, si connue pour ses écrits et dont il avait hérité l'esprit charmant, avait bien vite compris que le solide et le réel de sa situation était moins chez ces Moscovites que dans la maison bien plus que princière qui était la sienne, car elle était la fille du duc de Rohan-Chabot.

Le prince J. Murat ploya un moment sous l'orage, le temps de passer ce fâcheux détroit, mais il n'en fut pas davantage et on sait que maintenant, même à ses cousins, les lieutenants-généraux ne font point difficulté, sans aucune raison qui se puisse approfondir, de donner le Pour et le Monseigneur, et le Parlement, quand il va les complimenter, envoie ses huissiers les baguettes levées, à quoi Monsieur le Prince avait eu tant de peine d'arriver, malgré le rang de prince du sang. Ainsi tout décline, tout s'avilit, tout est rongé dès le principe, dans un Etat où le fer rouge n'est pas porté d'abord sur les prétentions pour qu'elles ne puissent plus renaître.

Le roi d'Angleterre était accompagné de milord Derby qui jouissait ici, comme dans son pays, de beaucoup de considération. Il n'avait pas au premier abord cet air de grandeur et de rêverie qui frappait tant chez B. Lytton, mort depuis, ni le singulier visage et qui ne se pouvait oublier de milord Dufferin. Mais il plaisait peut-être plus encore qu'eux par une façon d'amabilité que n'ont point les Français et par quoi ils sont conquis. Louvois l'avait voulu presque malgré lui auprès du Roi à cause de ses capacités et de sa connaissance approfondie des affaires de France.

Le roi d'Angleterre évita de qualifier M. le duc

d'Orléans en lui parlant, mais voulut qu'il eût un fauteuil, à quoi il ne prétendait pas, mais qu'il eut garde de refuser. Les princesses du sang mangèrent au grand couvert par une grâce qui fit crier très fort mais ne porta pas d'autre fruit. Le souper fut servi par Olivier, premier maître d'hôtel du Roi. Son nom était Dabescat; il était respectueux, aimé de tous, et si connu à la cour d'Angleterre que plusieurs des seigneurs qui accompagnaient le Roi le virent avec plus de plaisir que les chevaliers de Saint-Louis récemment promus par le Régent et dont la figure était nouvelle. Il gardait une grande fidélité à la mémoire du feu Roi et allait chaque année à son service à Saint-Denis, où, à la honte des courtisans oublieux, il se trouvait presque toujours seul avec moi. Je me suis arrêté un instant sur lui, parce que par la connaissance parfaite qu'il avait de son état, par sa bonté, par sa liaison avec les plus grands sans se familiariser, ni bassesse, il n'avait pas laissé de prendre de l'importance à Saint-Cloud et d'y faire un personnage singulier.

Le Régent fit à Mme Standish la remarque fort juste qu'elle ne portait pas ses perles comme les autres dames, mais d'une façon qu'avait imitée la reine d'Angleterre. Guiche se trouvait là, qui y avait été mené comme au licou par la peur de s'attirer pour toujours le Régent et n'était pas fort aise d'y être. Il se plaisait bien plus à la Sorbonne et dans les Académies dont il était recherché plus que personne. Mais enfin le Régent l'avait fait prendre, il sentit ce qu'il devait au respect de la naissance, sinon de la personne, au bien de l'Etat, peut-être à

sa propre sûreté, ce qu'il y aurait de trop marqué à
ne pas venir, ne pas y avoir de milieu entre se
perdre et refuser, et il sauta le bâton. A ce mot de
perles, je le cherchai des yeux. Les siens, très
ressemblants à ceux de sa mère, étaient admirables,
avec un regard qui, bien que personne n'aimât
autant que lui à se divertir semblait percer au
travers de sa prunelle, dès que son esprit était tendu
à quelque objet sérieux. On a vu qu'il était Gramont, dont le nom est Aure, de cette illustre maison
considérée par tant d'alliances et d'emplois depuis
Sanche-Garcie d'Aure et Antoine d'Aure, vicomte
d'Aster, qui prit le nom et les armes de Gramont.
Armand de Gramont, dont il est question ici, avec
tout le sérieux que n'avait pas l'autre, rappelait les
grâces de ce galant comte de Guiche, qui avait été si
initié dans les débuts du règne de Louis XIV. Il
dominait sur tous les autres ducs, ne fût-ce que par
son savoir infini et ses admirables découvertes. Je
peux dire avec vérité que j'en parlerais de même si
je n'avais reçu de lui tant de marques d'amitié. Sa
femme était digne de lui, ce qui n'est pas peu dire.
La position de ce duc était unique. Il était les
délices de la cour, l'espoir avec raison des savants,
l'ami sans bassesse des plus grands, le protecteur
avec choix de ceux qui ne l'étaient pas encore, le
familier avec une considération infinie de José
Maria Sert qui est l'un des premiers peintres de
l'Europe pour la ressemblance des visages et la
décoration sage et durable des bâtiments. Il a été
marqué en son temps comment, quittant ma berline
pour des mules en me rendant à Madrid pour mon

ambassade, j'avais été admirer ses ouvrages dans
une église où ils sont disposés avec un art prodigieux, entre la rangée des balcons des autels et des
colonnes incrustées des marbres les plus précieux.
Le duc de Guiche causait avec Ph. de Caraman-
Chimay, oncle de celui qui était devenu mon
gendre. Leur nom est Riquet et celui-là avait
vraiment l'air de Riquet à la Houppe tel qu'il est
dépeint dans les contes. Nonobstant son visage
promettait l'agrément et la finesse et tenait ses
promesses, à ce que m'ont dit ses amis. Mais je
n'avais nulle habitude avec lui pour ainsi dire pas
de commerce, et je ne parle dans ces Mémoires que
des choses que j'ai pu connaître par moi-même.
J'entraînai le duc de Guiche dans la galerie pour
qu'on ne pût nous entendre : — Eh bien ! lui dis-je,
le Régent vous a-t-il parlé du Moine ? — Oui, me
répondit-il en souriant, et pour ce coup, malgré ces
cunctations, je crois l'avoir persuadé. Pour que
notre bref colloque ne fût pas remarqué, nous nous
approchâmes fort à côté du Régent, et Guiche me fit
remarquer qu'on parlait encore de pierreries, Standish ayant conté que dans un incendie tous les
diamants de sa mère, Mme de Poix, avaient brûlé et
étaient devenus noirs, pour laquelle particularité,
fort curieuse en effet, on les avait portés au cabinet
du roi d'Angleterre où ils étaient conservés : —
Mais alors si le diamant noirci par le feu, le
charbon ne pourrait-il être changé en diamant ?
demanda le Régent en se tournant vers Guiche d'un
air embarrassé, qui haussa les épaules en me

regardant confondu par cet ensorcellement d'un homme qu'il avait pensé convaincu.

On vit pour la première fois à Saint-Cloud le comte de Fels, dont le nom est Frich, qui vint pour faire sa cour au roi d'Angleterre. Ces Frich, bien que sortis autrefois de la lie du peuple, sont fort glorieux. C'est à l'un d'eux que la bonne femme Cornuel répondit, comme il lui faisait admirer la livrée d'un de ses laquais et ajoutait qu'elle lui venait de son grand-père : — Eh! là, monsieur, je ne savais pas que monsieur votre grand-père était laquais. » La présence au parvulo du comte de Fels parut étrange à ceux qui s'étonnent encore ; l'absence du marquis de Castellane les surprit davantage. Il avait travaillé plus de vingt ans avec le succès que l'on sait au rapprochement de la France et de l'Angleterre où il eut fait un excellent ambassadeur, et du moment que le roi d'Angleterre venait à Saint-Cloud, son nom, illustre à tant d'égards, était le premier qui fût venu à l'esprit. On vit à ce parvulo une autre nouveauté fort singulière, celle d'un prince d'Orléans voyageant en France incognito sous le nom très étrange d'infant d'Espagne. Je représentai en vain à M. le duc d'Orléans que, si grande que fût la maison d'où sortait ce prince, on ne concevait pas qu'on pût appeler infant d'Espagne qui ne l'était pas dans son pays même, où on donne seulement ce nom à l'héritier de la couronne, comme on l'a vu dans la conversation que j'eus avec Guelterio lors de mon ambassade à Madrid ; bien plus que d'infant d'Espagne à infant tout court, il n'y avait qu'un pas et que le premier servirait de

chausse-pied au second. Sur quoi M. le duc
d'Orléans se récria qu'on ne disait le Roi tout court
que pour le Roi de France, qu'il avait été ordonné à
M. le duc de Lorraine, son oncle, de ne plus se
permettre de dire le Roi de France, en parlant du
Roi, faute de quoi il ne sortirait oncques de
Lorraine et qu'enfin si l'on dit le Pape, sans plus,
c'est que tout autre nom ne serait pour lui de nul
usage. Je ne pus rien répliquer à tous ces beaux
raisonnements, mais je savais où la faiblesse du
Régent le conduirait et je me licenciai à le lui dire.
On en a vu la fin et qu'il y a beau temps qu'on ne
dit plus que l'infant tout court. Les envoyés du roi
d'Espagne l'allèrent chercher à Paris et le menèrent
à Versailles, où il fut faire sa révérence au Roi qui
resta enfermé avec lui durant une grande heure,
puis passa dans la galerie et le présenta, où tout le
monde admira fort son esprit. Il visita près de la
maison de campagne du prince de Cellamare celle
du comte et de la comtesse de Beaumont où s'était
déjà rendu le roi d'Angleterre. On a dit avec raison
que jamais mari et femme n'avaient été faits si
parfaitement l'un pour l'autre, ni pour eux leur
magnifique et singulière demeure sise sur le chemin
des Annonciades où elle semblait les attendre
depuis cent ans. Il loua la magnificence des jardins
en termes parfaitement choisis et mesurés, et de là
se rendit à Saint-Cloud pour le parvulo, mais y
scandalisa par la prétention insoutenable d'avoir la
main sur le Régent. La faiblesse de celui-ci fit que les
discussions aboutirent à ce mezzo-termine fort inouï
que le Régent et l'infant d'Espagne entrèrent en

même temps, par une porte différente, dans la salle où se donnait le souper. Ainsi crut-on couvrir la main. Il y charma de nouveau tout le monde par son esprit, mais ne baisa aucune des princesses et seulement la reine d'Angleterre, ce qui surprit fort. Le Roi fut outré d'apprendre la prétention de la main et que la faiblesse du Régent lui eût permis d'éclore. Il n'admit pas d'avantage le titre d'infant et déclara que ce prince serait reçu seulement à son rang d'ancienneté, aussitôt après le duc du Maine. L'infant d'Espagne essaya d'arriver à son but par d'autres voies. Elles ne lui réussirent point. Il cessa de visiter le Roi autrement que par un reste d'habitude et avec une assiduité légère. A la fin il en essuya des dégoûts et on ne le vit plus que rarement à Versailles où son absence se fit fort sentir et causa le regret qu'il n'y eût pas porté ses tabernacles. Mais cette digression sur les titres singuliers nous a entraînés trop loin de l'affaire du Moine.

(à suivre.)

MÉLANGES

EN MÉMOIRE
DES ÉGLISES ASSASSINÉES

I

LES ÉGLISES SAUVÉES
LES CLOCHERS DE CAEN
LA CATHÉDRALE DE LISIEUX

JOURNÉES EN AUTOMOBILE

Parti de... à une heure assez avancée de l'après-midi, je n'avais pas de temps à perdre si je voulais arriver avant la nuit chez mes parents, à mi-chemin à peu près entre Lisieux et Louviers. A ma droite, à ma gauche, devant moi, le vitrage de l'automobile, que je gardais fermé, mettait pour ainsi dire sous verre la belle journée de septembre que, même à l'air libre, on ne voyait qu'à travers une sorte de transparence. Du plus loin qu'elles nous aperce-vaient, sur la route où elles se tenaient courbées, de vieilles maisons bancales couraient prestement au-devant de nous en nous tendant quelques roses fraîches ou nous montraient avec fierté la jeune rose trémière qu'elles avaient élevée et qui déjà les dépassait de la taille. D'autres venaient, appuyées tendrement sur un poirier que leur vieillesse aveugle avait l'illusion d'étayer encore, et le ser-raient contre leur cœur meurtri où il avait immobi-lisé et incrusté à jamais l'irradiation chétive et passionnée de ses branches. Bientôt, la route tourna et le talus qui la bordait sur la droite s'étant abaissé, la plaine de Caen apparut, sans la ville qui, comprise pourtant dans l'étendue que j'avais sous les yeux, ne se laissait voir ni deviner, à cause de l'éloignement. Seuls, s'élevant du niveau uniforme de la plaine et comme perdus en rase campagne, montaient vers le ciel les deux clochers de Saint-Etienne. Bientôt, nous en vîmes trois, le clocher de Saint-Pierre les avait rejoints [1]. Rapprochés en une triple aiguille montagneuse, ils apparaissaient comme, souvent dans Turner, le monastère ou le manoir qui donne son nom au tableau, mais qui, au milieu de l'immense paysage de ciel, de végétation et d'eau, tient aussi peu de place, semble aussi épisodique et momentané, que l'arc-en-ciel, la lumière de cinq heures du soir, et la petite paysanne qui, au premier plan, trotte sur le chemin entre ses paniers. Les minutes passaient, nous allions vite et pourtant les trois clochers étaient toujours seuls devant nous, comme des oiseaux posés sur la plaine, immobiles, et qu'on distingue au soleil. Puis, l'éloignement se déchirant comme une brume qui

---

1. Je me suis naturellement abstenu de reproduire dans ce volume les nombreuses pages que j'ai écrites sur des églises dans le *Figaro* par exemple : l'église de village (bien que très supérieure à mon avis à bien d'autres qu'on lira plus loin). Mais elles avaient passé dans « A la recherche du temps perdu » et je ne pouvais me répéter. Si j'ai fait une exception pour celle-ci, c'est que dans « Du côté de chez Swann » elle n'est que citée partiellement d'ailleurs, entre guillemets, comme un exemple de ce que j'écrivis dans mon enfance. Et dans le IVᵉ volume (non encore paru) de « A la recherche du temps perdu », la publication dans le *Figaro* de cette page remaniée est le sujet de presque tout un chapitre.

dévoile complète et dans ses détails une forme
invisible l'instant d'avant, les tours de la Trinité
apparurent, ou plutôt une seule tour, tant elle
cachait exactement l'autre derrière elle. Mais elle
s'écarta, l'autre s'avança et toutes deux s'alignè-
rent. Enfin, un clocher retardataire (celui de Saint-
Sauveur, je suppose) vint, par une volte hardie, se
placer en face d'elles. Maintenant, entre les clochers
multipliés, et sur la pente desquels on distinguait la
lumière qu'à cette distance on voyait sourire, la
ville, obéissant d'en bas à leur élan sans pouvoir y
atteindre, développait d'aplomb et par montées
verticales la fugue compliquée mais franche de ses
toits. J'avais demandé au mécanicien de m'arrêter
un instant devant les clochers de Saint-Etienne ;
mais, me rappelant combien nous avions été longs à
nous en rapprocher quand dès le début ils paraissaient si près, je tirais ma montre pour voir combien
de minutes nous mettrions encore, quand l'automobile tourna et m'arrêta à leur pied. Restés si
longtemps inapprochables à l'effort de notre
machine qui semblait patiner vainement sur la
route, toujours à la même distance d'eux, c'est dans
les dernières secondes seulement que la vitesse de
tout le temps totalisée devenait appréciable. Et,
géants, surplombant de toute leur hauteur, ils se
jetèrent si rudement au-devant de nous que nous
eûmes tout juste le temps d'arrêter pour ne pas nous
heurter contre le porche.

Nous poursuivîmes notre route ; nous avions déjà
quitté Caen depuis longtemps, et la ville, après nous
avoir accompagnés quelques secondes, avait dis-

paru, que, restés seuls à l'horizon à nous regarder fuir, les deux clochers de Saint-Etienne et le clocher de Saint-Pierre agitaient encore en signe d'adieu leurs cimes ensoleillées. Parfois, l'un s'effaçait pour que les deux autres pussent nous apercevoir un instant encore ; bientôt, je n'en vis plus que deux. Puis ils virèrent une dernière fois comme deux pivots d'or, et disparurent à mes yeux. Bien souvent depuis, passant au soleil couché dans la plaine de Caen, je les ai revus, parfois de très loin et qui n'étaient que comme deux fleurs peintes sur le ciel, au-dessus de la ligne basse des champs ; parfois, d'un peu plus près et déjà rattrapés par le clocher de Saint-Pierre, semblables aux trois jeunes filles d'une légende abandonnées dans une solitude où commençait à tomber l'obscurité ; et tandis que je m'éloignais je les voyais timidement chercher leur chemin et, après quelques gauches essais et trébuchements maladroits de leurs nobles silhouettes, se serrer les uns contre les autres, glisser l'un derrière l'autre, ne plus faire sur le ciel encore rose qu'une seule forme noire délicieuse et résignée et s'effacer dans la nuit.

Je commençais de désespérer d'arriver assez tôt à Lisieux pour être le soir même chez mes parents, qui heureusement n'étaient pas prévenus de mon arrivée, quand vers l'heure du couchant nous nous engageâmes sur une pente rapide au bout de laquelle, dans la cuvette sanglante de soleil où nous descendions à toute vitesse, je vis Lisieux qui nous y avaient précédés, relever et disposer à la hâte ses maisons blessées, ses hautes cheminées teintes de pourpre ; en un instant tout avait repris sa place et quand quelques secondes plus tard nous nous arrêtâmes au coin de la rue aux Fèvres, les vieilles maisons dont les fines tiges de bois nervuré s'épanouissent à l'appui des croisées en têtes de saints ou de démons, semblaient ne pas avoir bougé depuis le xve siècle. Un accident de machine nous força de rester jusqu'à la nuit tombante à Lisieux ; avant de partir je voulus revoir à la façade de la cathédrale quelques-uns des feuillages dont parle Ruskin, mais les faibles lumignons qui éclairaient les rues de la ville cessaient sur la place où Notre-Dame était presque plongée dans l'obscurité. Je m'avançais pourtant, voulant au moins toucher de la main l'illustre futaie de pierre, dont le porche est planté et entre les deux rangs si noblement taillés de laquelle défila peut-être la pompe nuptiale d'Henri II d'Angleterre et d'Eléonore de Guyenne. Mais au moment où je m'approchais d'elle à tâtons, une subite clarté l'inonda ; tronc par tronc, les piliers sortirent de la nuit, détachant vivement, en pleine lumière sur un fond d'ombre, le large modelé de leurs feuilles de pierre. C'était mon mécanicien, l'ingénieux Agostinelli, qui, envoyant aux vieilles sculptures le salut du présent dont la lumière ne servait plus qu'à mieux lire les leçons du passé, dirigeait successivement sur toutes les parties du porche, à mesure que je voulais les voir, les feux du phare de son automobile[1]. Et quand je revins vers

---

[1]. Je ne prévoyais guère quand j'écrivais ces lignes que sept ou huit ans plus tard ce jeune homme me demanderait à dactylographier un

la voiture je vis un groupe d'enfants que la curiosité
avait amenés là et qui, penchant sur le phare leurs
têtes dont les boucles palpitaient dans cette lumière
surnaturelle, recomposaient ici, comme projetée de
la cathédrale dans un rayon, la figuration angélique
d'une Nativité. Quand nous quittâmes Lisieux, il
faisait nuit noire ; mon mécanicien avait revêtu une
vaste mante de caoutchouc et coiffé une sorte de
capuche qui, enserrant la plénitude de son jeune
visage imberbe, le faisait ressembler, tandis que
nous nous enfoncions de plus en plus vite dans la
nuit, à quelque pèlerin ou plutôt à quelque nonne
de la vitesse. De temps à autre — sainte Cécile
improvisant sur un instrument plus immatériel
encore — il touchait le clavier et tirait un des jeux
de ces orgues cachés dans l'automobile et dont nous
ne remarquons guère la musique, pourtant continue, qu'à ces changements de registres que sont les
changements de vitesse ; musique pour ainsi dire
abstraite, tout symbole et tout nombre, et qui fait
penser à cette harmonie que produisent, dit-on, les
sphères, quand elles tournent dans l'éther. Mais la
plupart du temps il tenait seulement dans sa main
sa roue — sa roue de direction (qu'on appelle
volant) — assez semblable aux croix de consécration que tiennent les apôtres adossés aux colonnes
du chœur dans la Sainte-Chapelle de Paris, à la

---

livre de moi, apprendrait l'aviation sous le nom de Marcel Swann dans
lequel il avait amicalement associé mon nom de baptême et le nom d'un
de mes personnages et trouverait la mort à vingt-six ans, dans un
accident d'aéroplane, au large d'Antibes.

croix de Saint-Benoît, et en général à toute stylisa-
tion de la roue dans l'art du moyen âge. Il ne
paraissait pas s'en servir tant il restait immobile,
mais la tenait comme il aurait fait d'un symbole
dont il convenait qu'il fût accompagné ; ainsi les
saints, aux porches des cathédrales, tiennent l'un
une ancre, un autre une roue, une harpe, une faux,
un gril, un cor de chasse, des pinceaux. Mais si ces
attributs étaient généralement destinés à rappeler
l'art dans lequel ils excellèrent de leur vivant, c'était
aussi parfois l'image de l'instrument par quoi ils
périrent ; puisse le volant de direction du jeune
mécanicien qui me conduit rester toujours le symbole de son talent plutôt que d'être la préfiguration
de son supplice ! Nous dûmes nous arrêter dans un
village où je fus pendant quelques instants, pour les
habitants, ce « voyageur » qui n'existait plus
depuis les chemins de fer et que l'automobile a
ressuscité, celui à qui la servante dans les tableaux
flamands verse le coup de l'étrier, qu'on voit dans
les paysages du Cuyp, s'arrêtant pour demander
son chemin, comme dit Ruskin, à un passant dont
« l'aspect seul indique qu'il est incapable de le
renseigner », et qui, dans les fables de La Fontaine,
chevauche au soleil et au vent, couvert d'un chaud
balandras à l'entrée de l'automne, « quand la
précaution au voyageur est bonne », — ce « cava-
lier » qui n'existe plus guère aujourd'hui dans la
réalité et que pourtant nous apercevons encore
quelquefois galopant à marée basse au bord de la
mer quand le soleil se couche (sorti sans doute du
passé à la faveur des ombres du soir), faisant du

paysage de mer que nous avons sous les yeux, une
« marine » qu'il date et qu'il signe, petit personnage qui semble ajouté par Lingelbach, Wouwer-
mans ou Adrien Van de Velde, pour satisfaire le
goût d'anecdotes et de figures des riches marchands
de Harlem, amateurs de peinture, à une plage de
Guillaume Van de Velde ou de Ruysdaël. Mais
surtout de ce voyageur, ce que l'automobile nous a
rendu de plus précieux c'est cette admirable indépendance qui le faisait partir à l'heure qu'il voulait
et s'arrêter où il lui plaisait. Tous ceux-là me
comprendront que parfois le vent en passant a
soudain touché du désir irrésistible de fuir avec lui
jusqu'à la mer où ils pourront voir, au lieu des
inertes pavés du village vainement cinglés par la
tempête, les flots soulevés lui rendre coup pour coup
et rumeur pour rumeur ; tous ceux surtout qui
savent ce que peut être, certains soirs, l'appréhen-
sion de s'enfermer avec sa peine pour toute la nuit,
tous ceux qui connaissent quelle allégresse c'est,
après avoir lutté longtemps contre son angoisse et
comme on commençait à monter vers sa chambre
en étouffant les battements de son cœur, de pouvoir
s'arrêter et se dire : « Eh bien ! non, je ne monterai
pas ; qu'on selle le cheval, qu'on apprête l'automobile », et toute la nuit de fuir, laissant derrière soi
les villages où notre peine nous eût étouffé, où nous
la devinons sous chaque petit toit qui dort, tandis
que nous passions à toute vitesse, sans être reconnu
d'elle, hors de ses atteintes.

Mais l'automobile s'était arrêtée au coin d'un
chemin creux, devant une porte feutrée d'iris

défleuris et de roses. Nous étions arrivés à la demeure de mes parents. Le mécanicien donne de la trompe pour que le jardinier vienne nous ouvrir, cette trompe dont le son nous déplaît par sa stridence et sa monotonie, mais qui pourtant, comme toute matière, peut devenir beau s'il s'imprègne d'un sentiment. Au cœur de mes parents il a retenti joyeusement comme une parole inespérée... « Il me semble que j'ai entendu... Mais alors ce ne peut être que lui! » Ils se lèvent, allument une bougie tout en la protégeant contre le vent de la porte qu'ils ont déjà ouverte dans leur impatience, tandis qu'au bas du parc la trompe dont ils ne peuvent plus méconnaître le son devenu joyeux, presque humain, ne cesse plus de jeter son appel uniforme comme l'idée fixe de leur joie prochaine, pressant et répété comme leur anxiété grandissante. Et je songeais que dans *Tristan et Isolde* (au deuxième acte d'abord quand Isolde agite son écharpe comme un signal, au troisième acte ensuite à l'arrivée de la nef) c'est, la première fois, à la redite stridente, indéfinie et de plus en plus rapide de deux notes dont la succession est quelquefois produite par le hasard dans le monde inorganisé des bruits; c'est, la deuxième fois, au chalumeau d'un pauvre pâtre, à l'intensité croissante, à l'insatiable monotonie de sa maigre chanson, que Wagner, par une apparente et géniale abdication de sa puissance créatrice, a confié l'expression de la plus prodigieuse attente de félicité qui ait jamais rempli l'âme humaine.

II

JOURNÉES DE PÈLERINAGE

RUSKIN À NOTRE-DAME D'AMIENS,
À ROUEN, ETC. [1]

Je voudrais donner au lecteur le désir et le moyen d'aller passer à Amiens une journée en une sorte de pèlerinage ruskinien. Ce n'était pas la peine de commencer par lui demander d'aller à Florence ou à Venise, quand Ruskin a écrit sur Amiens tout un livre [2]. Et, d'autre part, il me semble que c'est ainsi

---

1. Une partie de cette étude a paru au *Mercure de France,* en tête d'une traduction de la Bible d'Amiens. Nous tenons à exprimer toute notre reconnaissance à M. Alfred Vallette, directeur du *Mercure,* qui nous a gracieusement autorisé à reproduire ici notre préface. Elle fut et reste offerte en témoignage d'admiration et de reconnaissance à Léon Daudet.

2. Voici, selon M. Collingwood, les circonstances dans lesquelles Ruskin écrivit ce livre :

« M. Ruskin n'avait pas été à l'étranger depuis le printemps de 1877, mais en août 1880, il se sentit en état de voyager de nouveau. Il partit faire un tour aux cathédrales du nord de la France, s'arrêtant auprès de ses vieilles connaissances, Abbeville, Amiens, Beauvais, Chartres, Rouen, et puis revint avec M. A. Severn et M. Brabanson à Amiens, où il passa la plus grande partie d'octobre. Il écrivait un nouveau livre *la Bible d'Amiens,* destinée à être aux *Seven Lamps* ce que *Saint-Marks Rest* était aux *Stones of Venice.* Il ne se sentit pas en état de faire un cours à des étrangers à Chesterfield, mais il visita de vieux amis à Eton, le

que doit être célébré le « culte des Héros », je veux dire en esprit et en vérité. Nous visitons le lieu où un grand homme est né et celui où il est mort ; mais les lieux qu'il admirait entre tous, dont c'est la beauté même que nous aimons dans ses livres, ne les habitait-il pas davantage ?

Nous honorons d'un fétichisme qui n'est qu'illusion une tombe où reste seulement de Ruskin ce qui n'était pas lui-même, et nous n'irions pas nous agenouiller devant ces pierres d'Amiens, à qui il venait demander sa pensée, et qui la gardent

---

6 novembre 1880 pour faire une conférence sur Amiens. Pour une fois il oublia ses notes, mais le cours ne fut pas moins brillant et intéressant. C'était, en réalité, le premier chapitre de son nouvel ouvrage *la Bible d'Amiens,* lui-même conçu comme le premier volume de *Our Fathers,* etc., *Esquisses de l'Histoire de la Chrétienté,* etc.

« Le ton nettement religieux de l'ouvrage fut remarqué comme marquant sinon un changement chez lui, du moins le développement très accusé d'une tendance qui avait dû se fortifier depuis un certain temps. Il avait passé de la phase du doute à la reconnaissance de la puissante et salutaire influence d'une religion grave : il était venu à une attitude d'esprit dans laquelle, sans se dédire en rien de ce qu'il avait dit contre les croyances étroites et les pratiques contradictoires, sans formuler aucune doctrine définie de la vie future, et sans adopter le dogme d'aucune secte, il regardait la crainte de Dieu et la révélation de l'Esprit Divin comme de grands faits et des mobiles à ne pas négliger dans l'étude de l'histoire, comme la base de la civilisation et les guides du progrès » (Collingwood, *The Life and work of John Ruskin,* II, p. 206 et suivantes). A propos du sous-titre de *la Bible d'Amiens,* que rappelle M. Collingwood (*Esquisses de l'Histoire de la Chrétienté pour les garçons et les filles qui ont été tenus sur les fonts baptismaux*), je ferai remarquer combien il ressemble à d'autres sous-titres de Ruskin, par exemple à celui de *Mornings in Florence.* « De simples études sur l'Art chrétien pour les voyageurs anglais », et plus encore à celui de *Saint-Marks Rest,* « Histoire de Venise pour les rares voyageurs qui se soucient encore de ses monuments ».

encore, pareilles à la tombe d'Angleterre où d'un poète dont le corps fut consumé, ne reste — arraché aux flammes par un autre poète — que le cœur[1] ?

Sans doute le snobisme qui fait paraître raisonnable tout ce qu'il touche n'a pas encore atteint (pour les Français du moins), et par là préservé du ridicule, ces promenades esthétiques. Dites que vous allez à Bayreuth entendre un opéra de Wagner, à Amsterdam visiter une exposition de Primitifs flamands, on regrettera de ne pouvoir vous accompagner. Mais si vous avouez que vous allez voir, à la Pointe du Raz, une tempête, en Normandie, les pommiers en fleur, à Amiens, une statue aimée de Ruskin, on ne pourra s'empêcher de sourire. Je n'en espère pas moins que vous irez à Amiens après m'avoir lu

Quand on travaille pour plaire aux autres on

---

1. Le cœur de Shelley, arraché aux flammes devant lord Byron par Hunt, pendant l'incinération. — M. André Lebey (lui-même auteur d'un sonnet sur la mort de Shelley) m'adresse à ce sujet une intéressante rectification. Ce ne serait pas Hunt mais Trelawney qui aurait retiré de la fournaise le cœur de Shelley, non sans se brûler gravement à la main. Je regrette de ne pouvoir publier ici la curieuse lettre de M. Lebey. Elle reproduit notamment ce passage des mémoires de Trelawney : « Byron me demanda de garder le crâne pour lui, mais me souvenant qu'il avait précédemment transformé un crâne en coupe à boire, je ne voulus pas que celui de Shelley fût soumis à cette profanation. » La veille, pendant qu'on reconnaissait le corps de Williams, Byron avait dit à Trelawney : « Laissez-moi voir la mâchoire, je puis reconnaître aux dents quelqu'un avec qui j'ai conversé. » Mais, s'en tenant aux récits de Trelawney et sans même faire la part de la dureté que Childe Harold affectait volontiers devant le Corsaire, il faut se rappeler que, quelques lignes plus loin, Trelawney racontant l'incinération de Shelley, déclare : « Byron ne put soutenir ce spectacle et regagna à la nage le Bolivar. »

peut ne pas réussir, mais les choses qu'on a faites pour se contenter soi-même ont toujours chance d'intéresser quelqu'un. Il est impossible qu'il n'existe pas de gens qui prennent quelque plaisir à ce qui m'en a tant donné. Car personne n'est original et fort heureusement pour la sympathie et la compréhension qui sont de si grands plaisirs dans la vie, c'est dans une trame universelle que nos individualités sont taillées. Si l'on savait analyser l'âme comme la matière, on verrait que, sous l'apparente diversité des esprits aussi bien que sous celle des choses, il n'y a que peu de corps simples et d'éléments irréductibles et qu'il entre dans la composition de ce que nous croyons être notre personnalité, des substances fort communes et qui se retrouvent un peu partout dans l'Univers.

Les indications que les écrivains nous donnent dans leurs œuvres sur les lieux qu'ils ont aimés sont souvent si vagues que les pèlerinages que nous y essayons gardent quelque chose d'incertain et d'hésitant et comme la peur d'avoir été illusoires. Comme ce personnage d'Edmond de Goncourt cherchant une tombe qu'aucune croix n'indique, nous en sommes réduits à faire nos dévotions « au petit bonheur ». Voilà un genre de déboires que vous n'aurez pas à redouter avec Ruskin, à Amiens surtout ; vous ne courrez pas le risque d'y être venu passer un après-midi sans avoir su le trouver dans la cathédrale : il est venu vous chercher à la gare. Il va s'informer non seulement de la façon dont vous êtes doué pour ressentir les beautés de Notre-Dame, mais du temps que l'heure du train que vous comptez reprendre vous permet d'y consacrer. Il ne vous montrera pas seulement le chemin, qui mène à la cathédrale, mais tel ou tel chemin, selon que vous serez plus ou moins pressé. Et comme il veut que vous le suiviez dans les libres dispositions de l'esprit que donne la satisfaction du corps, peut-être aussi pour vous montrer qu'à la façon des saints à qui vont ses préférences, il n'est pas contempteur du plaisir « honnête [1] », avant de vous mener à l'église,

---

1. Voir l'admirable portrait de saint Martin au livre I de *la Bible d'Amiens* : « Il accepte volontiers la coupe de l'amitié, il est le patron d'une honnête boisson. La farce de votre oie de la Saint-Martin est odorante à ses narines et sacrés pour lui sont les derniers rayons de l'été qui s'en va. »

Ces repas évoqués par Ruskin ne vont pas même sans une espèce de cérémonial. « Saint Martin était un jour à dîner à la première table du monde, à savoir chez l'empereur et l'impératrice de Germanie, se rendant agréable à la compagnie, pas le moins du monde un saint à la saint Jean-Baptiste. Bien entendu, il avait l'empereur à sa gauche, l'impératrice à sa droite, tout se passait dans les règles. » (*la Bible d'Amiens*, Ch. I, § 30.) Ce protocole auquel Ruskin fait allusion ne paraît d'ailleurs avoir rien de celui des maîtres de maison terribles, de ceux trop formalistes et dont le modèle me semble avoir été tracé à jamais par ces versets de saint Matthieu : « Le roi aperçut à table un homme qui n'avait pas d'habit de noces. Il lui dit : « Mon ami, comment n'êtes-vous pas en habit ? » Cet homme ayant gardé le silence, le roi dit aux serviteurs : « Liez-lui les pieds et les mains et jetez-le dans les ténèbres du dehors. »

Pour revenir à cette conception d'un saint qui « ne dépense pas un souffle en une exhortation désagréable », il semble que Ruskin ne soit pas seul à se représenter ses saints favoris sous ces traits. Même pour les simples clergymen de George Eliot ou les prophètes de Carlyle, voyez combien ils sont différents de saint Firmin qui tapage et crie comme un énergumène dans les rues d'Amiens, insulte, exhorte, persuade, baptise, etc. Dans Carlyle, voyez Knox : « Ce que j'aime beaucoup en ce Knox, c'est qu'il avait une veine de drôlerie en lui. C'était un homme de cœur, honnête, fraternel, frère du grand, frère aussi du petit, sincère dans sa sympathie pour les deux ; il avait sa pipe

il vous conduira chez le pâtissier. Vous arrêtant à Amiens dans une pensée d'esthétique, vous êtes déjà le bienvenu, car beaucoup ne font pas comme vous : « L'intelligent voyageur anglais, dans ce

---

de Bordeaux dans sa maison d'Edimbourg, c'était un nomme joyeux et sociable. Ils errent grandement, ceux qui pensent que ce Knox était un fanatique sombre, spasmodique, criard. Pas du tout : c'était un des plus solides d'entre les hommes. Pratique, prudent, patient, etc. » De même Burns : « était habituellement gai de paroles, un compagnon d'infini enjouement, rire, sens et cœur. Ce n'est pas un homme lugubre ; il a les plus gracieuses expressions de courtoisie, les plus bruyants flots de gaieté, etc. » Et Mahomet : « Mahomet, sincère, sérieux, cependant aimable, cordial, sociable, enjoué même, un bon rire en lui avec tout cela. » Carlyle aime à parler du rire de Luther. (Carlyle, *les Héros*, traduction Izoulet, pages 237, 298, 299, 85, etc.)

Et dans George Eliot, voyez M. Irwine dans *Adam Bede*, M. Gilfil dans les *Scènes de la vie du Clergé*, M. Farebrother dans *Middlemarch*, etc.

« Je suis obligé de reconnaître que M. Gilfil ne demanda pas à Mme Fripp pourquoi elle n'avait pas été à l'église et ne fit pas le moindre effort pour son édification spirituelle. Mais le jour suivant il lui envoya un gros morceau de lard, etc. Vous pouvez conclure de cela que ce vicaire ne brillait pas dans les fonctions spirituelles de sa place, et, à la vérité, ce que je puis dire de mieux sur son compte, c'est qu'il s'appliquait à remplir ses fonctions avec célérité et laconisme. » Il oubliait d'enlever ses éperons avant de monter en chaire et ne faisait pour ainsi dire pas de sermons. Pourtant jamais vicaire ne fut aussi aimé de ses ouailles et n'eut sur elles une meilleure influence. « Les fermiers aimaient tout particulièrement la société de M. Gilfil, car non seulement il pouvait fumer sa pipe et assaisonner les détails des affaires paroissiales de force plaisanteries, etc. Aller à cheval était la principale distraction du vieux monsieur maintenant que les jours de chasse étaient passés pour lui. Ce n'était pas aux seuls fermiers de Shepperton que la société de M. Gilfil était agréable, il était l'hôte bienvenu des meilleures maisons de ce côté du pays. Si vous l'aviez vu conduire lady Stiwell à la salle à manger (comme tout à l'heure saint Martin l'impératrice de Germanie) et que vous l'eussiez entendu lui parler avec sa galanterie fine et gracieuse, etc. » Mais le plus souvent il restait à fumer sa pipe en buvant de l'eau et du gin. Ici, je me trouve

siècle fortuné, sait que, à mi-chemin entre Boulogne
et Paris, il y a une station de chemin de fer
importante [1] où son train, ralentissant son allure, le

---

amené à vous parler d'une autre faiblesse du vicaire, etc. » (*le Roman de
M. Gilfil*, traduction d'Albert Durade, pages 116, 117, 121, 124, 125,
126). « Quant au ministre, M. Gilfil, vieux monsieur qui fumait de très
longues pipes et prêchait des sermons très courts. » (*Tribulations du Rév.
Amos Barton*, même trad., p. 4) « M. Irwine n'avait effectivement ni
tendances élevées, ni enthousiasme religieux et regardait comme une
vraie perte de temps de parler doctrine et réveil chrétien au vieux père
Taft ou à Cranage, le forgeron. Il n'était ni laborieux, ni oublieux de
lui-même, ni très abondant en aumônes et sa croyance même était assez
large. Ses goûts intellectuels étaient plutôt païens, etc. Mais il avait
cette charité chrétienne qui a souvent manqué à d'illustres vertus. Il
était indulgent pour les fautes du prochain et peu enclin à supposer le
mal, etc. Si vous l'aviez rencontré monté sur sa jument grise, ses chiens
courant à ses côtés, avec un sourire de bonne humeur, etc. L'influence
de M. Irwine dans sa paroisse fut plus utile que celle de M. Ryde qui
insistait fortement sur les doctrines de la Réformation, condamnait
sévèrement les convoitises de la chair, etc., qui était très savant.
M. Irwine était aussi différent de cela que possible, mais il était si
pénétrant ; il comprenait ce qu'on voulait dire à la minute, il se
conduisait en gentilhomme avec les fermiers, etc. Il n'était pas un
fameux prédicateur, mais ne disait rien qui ne fût propre à vous rendre
plus sage si vous vous en souveniez. » (*Adam Bede*, même trad., pages
84, 85, 226, 227, 228, 230). — (Note du traducteur.)

    1. Cf. *Prœterita* : « Vers le moment de l'après-midi où le moderne
voyageur fashionable, parti par le train du matin de Charing-Cross
pour Paris, Nice et Monte-Carlo, s'est un peu remis des nausées de sa
traversée et de l'irritation d'avoir eu à se battre pour trouver des places
à Boulogne, et commence à regarder sa montre pour voir à quelle
distance il se trouve du buffet d'Amiens, il est exposé au désappointe-
ment et à l'ennui d'un arrêt inutile du train, à une gare sans importance
où il lit le nom « Abbeville ». Au moment où le train se remet en
marche, il pourra voir, s'il se soucie de lever pour un instant les yeux de
son journal, deux tours carrées que dominent les peupliers et les osiers
du sol marécageux qu'il traverse. Il est probable que ce coup d'œil est
tout ce qu'il souhaiterait jamais d'attirer son attention, et je ne sais
guère jusqu'à quel point je pourrais arriver à faire comprendre au

roule avec beaucoup plus que le nombre moyen des bruits et des chocs attendus à l'entrée de chaque grande gare française, afin de rappeler par des

---

lecteur, même le plus sympathique, l'influence qu'elles ont eu sur ma propre vie... Car la pensée de ma vie a eu trois centres : Rouen, Genève et Pise... Et Abbeville est comme la préface et l'interprétation de Rouen... Mes bonheurs les plus intenses, je les ai connus dans les montagnes. Mais comme plaisir, joyeux et sans mélange, arriver en vue d'Abbeville par une belle après-midi d'été, sauter à terre dans la cour de l'hôtel de l'Europe et descendre la rue en courant pour voir Saint-Wulfran avant que le soleil ait quitté les tours, sont des choses pour lesquelles il faut chérir le passé jusqu'à la fin. De Rouen et de sa cathédrale, ce que j'ai à dire trouvera place, si les jours me sont donnés, dans *Nos Pères nous ont dit*. »

Si, au cours de cette étude, j'ai cité tant de passages de Ruskin tirés d'autres ouvrages de lui que *la Bible d'Amiens*, en voici la raison. Ne lire qu'un livre d'un auteur, c'est n'avoir avec cet auteur qu'une rencontre. Or, en causant une fois avec une personne on peut discerner en elle des traits singuliers. Mais c'est seulement par leur répétition dans des circonstances variées qu'on peut les reconnaître par caractéristiques et essentiels. Pour un écrivain, comme pour un musicien ou un peintre, cette variation des circonstances qui permet de discerner, par une sorte d'expérimentation, les traits permanents du caractère, c'est la variété des œuvres. Nous retrouvons dans un second livre, dans un autre tableau, les particularités dont la première fois nous aurions pu croire qu'elles appartenaient au sujet traité autant qu'à l'écrivain ou au peintre. Et du rapprochement des œuvres différentes nous dégageons les traits communs dont l'assemblage compose la physionomie morale de l'artiste. En mettant une note au bas des passages cités de *la Bible d'Amiens,* chaque fois que le texte éveillait par des analogies, même lointaines, le souvenir d'autres ouvrages de Ruskin, et en traduisant dans la note le passage qui m'était ainsi revenu à l'esprit, j'ai tâché de permettre au lecteur de se placer dans la situation de quelqu'un qui ne se trouverait pas en présence de Ruskin pour la première fois, mais qui, ayant déjà eu avec lui des entretiens antérieurs, pourrait, dans ses paroles, reconnaître ce qui est, chez lui, permanent et fondamental. Ainsi j'ai essayé de pourvoir le lecteur comme d'une mémoire improvisée où j'ai disposé des souvenirs des autres livres de Ruskin, — sorte de caisse de résonance, où les paroles de *la Bible d'Amiens*

sursauts le voyageur somnolent ou distrait au
sentiment de sa situation. Il se souvient aussi
probablement qu'à cette halte au milieu de son

---

pourront prendre quelque retentissement en y éveillant des échos
fraternels. Mais aux paroles de *la Bible d'Amiens* ces échos ne répondront
pas sans doute, ainsi qu'il arrive dans une mémoire qui s'est faite elle-
même, de ces horizons inégalement lointains, habituellement cachés à
nos regards et dont notre vie elle-même a mesuré jour par jour les
distances variées. Ils n'auront pas, pour venir rejoindre la parole
présente dont la ressemblance les a attirés, à traverser la résistante
douceur de cette atmosphère interposée qui a l'étendue même de notre
vie et qui est toute la poésie de la mémoire.

Au fond, aider le lecteur à être impressionné par ces traits singuliers,
placer sous ses yeux des traits similaires qui lui permettent de les tenir
pour les traits essentiels du génie d'un écrivain devrait être la première
partie de la tâche de tout critique.

S'il a senti cela, et aidé les autres à le sentir, son office est à peu près
rempli. Et, s'il ne l'a pas senti, il pourra écrire tous les livres du monde
sur Ruskin : « l'homme, l'écrivain, le prophète, l'artiste, la portée de
son action, les erreurs de la doctrine », toutes ces constructions
s'élèveront peut-être très haut, mais à côté du sujet : elles pourront
porter aux nues la situation littéraire du critique, mais ne vaudront pas,
pour l'intelligence de l'œuvre, la perception exacte d'une nuance juste,
si légère semble-t-elle.

Je conçois pourtant que le critique devrait ensuite aller plus loin. Il
essayerait de reconstituer ce que pouvait être la singulière vie
spirituelle d'un écrivain hanté de réalités si spéciales, son inspiration
étant la mesure dans laquelle il avait la vision de ces réalités, son talent
la mesure dans laquelle il pouvait les récréer dans son œuvre, sa
moralité enfin, l'instinct qui les lui faisant considérer sous un aspect
d'éternité (quelque particulières que ces réalités nous paraissent) le
poussait à sacrifier au besoin de les apercevoir et à la nécessité de les
reproduire pour en assurer une vision durable et claire, tous ses plaisirs,
tous ses devoirs et jusqu'à sa propre vie, laquelle n'avait de raison
d'être que comme étant la seule manière possible d'entrer en contact
avec ces réalités, de valeur que celle que peut avoir pour un physicien
un instrument indispensable à ses expériences. Je n'ai pas besoin de
dire que cette seconde partie de l'office du critique, je n'ai même pas
essayé de la remplir dans cette petite étude qui aura comblé mes ambi-
tions si elle donne le désir de lire Ruskin et de revoir quelques cathédrales.

voyage, il y a un buffet bien servi où il a le privilège
de dix minutes d'arrêt. Il n'est toutefois pas aussi
clairement conscient que ces dix minutes d'arrêt lui
sont accordées à moins de minutes de marche de la
grande place d'une ville qui a été un jour la Venise
de la France. En laissant de côté les îles des lagunes,
la « Reine des Eaux » de la France était à peu près
aussi large que Venise elle-même, et traversée non
par de longs courants de marée montante et descendante [1], mais par onze beaux cours d'eau à truites...
aussi larges que la Dove d'Isaac Walton [2], qui se
réunissant de nouveau après qu'ils ont tourbillonné
à travers ses rues, sont bordés comme ils descendent
vers les sables de Saint-Valéry, par des bois de
tremble et des bouquets de peupliers [3] dont la grâce
et l'allégresse semblent jaillir de chaque magnifique
avenue comme l'image de la vie de l'homme juste :
« *Erit tanquam lignum quod plantatum est secus decursus*
aquarum. »

Mais la Venise de Picardie ne dut pas seulement
son nom à la beauté de ses cours d'eau, mais au
fardeau qu'ils portaient. Elle fut une ouvrière,
comme la princesse Adriatique, en or et en verre, en
pierre, en bois, en ivoire ; elle était habile comme

---

1. Cf. dans *Prœterita* l'impression des lents courants de marée
montante et descendante le long des marches de l'hôtel Danielli.

2. Ruskin veut parler ici de l'auteur du *Parfait pêcheur à la ligne*
(Londres, 1653), Isaac Walton, célèbre pêcheur de la Dove, né en 1593,
à Strefford, mort en 1683.

3. Déjà, dans *Modern Painters,* Ruskin, une trentaine d'années plus
tôt, parle de « la simplicité sereine et de la grâce des peupliers
d'Amiens ».

une Egyptienne dans le tissage des fines toiles de lin, et mariait les différentes couleurs dans ses ouvrages d'aiguille avec la délicatesse des filles de Juda. Et de ceux-là, les fruits de ses mains qui la célébraient dans ses propres portes, elle envoyait aussi une part aux nations étrangères et sa renommée se répandait dans tous les pays. Velours de toutes couleurs, employés pour lutter, comme dans *Carpaccio*, contre les tapis du Turc et briller sur les tours arabesques de Barbarie. Pourquoi cette fontaine d'arc-en-ciel jaillissait-elle ici près de la Somme ? Pourquoi une petite ville française pouvait-elle se dire la sœur de Venise et la servante de Carthage et de Tyr ? L'intelligent voyageur anglais, contraint d'acheter son sandwich au jambon et d'être prêt pour le « En voiture, messieurs », n'a naturellement pas de temps à perdre à aucune de ces questions. Mais c'est trop parler de voyageurs pour qui Amiens n'est qu'une station importante à vous qui êtes venu pour visiter la cathédrale et qui méritez qu'on vous fasse mieux employer votre temps ; on va vous mener à Notre-Dame, mais par quel chemin ?

« Je n'ai jamais été capable de décider quelle était vraiment la meilleure manière d'aborder la cathédrale pour la première fois. Si vous avez plein loisir et que le jour soit beau [1], le mieux serait de

---

1. Vous aurez peut-être alors comme moi la chance (si même vous ne trouvez pas le chemin indiqué par Ruskin) de voir la cathédrale, qui de loin ne semble qu'en pierres, se transfigurer tout à coup, et — le

descendre la rue principale de la vieille ville, traverser la rivière et passer tout à fait en dehors vers la colline calcaire sur laquelle s'élève la citadelle. De là vous comprendrez la hauteur réelle des tours et de combien elles s'élèvent au-dessus du reste de la ville, puis, en revenant, trouver votre chemin par n'importe quelle rue de traverse ; prenez les ponts que vous trouverez ; plus les rues seront tortueuses et sales, mieux ce sera, et, que vous arriviez d'abord à la façade ouest ou à l'abside, vous les trouverez dignes de toute la peine que vous aurez eue à les atteindre.

« Mais si le jour est sombre, comme cela peut arriver quelquefois, même en France, ou si vous ne pouvez ni ne voulez marcher, ce qui peut aussi arriver à cause de tous nos sports athlétiques et de nos lawn-tennis, ou si vraiment il faut que vous alliez à Paris cet après-midi et que vous vouliez seulement voir tout ce que vous pouvez en une heure ou deux, alors en supposant cela, malgré ces faiblesses, vous êtes encore une assez gentille sorte de personne pour laquelle il est de quelque conséquence de savoir par quelle voie elle arrivera à une jolie chose et commencera à la regarder. J'estime que le mieux est alors de monter à pied la rue des Trois-Cailloux. Arrêtez-vous un moment sur le chemin pour vous tenir en bonne humeur, et

---

soleil traversant de l'intérieur, rendant visibles et volatilisant ses vitraux sans peintures, — tenir debout vers le ciel, entre ses piliers de pierre, de géantes et immatérielles apparitions d'or vert et de flamme. Vous pourrez aussi chercher près des abattoirs le point de vue d'où est prise la gravure : « *Amiens, le jour des Trépassés.* ».

achetez quelques tartes et bonbons dans une des
charmantes boutiques de pâtissier qui sont à
gauche. Juste après les avoir passées, demandez le
théâtre, et vous monterez droit au transept sud qui
a vraiment en soi de quoi plaire à tout le monde.
Chacun est forcé d'aimer l'ajourement aérien de la
flèche qui le surmonte et qui semble se courber vers
le vent d'ouest, bien que cela ne soit pas; — du
moins sa courbure est une longue habitude contractée graduellement avec une grâce et une soumission
croissantes pendant ces trois derniers cents ans, —
et arrivant tout à fait au porche, chacun doit aimer
la jolie petite madone française qui en occupe le
milieu, avec sa tête un peu de côté, son nimbe de
côté aussi, comme un chapeau seyant. Elle est une
madone de décadence, en dépit, ou plutôt en raison
de sa joliesse [1] et de son gai sourire de soubrette;

1. Cf. *The two Paths* : « Ces statues (celles du porche occidental de
Chartres) ont été longtemps et justement considérées comme représen-
tatives de l'art le plus élevé du XIIᵉ ou du commencement du
XIIIᵉ siècle en France; et, en effet, elles possèdent une dignité et un
charme délicat qui manquent, en général, aux œuvres plus récentes. Ils
sont dus, en partie, à une réelle noblesse de traits, mais principalement
à la grâce mêlée de sévérité des lignes tombantes de l'excessivement
mince draperie; aussi bien qu'à un fini des plus étudiés dans la
composition, chaque partie de l'ornementation s'harmonisant tendrement avec le reste. Autant que leur pouvoir sur certains modes de
l'esprit religieux est due à un degré palpable de non-naturalisme en
eux, je ne le loue pas, la minceur exagérée du corps et la raideur de
l'attitude sont des défauts; mais ce sont de nobles défauts, et ils
donnent aux statues l'air étrange de faire partie du bâtiment lui-même
et de le soutenir non comme la cariatide grecque sans effort, ou comme
la cariatide de la Renaissance par un effort pénible ou impossible, mais
comme si tout ce qui fut silencieux et grave, et retiré à part, et raidi avec
un frisson au cœur dans la terreur de la terre, avait passé dans une

elle n'a rien à faire là non plus, car ceci est le porche de saint Honoré, non le sien. Saint Honoré avait coutume de se tenir là, rude et gris, pour vous recevoir; il est maintenant banni au porche nord où

---

forme de marbre éternel; et ainsi l'Esprit a fourni, pour soutenir les piliers de l'église sur la terre, toute la nature anxieuse et patiente dont il n'était plus besoin dans le ciel. Ceci est la vue transcendantale de la signification de ces sculptures.

Je n'y insiste pas. Ce sur quoi je m'appuie est uniquement leur qualités de vérité et de vie. Ce sont toutes des portraits — la plupart d'inconnus, je crois — mais de palpables et d'indiscutables portraits; s'ils n'ont pas été pris d'après la personne même qui est censée représentée, en tout cas ils ont été étudiés d'après quelque personne vivante dont les traits peuvent, sans invraisemblance, représenter ceux du roi ou du saint en question. J'en crois plusieurs authentiques, il y en a un d'une reine qui, évidemment, de son vivant, fut remarquable pour ses brillants yeux noirs. Le sculpteur a creusé bien profondément l'iris dans la pierre et ses yeux foncés brillent encore pour nous avec son sourire.

Il y a une autre chose que je désire que vous remarquiez spécialement dans ces statues, la façon dont la moulure florale est associée aux lignes verticales de la statue.

Vous avez ainsi la suprême complexité et richesse de courbes côte à côte avec les pures et délicates lignes parallèles, et les deux caractères gagnent en intérêt et en beauté; mais il y a une signification plus profonde dans la chose qu'un simple effet de composition; signification qui n'a pas été voulue par le sculpteur, mais qui a d'autant plus de valeur qu'elle est inintentionnelle. Je veux dire l'association intime de la beauté de la nature inférieure dans les animaux et les fleurs avec la beauté de la nature plus élevée dans la forme humaine. Vous n'avez jamais ceci dans l'œuvre grecque. Les statues grecques sont toujours isolées; de blanches surfaces de pierre, ou des profondeurs d'ombre, font ressortir la forme de la statue tandis que le monde de la nature inférieure qu'ils méprisaient était retiré de leur cœur dans l'obscurité. Ici la statue drapée semble le type de l'esprit chrétien, sous beaucoup de rapports, plus faible et plus contractée mais plus pure; revêtue de ses robes blanches et de sa couronne, et avec les richesses de toute la création à côté d'elle.

Le premier degré du changement sera placé devant vous dans un instant, simplement en comparant cette statue de la façade ouest de

jamais n'entre personne. Il y a longtemps de cela, dans le xivᵉ siècle, quand le peuple commença pour la première fois à trouver le christianisme trop grave, fit une foi plus joyeuse pour la France et voulut avoir partout une madone soubrette aux

---

Chartres avec celle de la Madone de la porte du transept sud d'Amiens.

Cette Madone, avec la sculpture qui l'entoure, représente le point culminant de l'art gothique au xiiiᵉ siècle. La sculpture a progressé continuellement dans l'intervalle ; progressé simplement parce qu'elle devient chaque jour plus sincère et plus tendre et plus suggestive. Chemin faisant, la vieille devise de Douglas : « Tendre et vrai » peut cependant être reprise par nous tous pour nous-mêmes, non moins dans l'art que dans les autres choses. Croyez-le, la première caractéristique universelle de tout grand art est la tendresse, comme la seconde est la vérité. Je trouve ceci chaque jour de plus en plus vrai ; un infini de tendresse est le don par excellence et l'héritage de tous les hommes vraiment grands. Il implique sûrement en eux une intensité relative de dédain pour les choses basses et leur donne une apparence sévère et arrogante aux yeux de tous les gens durs, stupides et vulgaires, tout à fait terrifiante pour ceux-ci s'ils sont capables de terreur, et haïssable pour eux si ils ne sont capables de rien de plus élevé que la haine. L'esprit du Dante est le grand type de cette classe d'esprit. Je dis que le *premier* héritage est la tendresse — le *second* la vérité ; parce que la tendresse est dans la nature de la créature, la vérité dans ses habitudes et dans sa connaissance acquise ; en outre, l'amour vient le premier, aussi bien dans l'ordre de la dignité que dans celui du temps, et est toujours pur et entier : la vérité, dans ce qu'elle a de meilleur, est parfaite.

Pour revenir à notre statue, vous remarquerez que l'arrangement de la sculpture est exactement le même qu'à Chartres. Une sévère draperie tombante rehaussée sur les côtés par un riche ornement floral ; mais la statue est maintenant complètement animée ; elle n'est plus immuable comme un pilier rigide, mais elle se penche en dehors de sa niche et l'ornement floral, au lieu d'être une guirlande conventionnelle, est un exquis arrangement d'aubépines. L'œuvre toutefois dans l'ensemble, quoique parfaitement caractéristique du progrès de l'époque comme style et comme intention, est, en certaines qualités plus subtiles, inférieure à celle de Chartres. Individuellement, le sculpteur, quoique appartenant à une école d'art plus avancée, était lui-même un

regards brillants, laissant sa propre Jeanne d'Arc aux yeux sombres se faire brûler comme sorcière ; et depuis lors les choses allèrent leur joyeux train, tout droit, « ça allait, ça ira », aux plus joyeux jours de la guillotine. Mais pourtant ils savaient encore sculpter au XIVe siècle, et la madone et son linteau d'aubépines en fleurs[1] sont dignes que vous les regardiez, et encore plus les sculptures aussi délicates et plus calmes[2] qui sont au-dessus, qui

---

homme d'une qualité d'âme inférieure à celui qui a travaillé à Chartres. Mais je n'ai pas le temps de vous indiquer les caractères plus subtils auxquels je reconnais ceci.

Cette statue marque donc le point culminant de l'art gothique parce que, jusqu'à cette époque, les yeux de ses artistes avaient été fermement fixés sur la vérité naturelle ; ils avaient été progressant de fleur en fleur, de forme en forme, de visage en visage, gagnant perpétuellement en connaissance et en véracité, perpétuellement, par conséquent, en puissance et en grâce. Mais arrivés à ce point un changement fatal se fit dans leur idéal. De la statue, ils commencèrent à tourner leur attention principalement sur la niche de la statue, et de l'ornement floral aux moulures qui l'entouraient, etc. (*The two Paths*, § 33-39.)

1. Moins charmantes que celles de Bourges. Bourges est la cathédrale de l'aubépine. (Cf. *Stones of Venice* : « L'architecte de la cathédrale de Bourges aimait l'aubépine, aussi a-t-il couvert son porche d'aubépines. C'est une parfaite niobé de mai. Jamais il n'y eut une pareille aubépine. Vous la cueilleriez immédiatement sans la crainte de vous piquer. »)

2. « Remarquez que le calme est l'attribut de l'art le plus élevé. » (*Relations de Michel-Ange et de Tintoret*, § 219, à propos d'une comparaison entre les anges de Della Robbia et de Donatello « attentifs à ce qu'ils chantent, ou même transportés — les anges de Bernardino Luini, pleins d'une conscience craintive — et les anges de Bellini qui, au contraire, même les plus jeunes, chantent avec autant de calme que filent les Parques ».

racontent la propre histoire de saint Honoré dont on parle peu aujourd'hui dans le faubourg de Paris qui porte son nom.

« Mais vous devez être impatients d'entrer dans la cathédrale. Mettez d'abord un sou dans la boîte de chacun des mendiants qui se tiennent là[1]. Ce n'est pas votre affaire de savoir s'ils devraient ou non être là ou s'ils méritent d'avoir le sou. Sachez seulement si vous-même méritez d'en avoir un à donner et donnez-le joliment et non comme s'il vous brûlait les doigts. »

C'est ce deuxième itinéraire, le plus simple, et celui, je suppose, que vous préférerez, que j'ai suivi, la première fois que je suis allé à Amiens ; et, au moment où le portail sud m'apparut, je vis devant moi, sur la gauche, à la même place qu'indique Ruskin, les mendiants dont il parle, si vieux d'ailleurs que c'étaient peut-être encore les mêmes. Heureux de pouvoir commencer si vite à suivre les prescriptions ruskiniennes, j'allai avant tout leur faire l'aumône, avec l'illusion, où il entrait de ce fétichisme que je blâmais tout à l'heure, d'accomplir un acte élevé de piété envers Ruskin. Associé à

---

1. Cf. *Mornings in Florence* : « Mais je veux tout d'abord vous donner un bon conseil, payez bien votre guide ou votre sacristain. Il fera preuve de reconnaissance en échange de vingt sous... Parmi mes connaissances, sur cinquante personnes qui m'écriraient des lettres pleines de tendres sentiments, une seule me donnerait vingt sous. Je vous serai donc obligé si vous me donnez vingt sous pour chacune de ces lettres, quoique j'aie fourni plus de travail que vous ne le soupçonnerez jamais pour les rendre à vos yeux dignes des vingt sous. »

ma charité, de moitié dans mon offrande, je croyais le sentir qui conduisait mon geste. Je connaissais et, à moins de frais, l'état d'âme de Frédéric Moreau dans *L'Education sentimentale*, quand sur le bateau, devant Mme Arnoux, il allonge vers la casquette du harpiste sa main fermée et « l'ouvrant avec pudeur » y dépose un louis d'or. « Ce n'était pas, dit Flaubert, la vanité qui le poussait à faire cette aumône devant elle, mais une pensée de bénédiction où il l'associait, un mouvement de cœur presque religieux. »

Puis, étant trop près du portail pour en voir l'ensemble, je revins sur mes pas, et arrivé à la distance qui me parut convenable, alors seulement je regardai. La journée était splendide et j'étais arrivé à l'heure où le soleil fait, à cette époque, sa visite quotidienne à la Vierge jadis dorée et que seul il dore aujourd'hui pendant les instants où il lui restitue, les jours où il brille, comme un éclat différent, fugitif et plux doux. Il n'est pas d'ailleurs un saint que le soleil ne visite, donnant aux épaules de celui-ci un manteau de chaleur au front de celui-là une auréole de lumière. Il n'achève jamais sa journée sans avoir fait le tour de l'immense cathédrale. C'était l'heure de sa visite à la Vierge, et c'était à sa caresse momentanée qu'elle semblait adresser son sourire séculaire, ce sourire que Ruskin trouve, vous l'avez vu, celui d'une soubrette à laquelle il préfère les reines, d'un art plus naïf et plus grave, du porche royal de Chartres. Si j'ai cité le passage où Ruskin explique cette préférence, c'est que *The two Paths* était de 1850 et *la Bible d'Amiens* de

1885, le rapprochement des textes et des dates montre à quel point *la Bible d'Amiens* diffère de ces livres comme nous en écrivons tant sur les choses que nous avons étudiées pour pouvoir en parler (à supposer même que nous ayons pris cette peine) au lieu de parler des choses parce que nous les avons dès longtemps étudiées, pour contenter un goût désintéressé, et sans songer qu'elles pourraient faire plus tard la matière d'un livre. J'ai pensé que vous aimeriez mieux *la Bible d'Amiens,* de sentir qu'en la feuilletant ainsi, c'étaient des choses sur lesquelles Ruskin a, de tout temps, médité celles qui expriment par là le plus profondément sa pensée, que vous preniez connaissance; que le présent qu'il vous faisait était de ceux qui sont le plus précieux à ceux qui aiment, et qui consistent dans les objets dont on s'est longtemps servi soi-même sans intention de les donner un jour, rien que pour soi. En écrivant son livre, Ruskin n'a pas eu à travailler pour vous, il n'a fait que publier sa mémoire et vous ouvrir son cœur. J'ai pensé que la Vierge Dorée prendrait quelque importance à vos yeux, quand vous verriez que, près de trente ans avant *la Bible d'Amiens,* elle avait, dans la mémoire de Ruskin, sa place où, quand il avait besoin de donner à ses auditeurs un exemple, il savait la trouver, pleine de grâce et chargée de ces pensées graves à qui il donnait souvent rendez-vous devant elle. Alors elle comptait déjà parmi ces manifestations de la beauté qui ne donnaient pas seulement à ses yeux sensibles une délectation comme il n'en connut jamais de plus vive, dans lesquelles la Nature, en lui donnant ce sens esthétique, l'avait prédestiné à aller chercher, comme dans son expression la plus touchante, ce qui peut être recueilli sur la terre du Vrai et du Divin.

Sans doute si, comme on l'a dit, à l'extrême vieillesse, la pensée déserta la tête de Ruskin, comme cet oiseau mystérieux qui dans une toile célèbre de Gustave Moreau n'attend pas l'arrivée de la mort pour fuir la maison, — parmi les formes familières qui traversèrent encore la confuse rêverie du vieillard sans que la réflexion pût s'y appliquer au passage, tenez pour probable qu'il y eut la Vierge Dorée. Redevenue maternelle, comme le sculpteur d'Amiens l'a représentée, tenant dans ses bras la divine enfance, elle dut être comme la nourrice que laisse seule rester à son chevet celui qu'elle a longtemps bercé. Et, comme dans le contact des meubles familiers, dans la dégustation des mets habituels, les vieillards éprouvent, sans presque les connaître, leurs dernières joies, discernables du moins à la peine souvent funeste qu'on leur causerait en les en privant, croyez que Ruskin ressentait un plaisir obscur à voir un moulage de la Vierge Dorée, descendue, par l'entraînement invincible du temps, des hauteurs de sa pensée et des prédilections de son goût, dans la profondeur de sa vie inconsciente et dans les satisfactions de l'habitude.

Telle qu'elle est avec son sourire si particulier, qui fait non seulement de la Vierge une personne, mais de la statue une œuvre d'art individuelle, elle semble rejeter ce portail hors duquel elle se penche, à n'être que le musée où nous devons nous rendre

quand nous voulons la voir, comme les étrangers
sont obligés d'aller au Louvre pour voir la Joconde.
Mais si les cathédrales, comme on l'a dit, sont les
musées de l'art religieux au moyen âge, ce sont des
musées vivants auquel M. André Hallays ne trouverait rien à redire. Ils n'ont pas été construits pour
recevoir les œuvres d'art, mais ce sont elles — si
individuelles qu'elles soient d'ailleurs, — qui ont
été faites pour eux et ne sauraient sans sacrilège (je
ne parle ici que de sacrilège esthétique) être placées
ailleurs. Telle qu'elle est avec son sourire si particulier, combien j'aime la Vierge Dorée, avec son
sourire de maîtresse de maison céleste ; combien
j'aime son accueil à cette porte de la cathédrale,
dans sa parure exquise et simple d'aubépines.
Comme les rosiers, les lys, les figuiers d'un autre
porche, ces aubépines sculptées sont encore en
fleur. Mais ce printemps médiéval, si longtemps
prolongé, ne sera pas éternel et le vent des siècles a
déjà effeuillé devant l'église, comme au jour solennel d'une Fête-Dieu sans parfums, quelques-unes
de ses roses de pierre. Un jour sans doute aussi le
sourire de la Vierge Dorée (qui a déjà pourtant duré
plus que notre foi) cessera, par l'effritement des
pierres qu'il écarte gracieusement, de répandre,
pour nos enfants, de la beauté, comme, à nos pères
croyants, il a versé du courage. Je sens que j'avais
tort de l'appeler une œuvre d'art : une statue qui
fait ainsi à tout jamais partie de tel lieu de la terre,
d'une certaine ville, c'est-à-dire d'une chose qui
porte un nom comme une personne, qui est un
individu, dont on ne peut jamais trouver la toute

pareille sur la face des continents, dont les employés
de chemins de fer, en nous criant son nom, à
l'endroit où il a fallu inévitablement venir pour la
trouver, semblent nous dire, sans le savoir :
« Aimez ce que jamais on ne verra deux fois », —
une telle statue a peut-être quelque chose de moins
universel qu'une œuvre d'art ; elle nous retient, en
tous cas, par un lien plus fort que celui de l'œuvre
d'art elle-même, un de ces liens comme en ont, pour
nous garder, les personnes et les pays. La Joconde
est la Joconde de Vinci. Que nous importe (sans
vouloir déplaire à M. Hallays) son lieu de naissance, que nous importe même qu'elle soit naturali-
sée française ? — Elle est quelque chose comme une
admirable « Sans-patrie ». Nulle part où des
regards chargés de pensée se lèveront sur elle, elle
ne saurait être une « déracinée ». Nous n'en pouvons dire autant de sa sœur souriante et sculptée
(combien inférieure du reste, est-il besoin de le
dire ?) la Vierge Dorée. Sortie sans doute des
carrières voisines d'Amiens, n'ayant accompli dans
sa jeunesse qu'un voyage, pour venir au porche
Saint-Honoré, n'ayant plus bougé depuis, s'étant
peu à peu hâlée à ce vent humide de la Venise du
Nord qui, au-dessus d'elle, a courbé la flèche,
regardant depuis tant de siècles les habitants de
cette ville dont elle est le plus ancien et le plus
sédentaire habitant [1], elle est vraiment une Amié-

---

1. Et regardée d'eux : je peux, en ce moment même, voir les hommes
qui se hâtent vers la Somme accrue par la marée, en passant devant le
porche qu'ils connaissent pourtant depuis si longtemps, lever les yeux
vers « l'Etoile de la Mer ».

noise. Ce n'est pas une œuvre d'art. C'est une belle amie que nous devons laisser sur la place mélancolique de province d'où personne n'a pu réussir à l'emmener, et où, pour d'autres yeux que les nôtres, elle continuera à recevoir en pleine figure le vent et le soleil d'Amiens, à laisser les petits moineaux se poser avec un sûr instinct de la décoration au creux de sa main accueillante, ou picorer les étamines de pierre des aubépines antiques qui lui font depuis tant de siècles une parure jeune. Dans ma chambre une photographie de la Joconde garde seulement la beauté d'un chef-d'œuvre. Près d'elle une photographie de la Vierge Dorée prend la mélancolie d'un souvenir. Mais n'attendons pas que, suivi de son cortège innombrable de rayons et d'ombres qui se reposent à chaque relief de la pierre, le soleil ait cessé d'argenter la grise vieillesse du portail, à la fois étincelante et ternie. Voilà trop longtemps que nous avons perdu de vue Ruskin. Nous l'avions laissé aux pieds de cette même Vierge devant laquelle son indulgence aura patiemment attendu que nous ayons adressé à notre guise notre personnel hommage. Entrons avec lui dans la cathédrale.

« Nous ne pouvons pas y pénétrer plus avantageusement que par cette porte sud, car toutes les cathédrales de quelque importance produisent à peu près le même effet, quand vous entrez par le porche ouest, mais je n'en connais pas d'autre qui découvre à ce point sa noblesse, quand elle est vue du transept sud. La rose qui est en face est exquise et splendide et les piliers des bas côtés du transept

forment avec ceux du chœur et de la nef un
ensemble merveilleux. De là aussi l'abside montre
mieux sa hauteur, se découvrant à vous au fur et à
mesure que vous avancez du transept dans la nef
centrale. Vue de l'extrémité ouest de la nef, au
contraire, une personne irrévérente pourrait presque croire que ce n'est pas l'abside qui est élevée,
mais la nef qui est étroite. Si d'ailleurs vous ne vous
sentez pas pris d'admiration pour le chœur et le
cercle lumineux qui l'entoure, quand vous élevez
vos regards vers lui du centre de la croix, vous
n'avez pas besoin de continuer à voyager et à
chercher à voir des cathédrales, car la salle d'attente de n'importe quelle gare du chemin de fer est
un lieu qui vous convient mille fois mieux. Mais si,
au contraire, il vous étonne et vous ravit d'abord,
alors mieux vous le connaîtrez, plus il vous ravira,
car il n'est pas possible à l'alliance de l'imagination
et des mathématiques d'accomplir une chose plus
puissante et plus noble que cette procession de
verrières, en mariant la pierre au verre, ni rien qui
paraisse plus grand.

Quoi que vous voyiez ou soyez forcé de laisser de
côté, sans l'avoir vu, à Amiens, si les écrasantes
responsabilités de votre existence et les nécessités
inévitables d'une locomotion qu'elles précipitent
vous laissent seulement un quart d'heure — sans
être hors d'haleine — pour la contemplation de la
capitale de la Picardie, donnez-le entièrement aux
boiseries du chœur de la cathédrale. Les portails,
les vitraux en ogives, les roses, vous pouvez voir cela
ailleurs aussi bien qu'ici, mais un tel chef-d'œuvre

de menuiserie, vous ne le pourrez pas. C'est du flamboyant dans son plein développement juste à la fin du xve siècle. Vous verrez là l'union de la lourdeur flamande et de la flamme charmante du style français : sculpter le bois a été la joie du Picard ; dans tout ce que je connais je n'ai jamais rien vu d'aussi merveilleux qui ait été taillé dans les arbres de quelque pays que ce soit ; c'est un bois doux, à jeunes grains ; du chêne choisi et façonné pour un tel travail et qui résonne maintenant de la même manière qu'il y a quatre cents ans. Sous la main du sculpteur, il semble s'être modelé comme de l'argile, s'être plié comme de la soie, avoir poussé comme des branches vivantes, avoir jailli comme de la flamme vivante... et s'élance, s'entrelace et se ramifie en une clairière enchantée, inextricable, impérissable, plus pleine de feuillage qu'aucune forêt et plus pleine d'histoire qu'aucun livre [1]. »

Maintenant célèbres dans le monde entier, représentées dans les musées par des moulages, que les gardiens ne laissent pas toucher, ces stalles conti-

---

1. Commencées le 3 juillet 1508, les 120 stalles furent achevées en 1522, le jour de la Saint-Jean. Le bedeau vous laissera vous promener au milieu de la vie de tous ces personnages qui, dans la couleur de leur personne, les lignes de leur geste, l'usure de leur manteau, la solidité de leur carrure, continuent à découvrir l'essence du bois, à montrer sa force et à chanter sa douceur. Vous verrez Joseph voyager sur la rampe, Pharaon dormir sur la crête où se déroule la figure de ses rêves, tandis que sur les miséricordes inférieures les devins s'occupent à les interpréter. Il vous laissera pincer sans risque d'aucun dommage pour elles les longues cordes de bois et vous les entendrez rendre comme un son d'instrument de musique, qui semble dire et qui prouve, en effet, combien elles sont indestructibles et ténues.

nuent, elles-mêmes si vieilles, si illustres et si belles,
à exercer à Amiens, leurs modestes fonctions de
stalles — dont elles s'acquittent depuis plusieurs
siècles à la grande satisfaction des Amiénois —
comme ces artistes qui, parvenus à la gloire, n'en
continuent pas moins à garder un petit emploi ou à
donner des leçons. Ces fonctions consistent, avant
même d'instruire les âmes, à supporter les corps, et
c'est à quoi, rabattues pendant chaque office et
présentant leur envers, elles s'emploient modeste-
ment.

Les bois toujours frottés de ces stalles ont peu à
peu revêtu ou plutôt laissé paraître cette sombre
pourpre qui est comme leur cœur et que préfère à
tout, jusqu'à ne plus pouvoir regarder les couleurs
des tableaux qui semblent, après cela, bien grossières, l'œil qui s'en est une fois enchanté. C'est
alors une sorte d'ivresse qu'on éprouve à goûter
dans l'ardeur toujours plus enflammée du bois ce
qui est comme la sève, avec le temps, débordante de
l'arbre. La naïveté des personnages ici sculptés
prend de la matière dans laquelle ils vivent quelque
chose comme de deux fois naturel. Et quand à « ces
fruits, ces fleurs, ces feuilles et ces branches », tous
motifs tirés de la végétation du pays et que le
sculpteur amiénois a sculptés dans du bois
d'Amiens, la diversité des plans ayant eu pour
conséquence la différence des frottements, on y voit
de ces admirables oppositions de tons, où la feuille
se détache d'une autre couleur que la tige, faisant
penser à ces nobles accents que M. Gallé a su tirer
du cœur harmonieux des chênes.

Mais il est temps d'arriver à ce que Ruskin appelle plus particulièrement la Bible d'Amiens, au Porche Occidental. Bible est pris ici au sens propre, non au sens figuré. Le porche d'Amiens n'est pas seulement, dans le sens vague où l'aurait pris Victor Hugo [1], un livre de pierre, une Bible de pierre : c'est « la Bible » en pierre. Sans doute, avant de le savoir, quand vous voyez pour la première fois la façade occidentale d'Amiens, bleue dans le brouillard, éblouissante au matin, ayant absorbé le soleil et grassement dorée l'après-midi, rose et déjà fraîchement nocturne au couchant, à n'importe laquelle de ces heures que ses cloches sonnent dans le ciel, et que Claude Monet a fixées dans des toiles sublimes où se découvre la vie de cette chose que les hommes ont faite, mais que la nature a reprise en l'immergeant en elle, une cathédrale, et dont la vie comme celle de la terre en sa double révolution se déroule dans les siècles, et d'autre part se renouvelle et s'achève chaque jour, — alors, la dégageant des changeantes couleurs dont la nature l'enveloppe, vous ressentez devant cette façade une impression confuse mais forte. En voyant monter vers le ciel ce fourmillement monumental et dentelé de personnages de grandeur humaine dans leur stature de pierre tenant à la main leur croix, leur phylactère ou leur sceptre, ce monde de saints, ces générations de prophètes, cette suite d'apôtres, ce peuple de

---

1. Mlle Marie Nordlinger, l'éminente artiste anglaise, me met sous les yeux une lettre de Ruskin où *Notre-Dame de Paris,* de Victor Hugo, est qualifiée de rebut de la littérature française.

rois, ce défilé de pécheurs, cette assemblée de juges, cette envolée d'anges, les uns à côté des autres, les uns au-dessus des autres, debout près de la porte, regardant la ville du haut des niches ou au bord des galeries, plus haut encore, ne recevant plus que vagues et éblouis les regards des hommes au pied des tours et dans l'effluve des cloches, sans doute à la chaleur de votre émotion vous sentez que c'est une grande chose que cette ascension géante, immobile et passionnée. Mais une cathédrale n'est pas seulement une beauté à sentir. Si même ce n'est plus pour vous un enseignement à suivre, c'est du moins encore un livre à comprendre. Le portail d'une cathédrale gothique, et plus particulièrement d'Amiens, la cathédrale gothique par excellence, c'est la Bible. Avant de vous l'expliquer je voudrais, à l'aide d'une citation de Ruskin, vous faire comprendre que, quelles que soient vos croyances, la Bible est quelque chose de réel, d'actuel, et que nous avons à trouver en elle autre chose que la saveur de son archaïsme et le divertissement de notre curiosité.

« Les I, VIII, XII, XV, XIX, XXIII et XXIVes psaumes, bien appris et crus, sont assez pour toute direction personnelle, ont en eux la loi et la prophétie de tout gouvernement juste, et chaque nouvelle découverte de la science naturelle est anticipée dans le CIV[e]. Considérez quel autre groupe de littérature historique et didactique a une étendue pareille à celle de la Bible.

« Demandez-vous si vous pouvez comparer sa

table des matières, je ne dis pas à aucun autre livre, mais à aucune autre littérature. Essayez, autant qu'il est possible à chacun de nous — qu'il soit défenseur ou adversaire de la foi — de dégager son intelligence de l'habitude et de l'association du sentiment moral basé sur la Bible, et demandez-vous quelle littérature pourrait avoir pris sa place ou remplir sa fonction, quand même toutes les bibliothèques de l'univers seraient restées intactes. Je ne suis pas contempteur de la littérature profane, si peu que je ne crois pas qu'aucune interprétation de la religion grecque ait jamais été aussi affectueuse, aucune de la religion romaine aussi révérente que celle qui se trouve à la base de mon enseignement de l'art et qui court à travers le corps entier de mes œuvres. Mais ce fut de la Bible que j'appris les symboles d'Homère et la foi d'Horace [1].

---

1. Cf. « Vous êtes peut-être surpris d'entendre parler d'Horace comme d'une personne pieuse. Les hommes sages savent qu'il est sage, les hommes sincères qu'il est sincère. Mais les hommes pieux, par défaut d'attention ne savent pas toujours qu'il est pieux. Un grand obstacle à ce que vous le compreniez est qu'on vous a fait construire des vers latins toujours avec l'introduction forcée du mot « Jupiter » quand vous étiez en peine d'un dactyle. Et il vous semble toujours qu'Horace ne s'en servait que quand il lui manquait un dactyle. Remarquez l'assurance qu'il nous donne de sa piété : *Dis pieta mea, et musa, cordi est,* etc. » (*Val d'Arno*, chap. IX, § 218, 219, 220, 221 et suiv.). Voyez aussi : « Horace est exactement aussi sincère dans sa foi religieuse que Wordworth, mais tout pouvoir de comprendre les honnêtes poètes classiques a été enlevé à la plupart de nos gentlemen par l'exercice mécanique de la versification au collège. Dans tout le cours de leur vie, ils ne peuvent se délivrer complètement de cette idée que tous les vers ont été écrits comme exercices et que Minerve n'était qu'un mot commode à mettre comme avant-dernier dans un hexamètre et Jupiter comme dernier. Rien n'est plus faux... Horace consacre son pin favori à

Le devoir qui me fut imposé dès ma première
jeunesse, en lisant chaque mot des évangiles et des
prophéties, de bien me pénétrer qu'il était écrit par
la main de Dieu, me laissa l'habitude d'une attention respectueuse qui, plus tard, rendit bien des
passages des auteurs profanes, frivoles pour les
lecteurs irréligieux, profondément graves pour moi.
Jusqu'à quel point mon esprit a été paralysé par les
fautes et les chagrins de ma vie [1] ; jusqu'à quel point

Diane, chante son hymne automnal à Faunus, dirige la noble jeunesse
de Rome dans son hymne à Apollon, et dit à la petite-fille du fermier
que les Dieux l'aimeront quoiqu'elle n'ait à leur offrir qu'une poignée
de sel et de farine — juste aussi sérieusement que jamais gentleman
anglais ait enseigné la foi chrétienne à la jeunesse anglaise, dans ses
jours sincères (*The Queen of the air*, I, 47, 48). Et enfin : « La foi
d'Horace en l'esprit de la Fontaine de Brundusium, en le Faune de sa
colline et en la protection des grands Dieux et Constante, profonde et
effective (Fors Clavigere Lettre XCII, 111).

   1. Cf. *Prœterita*, I, XII : « J'admire ce que j'aurais pu être si à ce
moment-là l'amour avait été avec moi au lieu d'être contre moi, si
j'avais eu la joie d'un amour permis et l'encouragement incalculable de
sa sympathie et de son admiration. » C'est toujours la même idée que le
chagrin, sans doute parce qu'il est une forme d'égoïsme, est un obstacle
au plein exercice de nos facultés. De même plus haut (page 224 de la
Bible) : « Toutes les adversités, qu'elles résident dans la *tentation* ou
dans la *douleur* » et dans la préface d'*Arrows of the Chace*. « J'ai dit à mon
pays des paroles dont pas une n'a été altérée par l'intérêt ou affaiblie
par la douleur. » Et dans le texte qui nous occupe *chagrin* est rapproché
de *faute* comme dans ces passages *tentation* de *peine* et *intérêt* de *douleur*.
« Rien n'est frivole comme les mourants », disait Emerson. A un autre
point de vue, celui de la sensibilité de Ruskin, la citation de *Prœterita* :
« Que serais-je devenu si l'amour avait été avec moi au lieu d'être
contre moi », devrait être rapprochée de cette lettre de Ruskin à
Rossetti, donnée par M. Bardoux : « Si l'on vous dit que je suis dur et
froid, soyez assuré que cela n'est point vrai. Je n'ai point d'amitiés et
point d'amours, en effet ; mais avec cela je ne puis lire l'épitaphe des
Spartiates aux Thermopyles, sans que mes yeux se mouillent de larmes,

dépasse ma conjecture ou ma confession; jusqu'où ma connaissance de la vie est courte, comparée à ce que j'aurais pu apprendre si j'avais marché plus fidèlement dans la lumière qui m'avait été départie, dépasse ma conjecture ou ma confession. Mais comme je n'ai jamais écrit pour ma renommée, j'ai été préservé des erreurs dangereuses pour les autres [1]... et les expressions fragmentaires... que j'ai été capable de donner... se relient à un système général d'interprétation de la littérature sacrée, à la fois classique et chrétienne... Qu'il y ait une littérature classique sacrée parallèle à celle des Hébreux et se fondant avec les légendes symboliques de la chrétienté au moyen âge, c'est un fait qui apparaît de la manière la plus tendre et la plus frappante dans l'influence indépendante et cependant similaire de Virgile sur le Dante et l'évêque Gawane Douglas. Et l'histoire du lion de Némée vaincu avec l'aide d'Athénée est la véritable racine de la légende du compagnon de saint Jérôme, conquis par la douceur guérissante de l'esprit de vie. Je l'appelle

---

et il y a encore, dans un de mes tiroirs, un vieux gant qui s'y trouve depuis dix-huit ans et qui aujourd'hui encore est plein de prix pour moi. Mais si par contre vous vous sentez jamais disposé à me croire particulièrement bon, vous vous tromperez tout autant que ceux qui ont de moi l'opinion opposée. Mes seuls plaisirs consistent à voir, à penser, à lire et à rendre les autres hommes heureux, dans la mesure où je puis le faire, sans nuire à mon propre bien. » — (Note du traducteur.)

1. Cf. *The Queen of the air* : « Comme j'ai beaucoup aimé — et non dans des fins égoïstes — la lumière du matin est encore visible pour moi sur les collines, vous pouvez croire en mes paroles et vous serez heureux ensuite de m'avoir cru ! »

une légende seulement. Qu'Héraklès ait jamais tué [1] ou saint Jérôme jamais chéri la créature sauvage ou blessée, est sans importance pour nous. Mais la légende de saint Jérôme reprend la prophétie du millénium et prédit avec la Sibylle de Cumes [2], et avec Isaïe, un jour où la crainte de l'homme cessera d'être chez les créatures inférieures de la haine, et s'étendra sur elles comme une bénédiction, où il ne sera plus fait de mal ni de destruction d'aucune sorte dans toute l'étendue de la montagne sainte [3] et où la paix de la terre sera délivrée de son présent chagrin, comme le présent et glorieux univers animé est sorti du désert naissant dont les profondeurs étaient le séjour des dragons et les montagnes des dômes de feu. Ce jour-là aucun homme ne le connaît [4], mais le royaume de Dieu est déjà venu pour ceux qui ont arraché de leur propre cœur ce qui était rampant et de nature inférieure et ont appris à chérir ce qui est charmant et humain dans les enfants errants des nuages et des champs [5]. »

Et peut-être maintenant voudrez-vous bien suivre le résumé que je vais essayer de vous donner,

---

1. Cf. La Couronne d'Olivier Sauvage : « Le Grec lui-même sur ses poteries ou ses amphores mettait un Hercule égorgeant des lions. »

2. Allusion probable à Virgile : « *Nec magnos metuent armenta leones.* »

3. Allusion à Isaïe, XI, 9.

4. Allusion à saint Matthieu, XXIV, 36.

5. Cf. Bossuet, *Élévations sur les Mystères* : « Contenons les vives saillies de nos pensées vagabondes, par ce moyen nous commanderons en quelque sorte aux oiseaux du ciel ; ce sera dompter des lions que d'assujettir notre impétueuse colère. »

d'après Ruskin, de la Bible écrite au porche occidental d'Amiens.

Au milieu est la statue du Christ qui est non au sens figuré, mais au sens propre, la pierre angulaire de l'édifice. A sa gauche (c'est-à-dire à droite pour nous qui en regardant le porche faisons face au Christ, mais nous emploierons les mots gauche et droite par rapport à la statue du Christ) six apôtres : près de lui Pierre, puis s'éloignant de lui, Jacques le Majeur, Jean, Matthieu, Simon. A sa droite Paul, puis Jacques l'évêque, Philippe, Barthélemy, Thomas et Jude [1]. A la suite des apôtres sont les quatre grands prophètes. Après Simon, Isaïe et Jérémie ; après Jude, Ezéchiel et Daniel ; puis, sur les trumeaux de la façade occidentale tout entière viennent les douze prophètes mineurs ; trois sur chacun des quatre trumeaux, et, en commençant par le trumeau qui se trouve le plus à gauche : Osée, Jaël, Amos, Michée, Jonas, Abdias, Nahum, Habakuk, Sophonie, Aggée, Zacharie, Malachie. De sorte que la cathédrale, toujours au sens propre, repose sur le Christ, et sur les prophètes qui l'ont prédit ainsi que sur les apôtres qui l'ont proclamé. Les prophètes du Christ et non ceux de Dieu le Père :

---

1. M. Huysmans dit : « Les Evangiles insistent pour qu'on ne confonde pas saint Jude avec Judas, ce qui eut lieu, du reste ; et, à cause de sa similitude de nom avec le traître, pendant le moyen âge les chrétiens le renient... Il ne sort de son mutisme que pour poser une question au Christ sur la Prédestination et Jésus répond à côté ou pour mieux dire ne lui répond pas », et plus loin parle « du déplorable renom que lui vaut son homonyme Judas ». (*La Cathédrale*, p. 354 et 455.)

« La voix du monument tout entier est celle qui vient du ciel au moment de la Transfiguration [1]. Voici mon fils bien-aimé, écoutez-le. » Aussi Moïse qui fut un apôtre non du Christ mais de Dieu, aussi Elie qui fut un prophète non du Christ mais de Dieu, ne sont pas ici. Mais, ajoute Ruskin, il y a un autre grand prophète qui d'abord ne semble pas être ici. Est-ce que le peuple entrera dans le temple en chantant : « Hosanna au fils de David » [2], et ne verra aucune image de son père ? [3] Le Christ lui-

1. Saint Matthieu, XVII, 5.
2. Saint Matthieu, XXI, 7.

3. Cette apostrophe permet (malgré des analogies simplement apparentes, « Isaïe déclara aux conservateurs de son temps », « un marchand juif — le roi Salomon — qui avait fait une des fortunes les plus considérables de l'époque *Unto this last*) de faire sentir combien le génie de Ruskin diffère de celui de Renan. De ce même mot « fils de David », Renan dit : « La famille de David était éteinte depuis longtemps. Jésus se laissa pourtant donner un titre sans lequel il ne pouvait espérer aucun succès ; il finit, ce semble, par y prendre plaisir, etc. » L'opposition n'apparaît ici qu'à propos d'une simple dénomination. Mais quand il s'agit de longs versets, elle s'aggrave. On sait avec quelle magnificence dans la Couronne d'Olivier Sauvage (dans *Eagles nest*), et surtout dans les Lys des Jardins des Reines, Ruskin a cité la parole rapportée par saint Luc, IX, 58 : « Jésus lui répondit : « Les renards ont des tanières et les oiseaux du ciel des nids, mais le Fils de l'Homme n'a pas où reposer sa tête. » Avec cette ingéniosité merveilleuse qui, commentant les Evangiles à l'aide de l'histoire et de la géographie (histoire et géographie d'ailleurs forcément un peu hypothétiques), y donne aux moindres paroles du Christ un tel relief de vie et semble les mouler exactement sur des circonstances et des lieux d'une réalité indiscutable, mais qui parfois risque par là même d'en restreindre un peu le sens et la portée, Renan, dont il peut être intéressant d'opposer ici la glose à celle de Ruskin, croit voir dans ce verset de saint Luc comme un signe que Jésus commençait à éprouver quelque lassitude de sa vie vagabonde. (*Vie de Jésus*, p. 324 des premières éditions.) Il semble qu'il y ait dans une telle interprétation, retenu sans

même n'a-t-il pas déclaré : « Je suis la racine et
l'épanouissement de David », et la racine n'aurait
près de soi pas trace de la terre qui l'a nourrie ? Il
n'en est pas ainsi ; David et son fils sont ensemble.
David est le piédestal de la statue du Christ. Il tient
son sceptre dans la main droite, un phylactère dans
la gauche.

« De la statue du Christ elle-même je ne parlerai
pas, aucune sculpture ne pouvant, ni ne devant
satisfaire l'espérance d'une âme aimante qui a
appris à croire en lui. Mais à cette époque elle
dépassa ce qui avait jamais été atteint jusque-là en
tendresse sculptée. Et elle était connue au loin sous
le nom de : le beau Dieu d'Amiens. Elle n'était
d'ailleurs qu'un signe, un symbole de la présence
divine et non une idole, dans notre sens du mot. Et
pourtant chacun la concevait comme l'Esprit
vivant, venant l'accueillir à la porte du temple, la
Parole de vie, le Roi de gloire, le Seigneur des
armées. Le « Seigneur des Vertus », *Dominus Virtu-
tum*, c'est la meilleure traduction de l'idée que
donnaient à un disciple instruit du XIII⁰ siècle les
paroles du XXIV⁰ psaume. »

Nous ne pouvons pas nous arrêter à chacune des
statues du porche occidental. Ruskin vous expli-

---

doute par un sentiment exquis de la mesure et une sorte de pudeur
sacrée, le germe de cette ironie spéciale qui se plaît à traduire, sous une
forme terre à terre et actuelle, des paroles sacrées ou seulement
classiques. L'œuvre de Renan est sans doute une grande œuvre, une
œuvre de génie. Mais par moments on n'aurait pas beaucoup à faire
pour voir s'y esquisser comme une sorte de *Belle Hélène* de Christianisme.

quera le sens des bas-reliefs qui sont placés au-dessous (deux bas-reliefs quatre-feuilles placés au-dessous l'un de l'autre sous chacune d'elles), ceux qui sont placés sous chaque apôtre représentant : le bas-relief supérieur la vertu qu'il a enseignée ou pratiquée, l'inférieur le vice opposé. Au-dessous des prophètes les bas-reliefs figurent leurs prophéties.

Sous saint Pierre est le Courage avec un léopard sur son écusson ; au-dessous du Courage la Poltron-nerie est figurée par un homme qui, effrayé par un animal, laisse tomber son épée, tandis qu'un oiseau continue de chanter : « Le poltron n'a pas le courage d'une grive ». Sous saint André est la Patience dont l'écusson porte un bœuf (ne reculant jamais).

Au-dessous de la Patience [1], la Colère : une femme poignardant un homme avec une épée (la Colère, vice essentiellement féminin qui n'a aucun rapport avec l'indignation). Sous saint Jacques, la Douceur dont l'écusson porte un agneau, et la Grossièreté : une femme donnant un coup de pied par-dessus son échanson, « les formes de la plus grande grossièreté française étant dans les gestes du cancan ».

Sous saint Jean, l'Amour, l'Amour divin, non l'amour humain : « Moi en eux et toi en moi. » Son écusson supporte un arbre avec des branches gref-fées dans un tronc abattu. « Dans ces jours-là le Messie sera abattu, mais pas pour lui-même. » Au-

---

1. Cf. La description des chapiteaux du Palais des Doges (dans *The Stones of Venice*).

dessous de l'Amour, la Discorde : un homme et une femme qui se querellent ; elle a laissé tomber sa quenouille. Sous saint Matthieu, l'Obéissance. Sur son écusson, un chameau : « Aujourd'hui c'est la bête la plus désobéissante et la plus insupportable, dit Ruskin ; mais le sculpteur du Nord connaissait peu son caractère. Comme elle passe malgré tout sa vie dans les services les plus pénibles, je pense qu'il l'a choisie comme symbole de l'obéissance passive qui n'éprouve ni joie ni sympathie, comme en ressent le cheval, et qui, d'autre part, n'est pas capable de faire du mal comme le bœuf[1]. Il est vrai que sa morsure est assez dangereuse, mais à Amiens il est fort probable que cela n'était pas connu, même des croisés, qui ne montaient que leurs chevaux ou rien. »

Au-dessous de l'Obéissance, la Rébellion[2], un homme claquant du doigt devant son évêque (« comme Henri VIII devant le Pape et les badauds anglais et français devant tous les prêtres quels qu'ils soient »).

Sous saint Simon, la Persévérance caresse un lion et tient sa couronne. « Tiens ferme ce que tu as afin qu'aucun homme ne prenne ta couronne. »

1. Cf. Volney, *Voyage en Syrie*.

2. Cf. Emile Mâle, *l'Art religieux au XVIIIᵉ siècle* : « La rébellion n'apparaît au moyen âge que sous un seul aspect, la désobéissance à l'Eglise. La rose de Notre-Dame de Paris (ces petites scènes sont presque identiques à Paris, Chartres, Amiens et Reims) offre ce curieux détail : l'homme qui se révolte contre l'évêque porte le bonnet conique des Juifs. Le Juif, qui depuis tant de siècles refusait d'entendre la parole de l'Eglise, semble être le symbole même de la révolte et de l'obstination.

Au-dessous, l'Athéisme laisse ses souliers à la porte de l'église. « L'infidèle insensé est toujours représenté, aux XIᵉ et XIIIᵉ siècles, nu-pieds, le Christ ayant ses pieds enveloppés avec la préparation de l'Evangile de la Paix. « Combien sont beaux tes pieds dans tes souliers, ô fille de Prince ![1] »

Au-dessous de saint Paul est la Foi. Au-dessous de la Foi est l'Idolâtrie adorant un monstre. Au-dessous de saint Jacques l'évêque est l'Espérance qui tient un étendard avec une croix. Au-dessous de l'Espérance, le Désespoir, qui se poignarde.

Sous saint Philippe est la Charité qui donne son manteau à un mendiant nu[2].

Sous saint Barthélemy, la Chasteté avec le phœnix, et au-dessous d'elle, la Luxure, figurée par un jeune homme embrassant une femme qui tient un sceptre et un miroir. Sous saint Thomas, la Sagesse (un écusson avec une racine mangeable signifiant la tempérance commencement de la sagesse). Au-dessous d'elle la Folie : le type usité dans tous les psautiers primitifs d'un glouton armé d'un gourdin. « Le fou a dit dans son cœur : « Il n'y a pas de Dieu, il dévore mon peuple comme un morceau de

---

1. *Cantiques des Cantiques*, VII, 1. La citation précédente se rapporte à Ephésieus, VI, 15.
2. Dans *la Bible d'Amiens*, Ruskin dit : « Dans ces temps-là on ne disait aucune bêtise sur les fâcheuses conséquences d'une charité indistincte. Au-dessous de la Charité, l'Avarice a un coffre et de l'argent, notion moderne commune aux Anglais et aux Amiénois de la divine consommation de la manufacture de laine *of pleasures of England*) : « Tandis que la Charité idéale de Giotto, à Padona,

pain. » (Psaume LIII) [1]. Sous saint Jude, l'Humilité qui porte un écusson avec une colombe, et l'Orgueil qui tombe de cheval.

« Remarquez, dit Ruskin, que les apôtres sont tous sereins, presque tous portent un livre, quelques-uns une croix, mais tous le même message : « Que la paix soit dans cette maison et si le Fils de la Paix est ici », etc. [2], mais les prophètes tous chercheurs, ou pensifs, ou tourmentés, ou s'étonnant, ou priant, excepté Daniel. Le plus tourmenté de tous est Isaïe. Aucune scène de son martyre n'est représentée, mais le bas-relief qui est au-dessous de lui le montre apercevant le Seigneur dans son temple et cependant il a le sentiment qu'il a les lèvres impures. Jérémie aussi porte sa croix, mais plus sereinement. »

---

présente à Dieu son cœur dans sa main, il foule aux pieds des sacs d'or, donne seulement du blé et des fleurs ; au porche ouest d'Amiens, elle se contente de vêtir un mendiant avec une pièce de drap de la manufacture de la ville. » La même comparaison est venue certainement d'une manière fortuite à l'esprit de M. Emile Mâle : « La charité qui tend à Dieu son cœur enflammé, dit-il, est du pays de saint François d'Assise. La Charité qui donne son manteau aux pauvres est du pays de saint Vincent de Paul. Cf. encore les diverses interprétations de la Charité dans *The Stones of Venice*.

1. Cf. cette expression avec celle d'Achille δημοβόρος, commentés ainsi par Ruskin : « Mais je n'ai pas de mots pour l'étonnement que j'éprouve quand j'entends encore parler de royauté, comme si les nations gouvernées étaient une propriété individuelle et pouvaient être acquises comme des moutons de la chair desquels le roi peut se nourrir et si l'épithète indiquée d'Achille : « Mangeurs de peuples », était le titre approprié de tous les monarques et si l'extension des territoires d'un roi signifiait la même chose que l'agrandissement des terres d'un particulier. (Des Trésors des Rois.)

2. Saint Luc, X, 5.

Nous ne pouvons malheureusement pas nous arrêter aux bas-reliefs qui figurent, au-dessous des prophètes, les versets de leurs principales prophéties : Ezéchiel assis devant deux roues [1], Daniel tenant un livre que soutiennent des lions [2], puis assis au festin de Balthazar, le figuier et la vigne sans feuilles, le soleil et la lune sans lumière qu'a prophétisés Joël [3], Amos cueillant les feuilles de la vigne sans fruits pour nourrir ses moutons qui ne trouvent pas d'herbe [4], Jonas s'échappant des flots, puis assis sous un calebassier. Habakuk qu'un ange tient par les cheveux visitant Daniel qui caresse un jeune lion [5], les prophéties de Sophonie : les bêtes de Ninive, le Seigneur une lanterne dans chaque main, le hérisson et le butor [6], etc.

Je n'ai pas le temps de vous conduire aux deux portes secondaires du porche occidental, celle de la Vierge [7] (qui contient, outre la statue de la Vierge :

1. Ezéchiel, I, 16.
2. Daniel, VI, 22.
3. Joël, I, 7, et II, 10.
4. Amos, IV, 7.
5. Habakuk, II, 1.
6. Sophonie, II, 15 ; I, 12 ; II, 14.
7. Ruskin en arrivant à cette porte dit : « Si vous venez, bonne protestante ma lectrice, venez civilement, et veuillez vous souvenir que jamais le culte d'aucune femme morte ou vivant n'a nui à une créature humaine — mais que le culte de l'argent, le culte de la perruque, le culte du chapeau tricorne et à plumes, ont fait et font beaucoup plus de mal, et que tous offensent des millions de fois plus le Dieu du Ciel, de la Terre et des Etoiles, que toutes les plus absurdes et les plus charmantes erreurs commises par les générations de ses simples enfants sur ce que la Vierge Mère pourrait, ou voudrait, ou ferait, ou éprouverait pour eux. »

à gauche de la Vierge, celle de l'Ange Gabriel, de la
Vierge Annunciade, de la Vierge Visitante, de
sainte Elisabeth, de la Vierge présentant l'Enfant
de saint Siméon, et à droite les trois Rois Mages,
Hérode, Salomon et la reine de Saba, chaque statue
ayant au-dessous d'elle, comme celles du porche
principal, des bas-reliefs dont le sujet se rapporte à
elle), — et celle de saint Firmin qui contient les
statues de saints du diocèse. C'est sans doute à
cause de cela, parce que ce sont « des amis des
Amiénois », qu'au-dessous d'eux les bas-reliefs
représentent les signes du Zodiaque et les travaux
de chaque mois, bas-reliefs que Ruskin admire
entre tous. Vous trouverez au musée du Trocadéro
les moulages de ces bas-reliefs de la porte Saint-
Firmin et dans le livre de M. Mâle des commen-
taires charmants sur la vérité locale et climatérique
de ces petites scènes de genre [1].

---

1. « Ce sont vraiment, dit-il en parlant de ces calendriers sculptés,
les Travaux et les Jours. » Après avoir montré leur origine byzantine et
romane il dit d'eux : « Dans ces petits tableaux, dans ces belles
géorgiques de la France, l'homme fait des gestes éternels. » Puis il
montre malgré cela le côté tout réaliste et local de ces œuvres : « Au
pied des murs de la petite ville du moyen âge commence la vraie
campagne... le beau rythme des travaux virgiliens. Les deux clochers de
Chartres se dressent au-dessus des moissons de la Beauce et la cathédrale
de Reims domine les vignes champenoises. A Paris, de l'abside de Notre-
Dame on apercevait les prairies et les bois ; les sculpteurs en imaginant
leurs scènes de la vie rustique purent s'inspirer de la réalité voisine », et
plus loin : « Tout cela est simple, grave, tout près de l'humanité. Il n'y a
rien là des Grâces un peu fades des fresques antiques : nul amour
vendangeur, nul génie ailé qui moissonne. Ce ne sont pas les charmantes
déesses florentines de Botticelli qui dansent à la fête de la Primavera.
C'est l'homme tout seul, luttant avec la nature ; et si pleine de vie, qu'elle
a gardé, après cinq siècles, toute sa puissance d'émouvoir. »

« Je n'ai pas ici, dit alors Ruskin, à étudier l'art de ces bas-reliefs. Ils n'ont jamais dû servir autrement que comme guides pour la pensée. Et si le lecteur veut simplement se laisser conduire ainsi, il sera libre de se créer à lui-même de plus beaux tableaux dans son cœur ; et en tous cas, il pourra entendre les vérités suivantes qu'affirme leur ensemble.

« D'abord, à travers ce Sermon sur la Montagne d'Amiens, le Christ n'est jamais représenté comme le Crucifié, n'éveille pas un instant la pensée du Christ mort ; mais apparaît comme le Verbe Incarné — comme l'Ami présent — comme le Prince de la Paix sur la terre[1] — comme le Roi Eternel dans le ciel. Ce que sa vie *est,* ce que ses commandements *sont* et ce que son jugement *sera,* voilà ce qui nous est enseigné non pas ce qu'il a fait jadis, ce qu'il a souffert jadis, mais bien ce qu'il fait à présent, et ce qu'il nous ordonne de faire. Telle est la pure, joyeuse et belle leçon que nous donne le christianisme ; et la décadence de cette foi, et les corruptions d'une pratique dissolvante peuvent être attribuées à ce que nous nous sommes accoutumés à fixer nos regards sur la mort du Christ, plutôt que sur sa vie, et à substituer la méditation de sa souffrance passée à celle de notre devoir présent[2].

1. Isaïe, IX, 5.
2. Cf. *Lectures on Art,* sur l'égérie d'un art morbide et réaliste. « Essayez de vous représenter la somme de temps et d'anxieuse et frémissante émotion qui a été gaspillée par ces tendres et délicates femmes de la chrétienté pendant ces derniers six cents ans. Comme elles se peignaient ainsi à elles-mêmes sous l'influence d'une semblable

« Puis secondement, quoique le Christ ne porte pas sa croix, les prophètes affligés, les apôtres persécutés, les disciples martyrs, portent les leurs. Car s'il vous est salutaire de vous rappeler ce que votre créateur immortel a fait pour vous, il ne l'est pas moins de vous rappeler ce que des hommes mortels, nos semblables, ont fait aussi. Vous pouvez, à votre gré, renier le Christ, renoncer à lui, mais le martyre, vous pouvez seulement l'oublier; le nier vous ne le pouvez pas. Chaque pierre de cette

---

imagerie, ces souffrances corporelles passées depuis longtemps, qui, puisqu'on les conçoit comme ayant été supportées par un être divin, ne peuvent pas, pour cette raison, avoir été plus difficiles à endurer que les agonies d'un être humain quelconque sous la torture; et alors essayez d'apprécier à quel résultat on serait arrivé pour la justice et la félicité de l'humanité si on avait enseigné à ces mêmes femmes le sens profond des dernières paroles qui leur furent dites par leur Maître : « Filles de Jérusalem, ne pleurez pas sur moi, mais pleurez sur vous-mêmes et sur vos enfants », si on leur avait enseigné à appliquer leur pitié à mesurer les tortures des champs de bataille, les tourments de la mort lente chez les enfants succombant à la faim, bien plus, dans notre propre vie de paix, à l'agonie de créatures qui ne sont ni nourries, ni enseignées, ni secourues, qui s'éveillent au bord du tombeau pour apprendre comment elles auraient dû vivre, et la souffrance encore plus terrible de ceux dont toute l'existence, et non sa fin, est la mort; ceux auxquels le berceau fut une malédiction, et pour lesquels les mots qu'ils ne peuvent entendre « la cendre à la cendre » sont tout ce qu'ils ont jamais reçu de bénédiction. Ceux-là, vous qui pour ainsi dire avez pleuré à ses pieds ou vous êtes tenus près de sa croix, ceux-là vous les avez toujours avec vous! et non pas lui.

Cf. *la Bible d'Amiens* sur sainte Geneviève. Il y a des milliers de jeunes filles pieuses qui n'ont jamais figuré dans aucun calendrier, mais qui ont passé et gâché leur vie dans la désolation, Dieu sait pourquoi, car nous ne le savons pas, mais en voici une, en tout cas, qui ne soupire pas après le martyre et ne se consume pas dans les tourments, mais devient une Tour du Troupeau (allusion à *Michée*, IV, 8) et toute sa vie lui construit un bercail.

construction a été cimentée de son sang. Gardant donc ces choses dans votre cœur, tournez-vous maintenant vers la statue centrale du Christ; écoutez son message et comprenez-le. Il tient le livre de la Loi éternelle dans sa main gauche; avec la droite, il bénit, mais bénit sous conditions : « Fais ceci et tu vivras » ou plutôt dans un sens plus strict, plus rigoureux : « Sois ceci et tu vivras » : montrer de la pitié n'est rien, ton âme doit être pleine de pitié; être pur en action n'est rien, tu dois être pur aussi dans ton cœur.

« Et avec cette parole de la loi inabolie :

« Ceci si tu ne le fais pas, ceci si tu ne l'es pas, tu mourras »[1]. Mourir — quelque sens que vous donniez au mot — totalement et irrévocablement.

« L'évangile et sa puissance sont entièrement écrits dans les grandes œuvres des vrais croyants : en Normandie et en Sicile, sur les îlots des rivières de France, aux vallées des rivières d'Angleterre, sur les rochers d'Orvieto, près des sables de l'Arno. Mais l'enseignement qui est à la fois le plus simple et le plus complet, qui parle avec le plus d'autorité à l'esprit actif du Nord est celui qui de l'Europe se dégage des premières pierres d'Amiens.

« Toutes les créatures humaines, dans tous les temps et tous les endroits du monde, qui ont des affections chaudes, le sens commun et l'empire sur

---

1. Saint Luc, X.

elles-mêmes, ont été et sont naturellement morales.
La connaissance et le commandement de ces choses
n'a rien à faire avec la religion [1].

1. Le lecteur trouvera, je pense, une certaine parenté entre l'idée
exprimée ici par Ruskin (depuis « Toutes les créatures humaines ») et
la théorie de l'Inspiration divine dans le chapitre III : « Il ne sera pas
doué d'aptitudes plus hautes ni appelé à une fonction nouvelle. Il sera
inspiré... selon les capacités de sa nature » et, cette remarque : « La
forme que prit plus tard l'esprit monastique tint beaucoup plus... qu'à
un changement amené par le christianisme dans l'idéal de la vertu et du
bonheur humains. » Sur cette dernière idée Ruskin a souvent insisté,
disant que le culte qu'un païen offrait à Jupiter n'était pas très différent
de celui qu'un chrétien, etc. D'ailleurs dans ce même chapitre III de *la
Bible d'Amiens,* le Collège des Augures et l'institution des Vestales sont
rapprochés des ordres monastiques chrétiens. Mais bien que cette idée
soit par le lien que l'on voit si proche des précédentes, et comme leur
alliée c'est pourtant une idée nouvelle. En ligne directe elle donne à
Ruskin l'idée de la Foi d'Horace et d'une manière générale tous les
développements similaires. Mais surtout elle est étroitement apparen-
tée à une idée bien différente de celles que nous signalons au
commencement de cette note, l'idée (analysée dans la note des pages
244, 245, 246) de la permanence d'un sentiment esthétique que le
christianisme n'interrompt pas. Et maintenant que, de chaînons en
chaînons, nous sommes arrivés à une idée si différente de notre point de
départ (bien qu'elle ne soit pas nouvelle pour nous), nous devons nous
demander si ce n'est pas l'idée de la continuité de l'art grec par
exemple, des métopes du Parthénon aux mosaïques de Saint-Marc et
au labyrinthe d'Amiens (l'idée qu'il n'a probablement crue vraie que
parce qu'il l'avait trouvée belle) qui aura ramené Ruskin étendant cette
vue d'abord esthétique à la religion et à l'histoire, à concevoir
pareillement le collège des Augures comme assimilable à l'Institution
bénédictine, la dévotion à Hercule comme équivalente à la dévotion à
Saint Jérôme, etc.
    Mais du moment que la religion chrétienne différait peu de la
religion grecque (idée : « plutôt qu'à un changement amené par le
christianisme dans l'idéal de la vertu et du bonheur humains ») Ruskin
n'avait pas besoin, au point de vue logique, de séparer si fortement la
religion et la morale. Aussi il y a dans cette nouvelle idée, si même c'est
la première qui a conduit Ruskin à elle, quelque chose de plus. Et c'est
une de ces vues assez particulières à Ruskin, qui ne sont pas

« Mais si, aimant les créatures qui sont comme vous-mêmes, vous sentez que vous aimeriez encore plus chèrement des créatures meilleures que vous-mêmes si elles vous étaient révélées ; si, vous efforçant de tout votre pouvoir d'améliorer ce qui est mal près de vous et autour de vous, vous aimiez à penser au jour où le juge de toute la terre rendra tout juste [1] et où les petites collines se réjouiront de tous côtés [2] ; si, vous séparant des compagnons qui vous ont donné toute la meilleure joie que vous ayez eue sur la terre, vous désirez jamais rencontrer de nouveau leurs yeux et presser leurs mains — là où les yeux ne seront plus voilés, où les mains ne failliront plus ; si, vous préparant à être couchés

---

proprement philosophiques et qui ne se rattachent à aucun système, qui, aux yeux du raisonnement purement logique peuvent paraître fausses, mais qui frappent aussitôt toute personne capable à la couleur particulière d'une idée de deviner, comme ferait un pêcheur pour les eaux, sa profondeur. Je citerai dans ce genre parmi les idées de Ruskin, qui peuvent paraître les plus surannées aux esprits banals, incapables d'en comprendre le vrai sens et d'en éprouver la vérité, celle qui tient la liberté pour funeste à l'artiste, et l'obéissance et le respect pour essentiels, celle qui fait de la mémoire l'organe intellectuel le plus utile à l'artiste, etc.

Si on voulait essayer de retrouver l'enchaînement souterrain, la racine commune d'idées si éloignées les unes des autres, dans l'œuvre de Ruskin, et peut-être aussi peu liées dans son esprit, je n'ai pas besoin de dire que l'idée notée au bas des pages 212, 213 et 214 à propos de « je suis le seul auteur à penser avec Hérodote » est une simple modalité de « Horace est pieux comme Milton », idée qui n'est elle-même qu'un pendant des idées esthétiques analysées dans la note des pages 244, 245, 246. « Cette coupole est uniquement un vase grec, cette Salomé une canéphore, ce chérubin une Harpie », etc.

1. Genèse, XVIII, 23.
2. Psaumes, LXV, 13.

sous l'herbe dans le silence et la solitude sans plus
voir la beauté, sans plus sentir la joie, vous vouliez
vous préoccuper de la promesse qui vous a été faite
d'un temps dans lequel vous verriez la lumière de
Dieu et connaîtriez les choses que vous aviez soif de
connaître, et marcheriez dans la paix de l'amour
éternel — alors l'espoir de ces choses pour vous est
la religion ; leur substance dans votre vie est la foi.
Et dans leur vertu il nous est promis que les
royaumes de ce monde deviendront un jour les
royaumes de Notre-Seigneur et de son Christ[1] ».

Voici terminé l'enseignement que les hommes du
XIIIᵉ siècle allaient chercher à la cathédrale et que,
par un luxe inutile et bizarre, elle continue à offrir
en une sorte de livre ouvert, écrit dans un langage
solennel où chaque caractère est une œuvre d'art, et
que personne ne comprend plus. Lui donnant un
sens moins littéralement religieux qu'au moyen âge
ou même seulement un sens esthétique, vous avez
pu néanmoins le rattacher à quelqu'un de ces
sentiments qui nous apparaissent par-delà notre vie
comme la véritable réalité, à une de « ces étoiles à
qui il convient d'attacher notre char ». Comprenant
mal jusque-là la portée de l'art religieux au moyen
âge, je m'étais dit, dans ma ferveur pour Ruskin : Il
m'apprendra, car lui aussi, en quelques parcelles du
moins, n'est-il pas la vérité ? Il fera entrer mon
esprit là où il n'avait pas accès, car il est la porte. Il
me purifiera, car son inspiration est comme le lys de

1. Saint Jean, *Révélation* XI, 15.

la vallée. Il m'enivrera et me vivifiera, car il est la vigne et la vie. Et j'ai senti en effet que le parfum mystique des rosiers de Saron n'était pas à tout jamais évanoui, puisqu'on le respire encore, au moins dans ses paroles. Et voici que les pierres d'Amiens ont pris pour moi la dignité des pierres de Venise, et comme la grandeur qu'avait la Bible, alors qu'elle était encore vérité dans le cœur des hommes et beauté grave dans leurs œuvres. *La Bible d'Amiens* n'était, dans l'intention de Ruskin, que le premier livre d'une série intitulée : *Nos pères nous ont dit*; et en effet si les vieux prophètes du porche d'Amiens furent sacrés à Ruskin, c'est que l'âme des artistes du XIIIe siècle était encore en eux. Avant même de savoir si je l'y trouverais, c'est l'âme de Ruskin que j'y allais chercher et qu'il a imprimée aussi profondément aux pierres d'Amiens qu'y avaient imprimé la leur ceux qui les sculptèrent, car les paroles du génie peuvent aussi bien que le ciseau donner aux choses une forme immortelle. La littérature aussi est une « lampe du sacrifice » qui se consume pour éclairer les descendants. Je me conformais inconsciemment à l'esprit du titre : *Nos pères nous ont dit,* en allant à Amiens dans ces pensées et dans le désir d'y lire la Bible de Ruskin. Car Ruskin, pour avoir cru en ces hommes d'autrefois, parce qu'en eux étaient la foi et la beauté, s'était trouvé écrire aussi sa Bible, comme eux pour avoir cru aux prophètes et aux apôtres avaient écrit la leur. Pour Ruskin, les statues de Jérémie, d'Ezéchiel et d'Amos n'étaient peut-être plus tout à fait dans le même sens que pour les sculpteurs d'autrefois les statues de Jérémie, d'Ezéchiel et d'Amos; elles étaient du moins l'œuvre pleine d'enseignements de grands artistes et d'hommes de foi, et le sens éternel des prophéties désapprises. Pour nous, si d'être l'œuvre de ces artistes et le sens de ces paroles ne suffit plus à nous les rendre précieuses qu'elles soient du moins pour nous les choses où Ruskin a trouvé cet esprit, frère du sien et père du nôtre. Avant que nous arrivions à la cathédrale, n'était-elle pas pour nous surtout celle qu'il avait aimée? et ne sentions-nous pas qu'il y avait encore des Saintes Ecritures, puisque nous cherchions pieusement la Vérité dans ses livres. Et maintenant nous avons beau nous arrêter devant les statues d'Isaïe, de Jérémie d'Ezéchiel et de Daniel en nous disant : « Voici les quatre grands prophètes, après ce sont les prophètes mineurs, mais il n'y a que quatre grands prophètes » il y en a un de plus qui n'est pas ici et dont pourtant nous ne pouvons pas dire qu'il est absent, car nous le voyons partout. C'est Ruskin : si sa statue n'est pas à la porte de la cathédrale, elle est à l'entrée de notre cœur. Ce prophète-là a cessé de faire entendre sa voix. Mais c'est qu'il a fini de dire toutes ses paroles. C'est aux générations de les reprendre en chœur.

III

JOHN RUSKIN

Comme « les Muses quittant Apollon leur père
pour aller éclairer le monde [1] », une à une les idées
de Ruskin avaient quitté la tête divine qui les avait
portées et, incarnées en livres vivants, étaient allées
enseigner les peuples. Ruskin s'était retiré dans la
solitude où vont souvent finir les existences prophé-
tiques jusqu'à ce qu'il plaise à Dieu de rappeler à
lui le cénobite ou l'ascète dont la tâche surhumaine
est finie. Et l'on ne put que deviner, à travers le
voile tendu par des mains pieuses, le mystère qui
s'accomplissait, la lente destruction d'un cerveau
périssable qui avait abrité une postérité immortelle.
Aujourd'hui la mort a fait entrer l'humanité en
possession de l'héritage immense que Ruskin lui
avait légué. Car l'homme de génie ne peut donner
naissance à des œuvres qui ne mourront pas qu'en
les créant à l'image non de l'être mortel qu'il est,

1. Titre d'un tableau de Gustave Moreau qui se trouve au musée
Moreau.

mais de l'exemplaire d'humanité qu'il porte en lui. Ses pensées lui sont, en quelque sorte, prêtées pendant sa vie, dont elles sont les compagnes. A sa mort, elles font retour à l'humanité et l'enseignent. Telle cette demeure auguste et familière de la rue de La Rochefoucauld qui s'appela la maison de Gustave Moreau tant qu'il vécut et qui s'appelle, depuis qu'il est mort, le Musée Gustave Moreau.

Il y a depuis longtemps un Musée John Ruskin [1]. Son catalogue semble un abrégé de tous les arts et de toutes les sciences. Des photographies de tableaux de maîtres y voisinent avec des collections de minéraux, comme dans la maison de Gœthe. Comme le Musée Ruskin, l'œuvre de Ruskin est universelle. Il chercha la vérité, il trouva la beauté jusque dans les tableaux chronologiques et dans les lois sociales. Mais les logiciens ayant donné des « Beaux Arts » une définition qui exclut aussi bien la minéralogie que l'économie politique, c'est seulement de la partie de l'œuvre de Ruskin qui concerne les « Beaux Arts » tels qu'on les entend généralement, de Ruskin esthéticien et critique d'art que j'aurai à parler ici.

On a d'abord dit qu'il était réaliste. Et, en effet, il a souvent répété que l'artiste devait s'attacher à la pure imitation de la nature, « sans rien rejeter, sans rien mépriser, sans rien choisir ».

Mais on a dit aussi qu'il était intellectualiste parce qu'il a écrit que le meilleur tableau était celui

1. A Sheffield.

qui renfermait les pensées les plus hautes. Parlant du groupe d'enfants qui, au premier plan de la *Construction de Carthage* de Turner, s'amusent à faire voguer des petits bateaux, il concluait : « Le choix exquis de cet épisode, comme moyen d'indiquer le génie maritime d'où devait sortir la grandeur future de la nouvelle cité, est une pensée qui n'eût rien perdu à être écrite, qui n'a rien à faire avec les technicismes de l'art. Quelques mots l'auraient transmise à l'esprit aussi complètement que la représentation la plus achevée du pinceau. Une pareille pensée est quelque chose de bien supérieur à tout art ; c'est de la poésie de l'ordre le plus élevé. » « De même, ajoute Milsand[1] qui cite ce passage, en analysant une *Sainte Famille* de Tintoret, le trait auquel Ruskin reconnaît le grand maître c'est un mur en ruine et un commencement de bâtisse, au moyen desquels l'artiste fait symboliquement comprendre que la nativité du Christ était la fin de l'économie juive et l'avènement de la nouvelle alliance. Dans une composition du même Vénitien, une *Crucifixion*, Ruskin voit un chef-d'œuvre de peinture parce que l'auteur a su, par un incident en apparence insignifiant, par l'introduction d'un âne broutant des palmes à l'arrière-plan du Calvaire, affirmer l'idée profonde que c'était le matérialisme juif, avec son attente d'un Messie tout temporel et avec la déception de ses espérances lors de l'entrée à

1. Entre les écrivains qui ont parlé de Ruskin, Milsand a été un des premiers, dans l'ordre du temps, et par la force de la pensée. Il a été une sorte de précurseur, de prophète inspiré et incomplet et n'a pas assez vécu pour voir se développer l'œuvre qu'il avait en somme annoncée.

Jérusalem, qui avait été la cause de la haine déchaînée contre le Sauveur et, par là, de sa mort. »

On a dit qu'il supprimait la part de l'imagination dans l'art en y faisant à la science une part trop grande. Ne disait-il pas que « chaque classe de rochers, chaque variété de sol, chaque espèce de nuage doit être étudiée et rendue avec une exactitude géologique et météorologique ?... Toute formation géologique a ses traits essentiels qui n'appartiennent qu'à elle, ses lignes déterminées de fracture qui donnent naissance à des formes constantes dans les terrains et les rochers, ses végétaux particuliers, parmi lesquels se dessinent encore des différences plus particulières par suite des variétés d'élévation et de température. Le peintre observe dans la plante tous ses caractères de forme et de couleur... saisit ses lignes de rigidité ou de repos... remarque ses habitudes locales, son amour ou sa répugnance pour telle ou telle exposition, les conditions qui la font vivre ou qui la font périr. Il l'associe... à tous les traits des lieux qu'elle habite... Il doit retracer la fine fissure et la courbe descendante et l'ombre ondulée du sol qui s'éboule et cela le rendre d'un doigt aussi léger que les touches de la pluie... Un tableau est admirable en raison du nombre et de l'importance des renseignements qu'il nous fournit sur les réalités [1] ».

---

1. Dans *The Stones of Venice* et il y revient dans *Val d'Arno,* dans *la Bible d'Amiens,* etc., Ruskin considère les pierres brutes comme étant déjà une œuvre d'art que l'architecte ne doit pas mutiler : « En elles est déjà écrite une histoire et dans leurs veines et leurs zones, et leurs lignes brisées, leurs couleurs écrivent les légendes diverses toujours exactes

Mais on a dit, en revanche, qu'il ruinait la science en y faisant la place trop grande à l'imagination. Et, de fait, on ne peut s'empêcher de penser au finalisme naïf de Bernardin de Saint-Pierre disant que Dieu a divisé les melons par tranches pour que l'homme les mange plus facilement, quand on lit des pages comme celle-ci : « Dieu a employé la couleur dans sa création comme l'accompagnement de tout ce qui est pur et précieux, tandis qu'il a réservé aux choses d'une utilité seulement matérielle ou aux choses nuisibles les teintes communes. Regardez le cou d'une colombe et comparez-le au dos gris d'une vipère. Le crocodile est gris, l'innocent lézard est d'un vert splendide. »

Si l'on a dit qu'il réduisait l'art à n'être que le vassal de la science, comme il a poussé la théorie de l'œuvre d'art considérée comme renseignement sur la nature des choses jusqu'à déclarer qu' « un Turner en découvre plus sur la nature des roches qu'aucune académie n'en saura jamais », et qu' « un Tintoret n'a qu'à laisser aller sa main pour révéler sur le jeu des muscles une multitude de vérités qui déjoueront tous les anatomistes de la terre », on a dit aussi qu'il humiliait la science devant l'art.

On a dit enfin que c'était un pur esthéticien et

---

des anciens régimes politiques du royaume des montagnes auxquelles ces marbres ont appartenu, de ses infirmités et de ses énergies, de ses convulsions et de ses consolidations depuis le commencement des temps.

que sa seule religion était celle de la Beauté, parce
qu'en effet il l'aima toute sa vie.

Mais, par contre, on a dit que ce n'était même
pas un artiste, parce qu'il faisait intervenir dans son
appréciation de la beauté des considérations peut-
être supérieures mais en tous cas étrangères à
l'esthétique. Le premier chapitre des *Sept lampes de
l'architecture* prescrit à l'architecte de se servir des
matériaux les plus précieux et les plus durables, et
fait dériver ce devoir du sacrifice de Jésus, et des
conditions permanentes du sacrifice agréable à
Dieu, conditions qu'on n'a pas lieu de considérer
comme modifiées, Dieu ne nous ayant pas fait
connaître expressément qu'elles l'aient été. Et dans
les *Peintres modernes*, pour trancher la question de
savoir qui a raison des partisans de la couleur et des
adeptes du clair-obscur, voici un de ses arguments :
« Regardez l'ensemble de la nature et comparez
généralement les arcs-en-ciel, les levers de soleil, les
roses, les violettes, les papillons, les oiseaux, les
poissons rouges, les rubis, les opales, les coraux,
avec les alligators, les hippopotames, les requins, les
limaces, les ossements, les moisissures, le brouillard
et la masse des choses qui corrompent, qui piquent,
qui détruisent, et vous sentirez alors comme la
question se pose entre les coloristes et les clair-
obscuristes, lesquels ont la nature et la vie de leur
côté, lesquels le péché et la mort. »

Et comme on a dit de Ruskin tant de choses
contraires, on en a conclu qu'il était contradictoire.

De tant d'aspects de la physionomie de Ruskin,
celui qui nous est le plus familier, parce que c'est

celui dont nous possédons, si l'on peut ainsi parler, le portrait le plus étudié et le mieux venu, le plus frappant et le plus répandu [1], c'est le Ruskin qui n'a connu toute sa vie qu'une religion : celle de la Beauté.

Que l'adoration de la Beauté ait été, en effet, l'acte perpétuel de la vie de Ruskin, cela peut être vrai à la lettre ; mais j'estime que le but de cette vie, son intention profonde, secrète et constante était autre, et si je le dis, ce n'est pas pour prendre le contre-pied du système de M. de la Sizeranne, mais pour empêcher qu'il ne soit rabaissé dans l'esprit des lecteurs par une interprétation fausse, mais naturelle et comme inévitable.

Non seulement la principale religion de Ruskin fut la religion tout court (et je reviendrai sur ce point tout à l'heure, car il domine et caractérise son esthétique), mais, pour nous en tenir en ce moment à la « Religion de la Beauté », il faudrait avertir notre temps qu'il ne peut prononcer ces mots, s'il veut faire une allusion juste à Ruskin, qu'en redressant le sens que son dilettantisme esthétique est trop porté à leur donner. Pour un âge, en effet, de dilettantes et d'esthètes, un adorateur de la Beauté, c'est un homme qui, ne pratiquant pas d'autre culte

1. Le Ruskin de M. de la Sizeranne. Ruskin a été considéré jusqu'à ce jour, et à juste titre, comme le domaine propre de M. de la Sizeranne, si j'essaye parfois de m'aventurer sur ses terres, ce ne sera certes pas pour méconnaître ou pour usurper son droit qui n'est pas que celui du premier occupant. Au moment d'entrer dans ce sujet que le monument magnifique qu'il a élevé à Ruskin domine de toute part je lui devais ainsi rendre hommage et payer tribut.

que le sien et ne reconnaissant pas d'autre dieu qu'elle, passerait sa vie dans la jouissance que donne la contemplation voluptueuse des œuvres d'art.

Or, pour des raisons dont la recherche toute métaphysique dépasserait une simple étude d'art, la Beauté ne peut pas être aimée d'une manière féconde si on l'aime seulement pour les plaisirs qu'elle donne. Et, de même que la recherche du bonheur pour lui-même n'atteint que l'ennui, et qu'il faut pour le trouver chercher autre chose que lui, de même le plaisir esthétique nous est donné par surcroît si nous aimons la Beauté pour elle-même, comme quelque chose de réel existant en dehors de nous et infiniment plus important que la joie qu'elle nous donne. Et, très loin d'avoir été un dilettante ou un esthète, Ruskin fut précisément le contraire, un de ces hommes à la Carlyle, averti par leur génie de la vanité de tout plaisir et, en même temps, de la présence auprès d'eux d'une réalité éternelle, intuitivement perçue par l'inspiration. Le talent leur est donné comme un pouvoir de fixer cette réalité à la toute-puissance et à l'éternité de laquelle, avec enthousiasme et comme obéissante à un commandement de la conscience, ils consacrent, pour lui donner quelque valeur, leur vie éphémère. De tels hommes, attentifs et anxieux devant l'univers à déchiffrer, sont avertis des parties de la réalité sur lesquelles leurs dons spéciaux leur départissent une lumière particulière, par une sorte de démon qui les guide, de voix qu'ils entendent, l'éternelle inspiration des êtres géniaux. Le don

spécial, pour Ruskin, c'était le sentiment de la
beauté, dans la nature comme dans l'art. Ce fut
dans la Beauté que son tempérament le conduisit à
chercher la réalité, et sa vie toute religieuse en reçut
un emploi tout esthétique. Mais cette Beauté à
laquelle il se trouva ainsi consacrer sa vie ne fut pas
conçue par lui comme un objet de jouissance fait
pour la charmer, mais comme une réalité infiniment
plus importante que la vie, pour laquelle il aurait
donné la sienne. De là vous allez voir découler
l'esthétique de Ruskin. D'abord vous comprendrez
que les années où il fait connaissance avec une
nouvelle école d'architecture et de peinture aient pu
être les dates principales de sa vie morale. Il pourra
parler des années où le gothique lui apparut avec la
même gravité, le même retour ému, la même
sérénité qu'un chrétien parle du jour où la vérité lui
fut révélée. Les événements de sa vie sont intellectuels et les dates importantes sont celles où il
pénètre une nouvelle forme d'art, l'année où il
comprend Abbeville, l'année où il comprend
Rouen, le jour où la peinture de Titien et les ombres
dans la peinture de Titien lui apparaissent comme
plus nobles que la peinture de Rubens, que les
ombres dans la peinture de Rubens.

Vous comprendrez ensuite que, le poète étant
pour Ruskin, comme pour Carlyle, une sorte de
scribe écrivant sous la dictée de la nature une partie
plus ou moins importante de son secret, le premier
devoir de l'artiste est de ne rien ajouter de son
propre cru à ce message divin. De cette hauteur
vous verrez s'évanouir, comme les nuées qui se

traînent à terre, les reproches de réalisme aussi bien que d'intellectualisme adressés à Ruskin. Si ces objections ne portent pas, c'est qu'elles ne visent pas assez haut. Il y a dans ces critiques erreur d'altitude. La réalité que l'artiste doit enregistrer est à la fois matérielle et intellectuelle. La matière est réelle parce qu'elle est une expression de l'esprit. Quant à la simple apparence, nul n'a plus raillé que Ruskin ceux qui voient dans son imitation le but de l'art. « Que l'artiste, dit-il, ait peint le héros ou son cheval, notre jouissance, en tant qu'elle est causée par la perfection du faux-semblant est exactement la même. Nous ne la goûtons qu'en oubliant le héros et sa monture pour considérer exclusivement l'adresse de l'artiste. Vous pouvez envisager des larmes comme l'effet d'un artifice ou d'une douleur, l'un ou l'autre à votre gré ; mais l'un et l'autre en même temps, jamais ; si elles vous émerveillent comme un chef-d'œuvre de mimique, elles ne sauraient vous toucher comme un signe de souffrance. » S'il attache tant d'importance à l'aspect des choses, c'est que seul il révèle leur nature profonde. M. de La Sizeranne a admirablement traduit une page où Ruskin montre que les lignes maîtresses d'un arbre nous font voir quels arbres néfastes l'ont jeté de côté, quels vents l'ont tourmenté, etc. La configuration d'une chose n'est pas seulement l'image de sa nature, c'est le mot de sa destinée et le tracé de son histoire.

Une autre conséquence de cette conception de l'art est celle-ci : si la réalité est une et si l'homme de génie est celui qui la voit, qu'importe la matière dans laquelle il la figure, que ce soit des tableaux, des statues, des symphonies, des lois, des actes? Dans ses *Héros*, Carlyle ne distingue pas entre Shakespeare et Cromwell, entre Mahomet et Burns. Emerson compte parmi ses *Hommes représentatifs de l'humanité* aussi bien Swedenborg que Montaigne. L'excès du système, c'est, à cause de l'unité de la réalité traduite, de ne pas différencier assez profondément les divers modes de traduction. Carlyle dit qu'il était inévitable que Boccace et Pétrarque fussent de bons diplomates, puisqu'ils étaient de bons poètes. Ruskin commet la même erreur quand il dit qu' « une peinture est belle dans la mesure où les idées qu'elle traduit en images sont indépendantes de la langue des images ». Il me semble que, si le système de Ruskin pèche par quelque côté, c'est par celui-là. Car la peinture ne peut atteindre la réalité une des choses et rivaliser par là avec la littérature, qu'à condition de ne pas être littéraire.

Si Ruskin a promulgué le devoir pour l'artiste d'obéir scrupuleusement à ces « voix » du génie qui lui disent ce qui est réel et doit être transcrit, c'est que lui-même a éprouvé ce qu'il y a de véritable dans l'inspiration, d'infaillible dans l'enthousiasme, de fécond dans le respect. Seulement, quoique ce qui excite l'enthousiasme, ce qui commande le respect, ce qui provoque l'inspiration soit différent pour chacun, chacun finit par lui attribuer un caractère plus particulièrement sacré. On peut dire que pour Ruskin cette révélation, ce guide, ce fut la Bible.

Arrêtons-nous ici comme à un point fixe, au

centre de gravité de l'esthétique ruskinienne. C'est
ainsi que son sentiment religieux a dirigé son
sentiment esthétique. Et d'abord, à ceux qui pourraient croire qu'il l'altéra, qu'à l'appréciation artistique des monuments, des statues, des tableaux, il
mêla des considérations religieuses qui n'y ont que
faire, répondons que ce fut tout le contraire. Ce
quelque chose de divin que Ruskin sentait au fond
du sentiment que lui inspiraient les œuvres d'art,
c'était précisément ce que ce sentiment avait de
profond, d'original et qui s'imposait à son goût sans
être susceptible d'être modifié. Et le respect religieux qu'il apportait à l'expression de ce sentiment,
sa peur de lui faire subir en le traduisant la moindre
déformation, l'empêcha, au contraire de ce qu'on a
souvent pensé, de mêler jamais à ses impressions
devant les œuvres d'art aucun artifice de raisonnement qui leur fût étranger. De sorte que ceux qui
voient en lui un moraliste et un apôtre aimant dans
l'art ce qui n'est pas l'art, se trompent à l'égal de
ceux qui, négligeant l'essence profonde de son
sentiment esthétique, le confondent avec un dilettantisme voluptueux. De sorte enfin que sa ferveur
religieuse, qui avait été le signe de sa sincérité
esthétique, la renforça encore et la protégea de toute
atteinte étrangère. Que telle ou telle des concep-
tions de son surnaturel esthétique soit fausse, c'est
ce qui, à notre avis, n'a aucune importance. Tous
ceux qui ont quelque notion des lois de développement du génie savent que sa force se mesure plus à
la force de ses croyances qu'à ce que l'objet de ces
croyances peut avoir de satisfaisant pour le sens

commun. Mais, puisque le christianisme de Ruskin
tenait à l'essence même de sa nature intellectuelle,
ses préférences artistiques, aussi profondes,
devaient avoir avec lui quelque parenté. Aussi, de
même que l'amour des paysages de Turner correspondait chez Ruskin à cet amour de la nature qui
lui donna ses plus grandes joies, de même à la
nature foncièrement chrétienne de sa pensée corres-
pondit sa prédilection permanente, qui domine
toute sa vie, toute son œuvre, pour ce qu'on peut
appeler l'art chrétien : l'architecture et la sculpture
du moyen âge français, l'architecture, la sculpture
et la peinture du moyen âge italien. Avec quelle
passion désintéressée il en aima les œuvres, vous
n'avez pas besoin d'en chercher les traces dans sa
vie, vous en trouverez la preuve dans ses livres. Son
expérience était si vaste, que bien souvent les
connaissances les plus approfondies dont il fait
preuve dans un ouvrage ne sont utilisées ni men-
tionnées, même par une simple allusion, dans ceux
des autres livres où elles seraient à leur place. Il est
si riche qu'il ne nous prête pas ses paroles ; il nous
les donne et ne les reprend plus. Vous savez, par
exemple, qu'il écrivit un livre sur la cathédrale
d'Amiens. Vous en pourriez conclure que c'est la
cathédrale qu'il aimait le plus ou qu'il connaissait le
mieux. Pourtant, dans *les Sept Lampes de l'Architecture*,
où la cathédrale de Rouen est citée quarante fois
comme exemple, celle de Bayeux neuf fois, Amiens
n'est pas cité une fois. Dans *Val d'Arno*, il nous
avoue que l'église qui lui a donné la plus profonde
ivresse du gothique est Saint-Urbain de Troyes. Or,

ni dans *les Sept Lampes* ni dans *la Bible d'Amiens*, il n'est question une seule fois de Saint-Urbain[1]. Pour ce qui est de l'absence de références à Amiens dans *les Sept Lampes*, vous pensez peut-être qu'il n'a connu Amiens qu'à la fin de sa vie ? Il n'en est rien. En 1859, dans une conférence faite à Kensington, il compare longuement *la Vierge Dorée* d'Amiens avec les statues d'un art moins habile, mais d'un sentiment plus profond, qui semblent soutenir le porche occidental de Chartres. Or, dans *la Bible d'Amiens* où nous pourrions croire qu'il a réuni tout ce qu'il avait pensé sur Amiens, pas une seule fois, dans les pages où il parle de *la Vierge Dorée*, il ne fait allusion aux statues de Chartres. Telle est la richesse infinie de son amour, de son savoir. Habituellement, chez un écrivain, le retour à de certains exemples préférés, sinon même la répétition de certains développements, vous rappelle que vous avez affaire à un homme qui eut une certaine vie, telles connaissances qui lui tiennent lieu de telles autres, une expérience limitée dont il tire tout le profit qu'il peut. Rien qu'en consultant les index des différents ouvrages de Ruskin, la perpétuelle nouveauté des œuvres citées, plus encore le dédain d'une connaissance dont il s'est servi une fois et, bien souvent, son abandon à tout jamais, donnent l'idée de quelque

1. Pour être plus exact, il est question une fois de saint Urbain dans les *Sept Lampes*, et d'Amiens une fois aussi (mais seulement dans la préface de la 2ᵉ édition), alors qu'il y est question d'Abbeville, d'Avranches, de Bayeux, de Beauvais, de Bourges, de Caen, de Caudebec, de Chartres, de Coutances, de Falaise, de Lisieux, de Paris, de Reims, de Rouen, de Saint-Lô, pour ne parler que de la France.

chose de plus qu'humain, ou plutôt l'impression que chaque livre est d'un homme nouveau qui a un savoir différent, pas la même expérience, une autre vie.

C'était le jeu charmant de sa richesse inépuisable de tirer des écrins merveilleux de sa mémoire des trésors toujours nouveaux : un jour la rose précieuse d'Amiens, un jour la dentelle dorée du porche d'Abbeville, pour les marier aux bijoux éblouissants d'Italie.

Il pouvait, en effet, passer ainsi d'un pays à l'autre, car la même âme qu'il avait adorée dans les pierres de Pise était celle aussi qui avait donné aux pierres de Chartres leur forme immortelle. L'unité de l'art chrétien au moyen âge, des bords de la Somme aux rives de l'Arno, nul ne l'a sentie comme lui, et il a réalisé dans nos cœurs le rêve des grands papes du moyen âge : l' « Europe chrétienne ». Si, comme on l'a dit, son nom doit rester attaché au préraphaélisme, on devrait entendre par là non celui d'après Turner, mais celui d'avant Raphaël. Nous pouvons oublier aujourd'hui les services qu'il a rendus à Hunt, à Rossetti, à Millais ; mais ce qu'il a fait pour Giotto, pour Carpaccio, pour Bellini, nous ne le pouvons pas. Son œuvre divine ne fut pas de susciter des vivants, mais de ressusciter des morts.

Cette unité de l'art chrétien du moyen âge n'apparaît-elle pas à tout moment dans la perspective de ces pages où son imagination éclaire çà et là les pierres de France d'un reflet magique d'Italie ? Nous l'avons vu tout à l'heure dans *Pleasures of*

England comparer à la Charité d'Amiens celle de
Giotto. Voyez-le, dans *Nature of Gothic*, comparer la
manière dont les flammes sont traitées dans le
gothique italien et dans le gothique français, dont le
porche de Saint-Maclou de Rouen est pris comme
exemple. Et, dans *les Sept Lampes de l'Architecture*, à
propos de ce même porche, voyez encore se jouer
sur ses pierres grises comme un peu des couleurs de
l'Italie.

« Les bas-reliefs du tympan du portail de Saint-
Maclou, à Rouen, représentent le Jugement dernier, et la partie de l'Enfer est traitée avec une
puissance à la fois terrible et grotesque, que je ne
pourrais mieux définir que comme un mélange des
esprits d'Orcagna et de Hogarth. Les démons sont
peut-être même plus effrayants que ceux d'Orcagna ; et dans certaines expressions de l'humanité
dégradée, dans son suprême désespoir, le peintre
anglais est au moins égalé. Non moins farouche est
l'imagination qui exprime la fureur et la crainte,
même dans la manière de placer les figures. Un
mauvais ange, se balançant sur son aile, conduit les
troupes des damnés hors du siège du Jugement ; ils
sont pressés par lui si furieusement, qu'ils sont
emmenés non pas simplement à l'extrême limite de
cette scène que le sculpteur a enfermée ailleurs à
l'intérieur du tympan, mais hors du tympan et *dans
les niches* de la voûte ; pendant que les flammes qui
les suivent, activées, comme il semble, par le
mouvement des ailes des anges, font irruption aussi
dans les niches et jaillissent au travers de leurs
réseaux, les trois niches les plus basses étant

représentées comme tout en feu, tandis que, au lieu de leur dais voûté et côtelé habituel, il y a un démon sur le toit de chacune, avec ses ailes pliées, grimaçant hors de l'ombre noire. »

Ce parallélisme des différentes sortes d'arts et des différents pays n'était pas le plus profond auquel il dût s'arrêter. Dans les symboles païens et dans les symboles chrétiens, l'identité de certaines idées religieuses devaient le frapper[1]. M. Ary Renan a remarqué avec profondeur ce qu'il y a déjà du Christ dans le Prométhée de Gustave Moreau. Ruskin, que sa dévotion à l'art chrétien ne rendit jamais contempteur du paganisme, a comparé dans un sentiment esthétique et religieux, le lion de saint Jérôme au lion de Némée, Virgile à Dante, Samson à Hercule, Thésée au Prince Noir, les prédictions d'Isaïe aux prédictions de la Sybille de Cumes. Il n'y a certes pas lieu de comparer Ruskin à Gustave Moreau, mais on peut dire qu'une tendance naturelle, développée par la fréquentation des Primitifs, les avait conduits tous deux à proscrire en art l'expression des sentiments violents, et, en tant qu'elle s'était appliquée à l'étude des symboles, à quelque fétichisme dans l'adoration des symboles

1. Dans *Saint-Marks Rest,* il va jusqu'à dire qu'il n'y a qu'un art grec, depuis la bataille de Marathon jusqu'au doge Selvo (Cf. les pages de *la Bible d'Amiens,* où il fait descendre de Dédale, « le premier sculpteur qui ait donné une représentation pathétique de la vie humaine », les architectes qui creusèrent l'ancien labyrinthe d'Amiens) ; et aux mosaïques du baptistère de Saint-Marc il reconnaît dans un séraphin une harpie, dans une Hérodiade une canéphore, dans une coupole d'or un vase grec, etc.

eux-mêmes, fétichisme peu dangereux d'ailleurs pour des esprits si attachés au fond au sentiment symbolisé qu'ils pouvaient passer d'un symbole à l'autre, sans être arrêtés par les diversités de pure surface. Pour ce qui est de la prohibition systématique de l'expression des émotions violentes en art, le principe que M. Ary Renan a appelé le principe de la Belle Inertie, où le trouver mieux défini que dans les pages des « Rapports de Michel-Ange et du Tintoret [1] » ? Quant à l'adoration un peu exclusive

1. De même dans *Val d'Arno,* le lion de saint Marc descend en droite ligne du lion de Némée, et l'aigrette qui le couronne est celle qu'on voit sur la tête de l'Hercule de Camarina (*Val d'Arno,* I, § 16, p. 13) avec cette différence indiquée ailleurs dans le même ouvrage (*Val d'Arno,* VIII, § 203, p. 169) « qu'Héraklès assomme la bête et se fait un casque et un vêtement de sa peau, tandis que le grec saint Marc convertit la bête et en fait un évangéliste ».

Ce n'est pas pour trouver une autre descendance sacrée au lion de Némée que nous avons cité ce passage, mais pour insister sur toute la pensée de la fin de ce chapitre de *la Bible d'Amiens,* « qu'il y a un art sacré classique ». Ruskin ne voulait pas *(Val d'Arno)* qu'on opposât grec à chrétien, mais à gothique (p. 161), « car saint Marc est grec comme Héraklès ». Nous touchons ici à une des idées les plus importantes de Ruskin, ou plus exactement à un des sentiments les plus originaux qu'il ait apportés à la contemplation et à l'étude des œuvres d'art grecques et chrétiennes, et il est nécessaire, pour le faire bien comprendre, de citer un passage de *Saint Marks Rest,* qui, à notre avis, est un de ceux de toute l'œuvre de Ruskin où ressort le plus nettement, où se voit le mieux à l'œuvre cette disposition particulière de l'esprit qui lui faisait ne pas tenir compte de l'avènement du christianisme, reconnaître déjà une beauté chrétienne dans des œuvres païennes, suivre la persistance d'un idéal hellénique dans des œuvres du moyen âge. Que cette disposition d'esprit, à notre avis tout esthétique au moins logiquement en son essence sinon chronologiquement en son origine, se soit systématisée dans l'esprit de Ruskin et qu'il l'ait étendue à la critique historique et religieuse, c'est bien certain. Mais même quand Ruskin compare la royauté grecque et la royauté franque *(Val d'Arno,* chap. *Franchise),*

des symboles, l'étude de l'art du moyen âge italien et français n'y devait-elle pas fatalement conduire ? Et comme, sous l'œuvre d'art, c'était l'âme d'un temps qu'il cherchait, la ressemblance de ces sym-

---

quand il déclare dans *la Bible d'Amiens* que « le christianisme n'a pas apporté un grand changement dans l'idéal de la vertu et du bonheur humains », quand il parle come nous l'avons vu à la page précédente de la religion d'Horace, il ne fait que tirer des conclusions théoriques du plaisir esthétique qu'il avait éprouvé à retrouver dans une Hérodiade une canéphore, dans un séraphin une harpie, dans une coupole byzantine un vase grec. Voici le passage de *Saint Marks Rest* : « Et ceci est vrai non pas seulement de l'art byzantin, mais de tout art grec. Laissons aujourd'hui de côté le mot de byzantin. Il n'y a qu'un art grec, de l'époque d'Homère à celle du doge Selvo » (nous pourrions dire de Theoguis à la comtesse Mathieu de Noailles), « et ces mosaïques de Saint-Marc ont été exécutées dans la puissance même de Dédale avec l'instinct constructif grec, aussi certainement que fut jamais coffre de Cypselus ou flèche d'Erechtée ».

Puis Ruskin entre dans le baptistère de Saint-Marc et dit : « Au-dessus de la porte est le festin d'Hérode. La fille d'Hérodias danse avec la tête de saint Jean-Baptiste dans un panier sur sa tête ; c'est simplement, transportée ici, une jeune fille grecque quelconque d'un vase grec, portant une cruche d'eau sur sa tête... Passons maintenant dans la chapelle sous le sombre dôme. Bien sombre pour mes vieux yeux, à peine déchiffrable pour les vôtres, s'ils sont jeunes et brillants, cela doit être bien beau, car c'est l'origine de tous les fonds à dômes d'or de Bellini, de Cima et de Carpaccio ; lui-même est un vase grec, mais avec de nouveaux Dieux. Le Chérubin à dix ailes qui est dans le retrait derrière l'autel porte écrit sur sa poitrine : « Plénitude de la Sagesse ». Il symbolise la largeur de l'Esprit, mais il n'est qu'une Harpie grecque et sur ses membres bien peu de chair dissimule à peine les griffes d'oiseau qu'ils étaient. Au-dessus s'élève le Christ porté dans un tourbillon d'anges et de même que les dômes de Bellini et de Carpaccio ne sont que l'amplification du dôme où vous voyez cette Harpie, de même le Paradis de Tintoret n'est que la réalisation finale de la pensée contenue dans cette étroite coupole.

Ces mosaïques ne sont pas antérieures au XIIIe siècle. Et pourtant elles sont encore absolument grecques dans tous les modes de la pensée et dans toutes les formes de la tradition. Les fontaines de feu et d'eau

boles du portail de Chartres aux fresques de Pise
devait nécessairement le toucher comme une preuve
de l'originalité typique de l'esprit qui animait alors
les artistes, et leurs différences comme un témoi-

---

ont purement la forme de la Chimère et de la Sirène, et la jeune fille
dansant, quoique princesse du XIIIᵉ siècle à manches d'hermine, est
encore le fantôme de quelque douce jeune fille portant l'eau d'une
fontaine d'Arcadie. Cf. quand Ruskin dit : « Je suis seul, à ce que je
crois, à penser encore avec Hérodote. » Toute personne ayant l'esprit
assez fin pour être frappée des traits caractéristiques de la physionomie
d'un écrivain, et ne s'en tenant pas au sujet de Ruskin à tout ce qu'on a
pu lui dire, que c'était un prophète, un voyant, un protestant et autres
choses qui n'ont pas grand sens, sentira que de tels traits, bien que
certainement secondaires, sont cependant très « ruskiniens ». Ruskin
vit dans une espèce de société fraternelle avec tous les grands esprits de
tous les temps, et comme il ne s'intéresse à eux que dans la mesure où
ils peuvent répondre à des questions éternelles, il n'y a pas pour lui
d'anciens et de modernes et il peut parler d'Hérodote comme il ferait
d'un contemporain. Comme les anciens n'ont de prix pour lui que dans
la mesure où ils sont « actuels », peuvent servir d'illustration à nos
méditations quotidiennes, il ne les traite pas du tout en anciens. Mais
aussi toutes leurs paroles ne subissant pas le déchet du recul n'étant
plus considérées comme relatives à une époque, ont une plus grande
importance pour lui, gardent en quelque sorte la valeur scientifique
qu'elles purent avoir, mais que le temps leur avait fait perdre. De la
façon dont Horace parle à la Fontaine de Bandusie, Ruskin déduit qu'il
était pieux, « à la façon de Milton ». Et déjà à onze ans, apprenant des
odes d'Anacréon pour son plaisir, il y apprit « avec certitude, ce qui me
fut très utile dans mes études ultérieures sur l'art grec, que les Grecs
aimaient les colombes, les hirondelles, et les roses tout aussi tendrement
que moi » (*Præterita,* § 81). Evidemment pour un Emerson la
« culture » a la même valeur. Mais sans même nous arrêter aux
différences qui sont profondes, notons d'abord, pour bien insister sur
les traits particuliers de la physionomie de Ruskin, que la science et
l'art n'étant pas distincts à ses yeux (Voir l'*Introduction,* p. 51-57), il
parle des anciens comme savants avec la même révérence que des
anciens comme artistes. Il invoque le CIVᵉ psaume quand il s'agira de
découvertes d'histoire naturelle, se range à l'avis d'Hérodote (et
l'opposerait volontiers à l'opinion d'un savant contemporain) dans une

gnage de sa variété. Chez tout autre, les sensations esthétiques eussent risqué d'être refroidies par le raisonnement. Mais tout chez lui était amour et l'iconographie, telle qu'il l'entendait, se serait mieux appelée iconolâtrie. A point, d'ailleurs, la critique d'art fait place à quelque chose de plus grand peut-être ; elle a presque les procédés de la science, elle contribue à l'histoire. L'apparition d'un nouvel attribut aux porches des cathédrales ne nous avertit pas de changements moins profonds dans l'histoire, non seulement de l'art, mais de la civilisation, que ceux qu'annonce aux géologues l'apparition d'une nouvelle espèce sur la terre. La pierre sculptée par la nature n'est pas plus instructive que la pierre sculptée par l'artiste, et nous ne

---

question d'histoire religieuse, admirer une peinture de Carpaccio comme une contribution importante à l'histoire descriptive des perroquets (*St-Marks Rest : The Shripe of the Slaves*). Evidemment nous rejoindrions vite ici l'idée de l'art sacré classique (Voir plus loin les notes des pages 244, 245, 246 et des pages 338 et 339) « il n'y a qu'un art grec, etc., saint Jérôme et Hercule », etc., chacune de ces idées conduisant aux autres. Mais en ce moment nous n'avons encore qu'un Ruskin aimant tendrement sa bibliothèque, ne faisant pas de différence entre la science et l'art, par conséquent pensant qu'une théorie scientifique peut rester vraie comme une œuvre d'art peut demeurer belle (cette idée n'est jamais explicitement exprimée par lui, mais elle gouverne secrètement et seule a pu rendre possible toutes les autres) et demandant à une ode antique ou à un bas-relief du moyen âge un renseignement d'histoire naturelle ou de philosophie critique, persuadé que tous les hommes sages de tous les temps et de tous les pays sont plus utiles à consulter que les fous, fussent-ils d'aujourd'hui. Naturellement cette inclination est réprimée par un sens critique si juste que nous pouvons entièrement nous fier à lui, et il l'exagère seulement pour le plaisir de faire de petites plaisanteries sur « l'entomologie du XIIIᵉ siècle », etc., etc.

tirons pas un profit plus grand de celle qui nous conserve un ancien monstre que de celle qui nous montre un nouveau dieu.

Les dessins qui accompagnent les écrits de Ruskin sont à ce point de vue très significatifs. Dans une même planche, vous pourrez voir un même motif d'architecture, tel qu'il est traité à Lisieux, à Bayeux, à Vérone et à Padoue, comme s'il s'agissait des variétés d'une même espèce de papillons sous différents cieux. Mais jamais cependant ces pierres qu'il a tant aimées ne deviennent pour lui des exemples abstraits. Sur chaque pierre vous voyez la nuance de l'heure unie à la couleur des siècles. « Courir à Saint-Wulfram d'Abbeville, nous dit-il, *avant que le soleil ait quitté les tours,* fut toujours pour moi une de ces joies pour lesquelles il faut chérir le passé jusqu'à la fin. » Il alla même plus loin ; il ne sépara pas les cathédrales de ce fond de rivières et de vallées où elles apparaissent au voyageur qui les approche, comme dans un tableau de primitif. Un de ses dessins les plus instructifs à cet égard est celui que reproduit la deuxième gravure de *Our Fathers have told us,* et qui est intitulée : *Amiens, le jour des Trépassés.* Dans ces villes d'Amiens, d'Abbeville, de Beauvais, de Rouen, qu'un séjour de Ruskin a consacrées, il passait son temps à dessiner tantôt dans les églises (« sans être inquiété par le sacristain »), tantôt en plein air. Et ce durent être dans ces villes de bien charmantes colonies passagères, que cette troupe de dessinateurs, de graveurs, qu'il emmenait avec lui, comme Platon nous montre les sophistes suivant Protagoras de ville en ville, semblables aussi aux hirondelles, à l'imitation desquelles ils s'arrêtaient de préférence aux vieux toits, aux tours anciennes des cathédrales. Peut-être pourrait-on retrouver encore quelques-uns de ces disciples de Ruskin qui l'accompagnaient aux bords de cette Somme évangélisée de nouveau, comme si étaient revenus les temps de saint Firmin et de saint Salve, et qui, tandis que le nouvel apôtre parlait, expliquait Amiens comme une Bible, prenaient au lieu de notes, des dessins, notes gracieuses dont le dossier se trouve sans doute dans une salle de musée anglais, et où j'imagine que la réalité doit être légèrement arrangée, dans le goût de Viollet-le-Duc. La gravure *Amiens, le jour des Trépassés,* semble mentir un peu pour la beauté. Est-ce la perspective seule, qui approche ainsi, des bords d'une Somme élargie, la cathédrale et l'église Saint-Leu ? Il est vrai que Ruskin pourrait nous répondre en reprenant à son compte les paroles de Turner qu'il a citées dans *Eagles Nest* et qu'a traduites M. de La Sizeranne : « Turner, dans la première période de sa vie, était quelquefois de bonne humeur et montrait aux gens ce qu'il faisait. Il était un jour à dessiner le port de Plymouth et quelques vaisseaux, à un mille ou deux de distance, vus à contre-jour. Ayant montré ce dessin à un officier de marine, celui-ci observa avec surprise et objecta avec une très compréhensible indignation que les vaisseaux de ligne n'avaient pas de sabords. « Non, dit Turner, certainement non. Si vous montez sur le mont Edgecumbe et si vous regardez les vaisseaux à contre-jour, sur le soleil couchant, vous verrez que

vous ne pouvez apercevoir les sabords. — Bien, dit
l'officier toujours indigné, mais vous savez qu'il y a
là des sabords? — Oui, dit Turner, je le sais de
reste, mais mon affaire est de dessiner ce que je vois,
non ce que je sais. »

Si, étant à Amiens, vous allez dans la direction de
l'abattoir, vous aurez une vue qui n'est pas différente de celle de la gravure. Vous verrez l'éloignement disposer, à la façon mensongère et heureuse
d'un artiste, des monuments, qui reprendront, si
ensuite vous vous rapprochez, leur position primi-
tive, toute différente ; vous le verrez, par exemple,
inscrire dans la façade de la cathédrale la figure
d'une des machines à eau de la ville et faire de la
géométrie plane avec de la géométrie dans l'espace.
Que si néanmoins vous trouvez ce paysage,
composé avec goût par la perspective, un peu
différent de celui que relate le dessin de Ruskin,
vous pourrez en accuser surtout les changements
qu'ont apportés dans l'aspect de la ville les presque
vingt années écoulées depuis le séjour qu'y fit
Ruskin, et, comme il l'a dit pour un autre site qu'il
aimait, « tous les *embellissements* survenus, depuis
que j'ai composé et médité là [1] ».

Mais du moins cette gravure de *la Bible d'Amiens*
aura associé dans votre souvenir les bords de la
Somme et la cathédrale plus que votre vision n'eût
sans doute pu le faire à quelque point de la ville que
vous vous fussiez placé. Elle vous prouvera mieux
que tout ce que j'aurais pu dire, que Ruskin ne

1. *Præterita*, I, ch. II.

séparait pas la beauté des cathédrales du charme de ces pays d'où elles surgirent, et que chacun de ceux qui les visite goûte encore dans la poésie particulière du pays et le souvenir brumeux ou doré de l'après-midi qu'il y a passé. Non seulement le premier chapitre de *la Bible d'Amiens* s'appelle : *Au bord des courants d'eau vive,* mais le livre que Ruskin projetait d'écrire sur la cathédrale de Chartres devait être intitulé : *les Sources de l'Eure.* Ce n'était donc point seulement dans ses dessins qu'il mettait les églises au bord des rivières et qu'il associait la grandeur des cathédrales gothiques à la grâce des sites français[1]. Et le charme individuel, qu'est le charme d'un pays, nous le sentirions plus vivement si nous n'avions pas à notre disposition ces bottes de sept lieues que sont les grands express, et si, comme autrefois, pour arriver dans un coin de terre nous étions obligés de traverser des campagnes de plus en plus semblables à celles où nous tendons, comme des zones d'harmonie graduée qui, en la rendant moins aisément pénétrable à ce qui est différent d'elle, en la protégeant avec douceur et avec mystère de ressemblances fraternelles, ne l'enveloppent pas seulement dans la nature, mais la préparent encore dans notre esprit.

Ces études de Ruskin sur l'art chrétien furent pour lui comme la vérification et la contre-épreuve

---

1. Quelle intéressante collection on ferait avec les paysages de France vus par des yeux anglais : les rivières de France de Turner ; le *Versailles,* de Bonnington ; l'*Auxerre* ou le *Valenciennes,* le *Vezelay* ou l'*Amiens,* de Walter Pater ; le *Fontainebleau,* de Stevenson et tant d'autres !

de ses idées sur le christianisme et d'autres idées
que nous n'avons pu indiquer ici et dont nous
laisserons tout à l'heure Ruskin définir lui-même la
plus célèbre : son horreur du machinisme et de l'art
industriel. « Toutes les belles choses furent faites,
quand les hommes du moyen âge *croyaient* la pure,
joyeuse et belle leçon du christianisme. » Et il
voyait ensuite l'art décliner avec la foi, l'adresse
prendre la place du sentiment. En voyant le pouvoir
de réaliser la beauté qui fut le privilège des âges de
foi, sa croyance en la bonté de la foi devait se
trouver renforcée. Chaque volume de son dernier
ouvrage : *Our Fathers have told us* (le premier seul est
écrit) devait comprendre quatre chapitres, dont le
dernier était consacré au chef-d'œuvre qui était
l'épanouissement de la foi dont l'étude faisait l'objet
des trois premiers chapitres. Ainsi le christianisme,
qui avait bercé le sentiment esthétique de Ruskin,
en recevait une consécration suprême. Et après
avoir raillé, au moment de la conduire devant la
statue de la Madone, sa lectrice protestante « qui
devrait comprendre que le culte d'aucune Dame n'a
jamais été pernicieux à l'humanité », ou devant la
statue de saint Honoré, après avoir déploré qu'on
parlât si peu de ce saint « dans le faubourg de Paris
qui porte son nom », il aurait pu dire comme à la fin
de *Val d'Arno* :

« Si vous voulez fixer vos esprits sur ce qu'exige
de la vie humaine celui qui l'a donnée : « Il t'a
montré, homme, ce qui est bien, et qu'est-ce que le
Seigneur demande de toi, si ce n'est d'agir avec
justice et d'aimer la pitié, de marcher humblement

avec ton Dieu ? » vous trouverez qu'une telle obéissance est toujours récompensée par une bénédiction. Si vous ramenez vos pensées vers l'état des
multitudes oubliées qui ont travaillé en silence et
adoré humblement, comme les neiges de la chrétienté ramenaient le souvenir de la naissance du
Christ ou le soleil de son printemps le souvenir de sa
résurrection, vous connaîtrez que la promesse des
anges de Bethléem a été littéralement accomplie, et
vous prierez pour que vos champs anglais, joyeusement, comme les bords de l'Arno, puissent encore
dédier leurs purs lis à Sainte-Marie-des-Fleurs. »

Enfin les études médiévales de Ruskin confirmè-
rent, avec sa croyance en la bonté de la foi, sa
croyance en la nécessité du travail libre, joyeux et
personnel, sans intervention de machinisme. Pour
que vous vous en rendiez bien compte, le mieux est
de transcrire ici une page très caractéristique de
Ruskin. Il parle d'une petite figure de quelques
centimètres, perdue au milieu de centaines de
figures minuscules, au portail des Librairies, de la
cathédrale de Rouen.

« Le compagnon est ennuyé et embarrassé dans
sa malice, et sa main est appuyée fortement sur l'os
de sa joue et la chair de la joue ridée au-dessous de
l'œil par la pression. Le tout peut paraître terrible-
ment rudimentaire, si on le compare à de délicates
gravures ; mais, en le considérant comme devant
remplir simplement un interstice de l'extérieur
d'une porte de cathédrale et comme l'une quelconque
de trois cents figures analogues ou plus, il témoigne
de la plus noble vitalité dans l'art de l'époque.

« Nous avons un certain travail à faire pour gagner notre pain, et il doit être fait avec ardeur ; d'autre travail à faire pour notre joie, et celui-là doit être fait avec cœur ; ni l'un ni l'autre ne doivent être faits à moitié ou au moyen d'expédients, mais avec volonté ; et ce qui n'est pas digne de cet effort ne doit pas être fait du tout ; peut-être que tout ce que nous avons à faire ici-bas n'a pas d'autre objet que d'exercer le cœur et la volonté, et est en soi-même inutile ; mais en tout cas, si peu que ce soit, nous pouvons nous en dispenser si ce n'est pas digne que nous y mettions nos mains et notre cœur. Il ne sied pas à notre immortalité de recourir à des moyens qui contrastent avec son autorité, ni de souffrir qu'un instrument dont elle n'a pas besoin s'interpose entre elle et les choses qu'elle gouverne. Il y a assez de songe-creux, assez de grossièreté et de sensualité dans l'existence humaine, sans en changer en mécanisme les quelques moments brillants ; et, puisque notre vie — à mettre les choses au mieux — ne doit être qu'une vapeur qui apparaît un temps, puis s'évanouit, laissons-la du moins apparaître comme un nuage dans la hauteur du ciel et non comme l'épaisse obscurité qui s'amasse autour du souffle de la fournaise et des révolutions de la roue. »

J'avoue qu'en relisant cette page au moment de la mort de Ruskin, je fus pris du désir de voir le petit homme dont il parle. Et j'allai à Rouen comme obéissant à une pensée testamentaire, et comme si Ruskin en mourant avait en quelque sorte confié à ses lecteurs la pauvre créature à qui il avait en parlant d'elle rendu la vie et qui venait, sans le savoir, de perdre à tout jamais celui qui avait fait autant pour elle que son premier sculpteur. Mais quand j'arrivai près de l'immense cathédrale et devant la porte où les saints se chauffaient au soleil, plus haut, des galeries où rayonnaient les rois jusqu'à ces suprêmes altitudes de pierre que je croyais inhabitées et où, ici, un ermite sculpté vivait isolé, laissant les oiseaux demeurer sur son front, tandis que, là, un cénacle d'apôtres écoutait le message d'un ange qui se posait près d'eux, repliant ses ailes, sous un vol de pigeons qui ouvraient les leurs et non loin d'un personnage qui, recevant un enfant sur le dos, tournait la tête d'un geste brusque et séculaire ; quand je vis, rangés devant ses porches ou penchés aux balcons de ses tours, tous les hôtes de pierre de la cité mystique respirer le soleil ou l'ombre matinale, je compris qu'il serait impossible de trouver parmi ce peuple surhumain une figure de quelques centimètres. J'allai pourtant au portail des Librairies. Mais comment reconnaître la petite figure entre des centaines d'autres ? Tout à coup, un jeune sculpteur de talent et d'avenir, Mme L. Yeatmen, me dit : « En voici une qui lui ressemble. » Nous regardons un peu plus bas, et... la voici. Elle ne mesure pas dix centimètres. Elle est effritée, et pourtant c'est son regard encore, la pierre garde le trou qui relève la pupille et lui donne cette expression qui me l'a fait reconnaître. L'artiste mort depuis des siècles a laissé là, entre des milliers d'autres, cette petite personne qui meurt un peu chaque jour, et qui était morte depuis bien long-

temps, perdue au milieu de la foule des autres, à
jamais. Mais il l'avait mise là. Un jour, un homme
pour qui il n'y a pas de mort, pour qui il n'y a pas
d'infini matériel, pas d'oubli, un homme qui, jetant
loin de lui ce néant qui nous opprime pour aller à
des buts qui dominent sa vie, si nombreux qu'il ne
pourra pas tous les atteindre alors que nous parais-
sions en manquer, cet homme est venu, et, dans ces
vagues de pierre où chaque écume dentelée paraissait ressembler aux autres, voyant là toutes les lois
de la vie, toutes les pensées de l'âme, les nommant
de leur nom, il dit : « Voyez, c'est ceci, c'est cela. »
Tel qu'au jour du Jugement, qui non loin de là est
figuré, il fait entendre en ses paroles comme la
trompette de l'archange et il dit : « Ceux qui ont
vécu vivront, la matière n'est rien. » Et, en effet,
telle que les morts que non loin le tympan figure,
réveillés à la trompette de l'archange, soulevés,
ayant repris leur forme, reconnaissables, vivants,
voici que la petite figure a revécu et retrouvé son
regard, et le Juge a dit : « Tu as vécu, tu vivras. »
Pour lui, il n'est pas un juge immortel, son corps
mourra ; mais qu'importe ! comme s'il ne devait pas
mourir il accomplit sa tâche immortelle, ne s'occupant pas de la grandeur de la chose qui occupe son
temps et, n'ayant qu'une vie humaine à vivre, il
passe plusieurs jours devant l'une des dix mille
figures d'une église. Il l'a dessinée. Elle correspondait pour lui à ces idées qui agitaient sa cervelle,
insoucieuse de la vieillesse prochaine. Il l'a dessinée, il en a parlé. Et la petite figure inoffensive et
monstrueuse aura ressuscité, contre toute espé-

rance, de cette mort qui semble plus totale que les autres, qui est la disparition au sein de l'infini du nombre et sous le nivellement des ressemblances, mais d'où le génie a tôt fait de nous tirer aussi. En la retrouvant là, on ne peut s'empêcher d'être touché. Elle semble vivre et regarder, ou plutôt avoir été prise par la mort dans son regard même, comme les Pompéiens dont le geste demeure interrompu. Et c'est une pensée du sculpteur, en effet, qui a été saisie ici dans son geste par l'immobilité de la pierre. J'ai été touché en la retrouvant là ; rien ne meurt donc de ce qui a vécu, pas plus la pensée du sculpteur que la pensée de Ruskin.

En la rencontrant là, nécessaire à Ruskin qui, parmi si peu de gravures qui illustrent son livre [1], lui en a consacré une parce qu'elle était pour lui partie actuelle et durable de sa pensée, et agréable à nous parce que sa pensée nous est nécessaire, guide de la nôtre qui l'a rencontrée sur son chemin, nous nous sentions dans un état d'esprit plus rapproché de celui des artistes qui sculptèrent aux tympans le Jugement dernier et qui pensaient que l'individu, ce qu'il y a de plus particulier dans une personne, dans une intention, ne meurt pas, reste dans la mémoire de Dieu et sera ressuscité. Qui a raison du fossoyeur ou d'Hamlet quand l'un ne voit qu'un crâne là où le second se rappelle une fantaisie ? La science peut dire : le fossoyeur ; mais elle a compté sans Shakespeare, qui fera durer le souvenir de cette fantaisie au-delà de la poussière du crâne. A l'appel de

1. *The Seven Lamps of the Architecture.*

l'ange, chaque mort se trouve être resté là, à sa place, quand nous le croyions depuis longtemps en poussière. A l'appel de Ruskin, nous voyons la plus petite figure qui encadre un minuscule quatre-feuilles ressuscitée dans sa forme, nous regardant avec le même regard qui semble ne tenir qu'en un millimètre de pierre. Sans doute, pauvre petit monstre, je n'aurais pas été assez fort, entre les milliards de pierres des villes, pour te trouver, pour dégager ta figure, pour retrouver ta personnalité, pour t'appeler, pour te faire revivre. Mais ce n'est pas que l'infini, que le nombre, que le néant qui nous oppriment soient très forts ; c'est que ma pensée n'est pas bien forte. Certes, tu n'avais en toi rien de vraiment beau. Ta pauvre figure, que je n'eusse jamais remarquée, n'a pas une expression bien intéressante, quoique évidemment elle ait, comme toute personne, une expression qu'aucune autre n'eut jamais. Mais, puisque tu vivais assez pour continuer à regarder de ce même regard oblique, pour que Ruskin te remarquât et, après qu'il eût dit ton nom, pour que son lecteur pût te reconnaître, vis-tu assez maintenant, es-tu assez aimé ? Et l'on ne peut s'empêcher de penser à toi avec attendrissement, quoique tu n'aies pas l'air bon, mais parce que tu es une créature vivante, parce que, pendant de si longs siècles, tu es mort sans espoir de résurrection, et parce que tu es ressuscité. Et un de ces jours peut-être quelque autre ira te trouver à ton portail, regardant avec tendresse ta méchante et oblique figure ressuscitée, parce que ce qui est sorti d'une pensée peut seul fixer un jour une autre pensée qui à son tour a fasciné la nôtre. Tu as eu raison de rester là, inregardé, t'effritant. Tu ne pouvais rien attendre de la matière où tu n'étais que du néant. Mais les petits n'ont rien à craindre, ni les morts. Car, quelquefois l'Esprit visite la terre; sur son passage les morts se lèvent, et les petites figures oubliées retrouvent le regard et fixent celui des vivants qui, pour elles, délaissent les vivants qui ne vivent pas et vont chercher de la vie seulement où l'Esprit leur en a montré, dans des pierres qui sont déjà de la poussière et qui sont encore de la pensée.

Celui qui enveloppa les vieilles cathédrales de plus d'amour et de plus de joie que ne leur en dispense le soleil quand il ajoute son sourire fugitif à leur beauté séculaire ne peut pas, à le bien entendre, s'être trompé. Il en est du monde des esprits comme de l'univers physique, où la hauteur d'un jet d'eau ne saurait dépasser la hauteur du lieu d'où les eaux sont d'abord descendues. Les grandes beautés littéraires correspondent à quelque chose, et c'est peut-être l'enthousiasme en art qui est le critérium de la vérité. A supposer que Ruskin se soit quelquefois trompé, comme critique, dans l'exacte appréciation de la valeur d'une œuvre, la beauté de son jugement erroné est souvent plus intéressante que celle de l'œuvre jugée et correspond à quelque chose qui, pour être autre qu'elle, n'est pas moins précieux. Que Ruskin ait tort quand il dit que *le Beau Dieu* d'Amiens « dépassait en tendresse sculptée ce qui avait été atteint jusqu'alors, bien que toute représentation du Christ doive éternellement décevoir l'espérance que toute âme aimante a mise en lui », et que ce soit M. Huysmans qui ait raison quand il appelle ce même *Dieu* d'Amiens un « bellâtre à figure ovine », c'est ce que nous ne croyons pas, mais c'est ce qu'il importe peu de savoir. Que *le Beau Dieu* d'Amiens soit ou non ce qu'a cru Ruskin est sans importance pour nous. Comme Buffon a dit que « toutes les beautés intellectuelles qui s'y trouvent (dans un beau style), tous les rapports dont il est composé, sont autant de vérités aussi utiles et peut-être plus précieuses pour l'esprit public que celles qui peuvent faire le fond du sujet », les vérités dont se compose la beauté des pages de *la Bible* sur *le Beau Dieu* d'Amiens ont une valeur indépendante de la beauté de cette statue, et Ruskin ne les aurait pas trouvées s'il en avait parlé avec dédain, car l'enthousiasme seul pouvait lui donner la puissance de les découvrir.

Jusqu'où cette âme merveilleuse a fidèlement reflété l'univers, et sous quelles formes touchantes et tentatrices le mensonge a pu se glisser malgré tout au sein de sa sincérité intellectuelle, c'est ce qu'il ne nous sera peut-être jamais donné de savoir, et ce qu'en tout cas nous ne pouvons chercher ici. Quoi qu'il en soit, il aura été un de ces « génies » dont même ceux d'entre nous qui ont reçu à leur naissance les dons des fées ont besoin pour être initiés à la connaissance et à l'amour d'une nouvelle partie de la Beauté. Bien des paroles qui servent à nos contemporains pour l'échange des pensées portent son empreinte, comme on voit, sur les pièces de monnaie, l'effigie du souverain du jour.

Mort, il continue à nous éclairer, comme ces étoiles éteintes dont la lumière nous arrive encore, et on peut dire de lui ce qu'il disait à la mort de Turner : « C'est par ces yeux, fermés à jamais au fond du tombeau, que des générations qui ne sont pas encore nées verront la nature. »

« Sous quelles formes magnifiques et tentatrices le mensonge a pu se glisser jusqu'au sein de sa sincérité intellectuelle... » Voici ce que je voulais dire : il y a une sorte d'idolâtrie que personne n'a mieux définie que Ruskin dans une page de *Lectures on Art* : « Ç'a été, je crois, non sans mélange de bien, sans doute, car les plus grands maux apportent quelques biens dans leur reflux, ç'a été, je crois, le rôle vraiment néfaste de l'art, d'aider à ce qui, chez les païens comme chez les chrétiens — qu'il s'agisse du mirage des mots, des couleurs ou des belles formes, — doit vraiment, dans le sens profond du mot, s'appeler idolâtrie, c'est-à-dire le fait de servir avec le meilleur de nos cœurs et de nos esprits quelque chère ou triste image que nous nous sommes créée, pendant que nous désobéissons à l'appel présent du Maître, qui n'est pas mort, qui ne défaille pas en ce moment sous sa croix, mais nous ordonne de porter la nôtre [1]. »

Or, il semble bien qu'à la base de l'œuvre de Ruskin, à la racine de son talent, on trouve précisément cette idolâtrie. Sans doute il ne l'a

---

1. Cette phrase de Ruskin s'applique, d'ailleurs, mieux à l'idolâtrie telle que je l'entends, si on la prend ainsi isolément, que là où elle est placée dans *Lectures on Art*. J'ai du reste donné plus loin, dans une note, le début du développement.

jamais laissée recouvrir complètement, — même pour l'embellir, — immobiliser, paralyser et finalement tuer, sa sincérité intellectuelle et morale. A chaque ligne de ses œuvres comme à tous les moments de sa vie, on sent ce besoin de sincérité qui lutte contre l'idolâtrie, qui proclame sa vanité, qui humilie la beauté devant le devoir, fût-il inesthétique. Je n'en prendrai pas d'exemples dans sa vie (qui n'est pas comme la vie d'un Racine, d'un Tolstoï, d'un Maeterlinck, esthétique d'abord et morale ensuite, mais où la morale fit valoir ses droits dès le début au sein même de l'esthétique — sans peut-être s'en libérer jamais aussi complètement que dans la vie des Maîtres que je viens de citer). Elle est assez connue, je n'ai pas besoin d'en rappeler les étapes, depuis les premiers scrupules qu'il éprouve à boire du thé en regardant des Titien jusqu'au moment où, ayant englouti dans les œuvres philanthropiques et sociales les cinq millions que lui a laissés son père, il se décide à vendre ses Turner. Mais il est un dilettantisme plus intérieur que le dilettantisme de l'action (dont il avait triomphé) et le véritable duel entre son idolâtrie et sa sincérité se jouait non pas à certaines heures de sa vie, non pas dans certaines pages de ses livres, mais à toute minute, dans ces régions profondes, secrètes, presque inconnues à nous-mêmes, où notre personnalité reçoit de l'imagination les images, de l'intelligence les idées, de la mémoire les mots, s'affirme elle-même dans le choix incessant qu'elle en fait, et joue en quelque sorte incessamment le sort de notre vie spirituelle et morale. Dans ces régions-là, j'ai l'impression que le péché d'idolâtrie n'ait cessé d'être commis par Ruskin. Et au moment même où il prêchait la sincérité, il y manquait lui-même, non en ce qu'il disait, mais par la manière dont il le disait. Les doctrines qu'il professait étaient des doctrines morales et non des doctrines esthétiques, et pourtant il les choisissait pour leur beauté. Et comme il ne voulait pas les présenter comme belles, mais comme vraies, il était obligé de se mentir à lui-même sur la nature des raisons qui les lui faisaient adopter. De là une si incessante compromission de la conscience que des doctrines immorales sincèrement professées auraient peut-être été moins dangereuses pour l'intégrité de l'esprit que ces doctrines morales où l'affirmation n'est pas absolument sincère, étant dictée par une préférence esthétique inavouée. Et le péché était commis d'une façon constante, dans le choix même de chaque explication donnée d'un fait, de chaque appréciation donnée sur une œuvre, dans le choix même des mots employés — et finissait par donner à l'esprit qui s'y adonnait ainsi sans cesse une attitude mensongère. Pour mettre le lecteur plus en état de juger de l'espèce de trompe-l'œil qu'est pour chacun et qu'était évidemment pour Ruskin lui-même une page de Ruskin, je vais citer une de celles que je trouve les plus belles et où ce défaut est pourtant le plus flagrant. On verra que si la beauté y est en *théorie* (c'est-à-dire en apparence le fond des idées était toujours dans un écrivain l'apparence, et la forme, la réalité) subordonnée au sentiment moral

et à la vérité, en réalité la vérité et le sentiment
moral y sont subordonnés au sentiment esthétique,
et à un sentiment esthétique un peu faussé par ces
compromissions perpétuelles. Il s'agit des *Causes de
la décadence de Venise*[1].

« Ce n'est pas dans le caprice de la richesse, pour
le plaisir des yeux et l'orgueil de la vie, que ces
marbres furent taillés dans leur force transparente
et que ces arches furent parées des couleurs de l'iris.
Un message est dans leurs couleurs qui fut un jour
écrit dans le sang ; et un son dans les échos de leurs
voûtes, qui un jour remplira la voûte des cieux : « Il
viendra pour rendre jugement et justice. » La force
de Venise lui fut donnée aussi longtemps qu'elle
s'en souvint ; et le jour de sa destruction arriva
lorsqu'elle l'eut oublié ; elle vint irrévocable, parce
qu'elle n'avait pour l'oublier aucune excuse. Jamais
cité n'eut une Bible plus glorieuse. Pour les nations
du Nord, une rude et sombre sculpture remplissait
leurs temples d'images confuses, à peine lisibles ;
mais pour elle, l'art et les trésors de l'Orient avaient
doré chaque lettre, illuminé chaque page, jusqu'à ce
que le Temple-Livre brillât au loin comme l'étoile
des Mages. Dans d'autres villes, souvent les assem-
blées du peuple se tenaient dans des lieux éloignés
de toute association religieuse, théâtre de la violence et des bouleversements ; sur l'herbe du dange-

---

1. Comment M. Barrès, élisant, dans un chapitre admirable de son
dernier livre, un sénat idéal de Venise, a-t-il omis Ruskin ? N'était-il
pas plus digne d'y siéger que Léopold Robert ou Théophile Gautier et
n'aurait-il pas été là bien à sa place, entre Byron et Barrès, entre Gœthe
et Chateaubriand ?

reux rempart, dans la poussière de la rue troublée, il y eut des actes accomplis, des conseils tenus à qui nous ne pouvons pas trouver de justification, mais à qui nous pouvons quelquefois donner notre pardon. Mais les péchés de Venise, commis dans son palais ou sur sa piazza, furent accomplis en présence de la Bible qui était à sa droite. Les murs sur lesquels le livre de la loi était écrit n'étaient séparés que par quelques pouces de marbre de ceux qui proté-geaient les secrets de ses conciles ou tenaient prisonnières les victimes de son gouvernement. Et quand, dans ses dernières heures, elle rejeta toute honte et toute contrainte, et que la grande place de la cité se remplit de la folie de toute la terre, rappelons-nous que son péché fut d'autant plus grand qu'il était commis à la face de la maison de Dieu où brillaient les lettres de sa loi.

« Les saltimbanques et les masques rirent leur rire et passèrent leur chemin ; et un silence les a suivis qui n'était pas sans avoir été prédit ; car au milieu d'eux tous, à travers les siècles et les siècles où s'étaient entassés les vanités et les forfaits, ce dôme blanc de Saint-Marc avait prononcé ces mots dans l'oreille morte de Venise : « Sache que pour toutes ces choses Dieu t'appellera en jugement[1]. »

Or, si Ruskin avait été entièrement sincère avec lui-même, il n'aurait pas pensé que les crimes des Vénitiens avaient été plus inexcusables et plus

---

1. *Stones of Venise*, I, IV, § 71. — Ce verset est tiré de l'*Ecclésiastique*, XII, 9.

sévèrement punis que ceux des autres hommes
parce qu'ils possédaient une église en marbre de
toutes couleurs au lieu d'une cathédrale en calcaire,
parce que le palais des Doges était à côté de Saint-
Marc au lieu d'être à l'autre bout de la ville, et
parce que dans les églises byzantines le texte
biblique, au lieu d'être simplement figuré comme
dans la sculpture des églises du Nord est accompagné, sur les mosaïques, de lettres qui forment une
citation de l'Evangile ou des prophéties. Il n'en est
pas moins vrai que ce passage des *Stones of Venice* est
d'une grande beauté, bien qu'il soit assez difficile de
se rendre compte des raisons de cette beauté. Elle
nous semble reposer sur quelque chose de faux
et nous avons quelque scrupule à nous y laisser
aller.

Et pourtant il doit y avoir en elle quelque vérité.
Il n'y a pas à proprement parler de beauté tout à
fait mensongère, car le plaisir esthétique est précisément celui qui accompagne la découverte d'une
vérité. A quel ordre de vérité peut correspondre le
plaisir esthétique très vif que l'on prend à lire une
telle page, c'est ce qu'il est assez difficile de dire.
Elle est elle-même mystérieuse, pleine d'images à la
fois de beauté et de religion comme cette même
église de Saint-Marc où toutes les figures de l'Ancien et du Nouveau Testament apparaissent sur le
fond d'une sorte d'obscurité splendide et d'éclat
changeant. Je me souviens de l'avoir lue pour la
première fois dans Saint-Marc même, pendant une
heure d'orage et d'obscurité où les mosaïques ne
brillaient plus que de leur propre et matérielle

lumière et d'un or interne, terrestre et ancien, auquel le soleil vénitien, qui enflamme jusqu'aux anges des campaniles, ne mêlait plus rien de lui ; l'émotion que j'éprouvais à lire là cette page, parmi tous ces anges qui s'illuminaient des ténèbres environnantes, était très grande et n'était pourtant peut-être pas très pure. Comma la joie de voir les belles figures mystérieuses s'augmentait, mais s'altérait du plaisir en quelque sorte d'érudition que j'éprouvais à comprendre les textes apparus en lettres byzantines à côté de leurs fronts nimbés, de même la beauté des images de Ruskin était avivée et corrompue par l'orgueil de se référer au texte sacré. Une sorte de retour égoïste sur soi-même est inévitable dans ces joies mêlées d'érudition et d'art où le plaisir esthétique peut devenir plus aigu, mais non rester aussi pur. Et peut-être cette page des *Stones of Venice* était-elle belle surtout de me donner précisément ces joies mêlées que j'éprouvais dans Saint-Marc, elle qui, comme l'église byzantine, avait aussi dans la mosaïque de son style éblouissant dans l'ombre, à côté de ses images sa citation biblique inscrite auprès. N'en était-il pas d'elle, d'ailleurs, comme de ces mosaïques de Saint-Marc qui se proposaient d'enseigner et faisaient bon marché de leur beauté artistique. Aujourd'hui elles ne nous donnent plus que du plaisir. Encore le plaisir que leur didactisme donne à l'érudit est-il égoïste, et le plus désintéressé est encore celui que donne à l'artiste cette beauté méprisée ou ignorée même de ceux qui se proposaient seulement d'instruire le peuple et la lui donnèrent par surcroît.

Dans la dernière page de *la Bible d'Amiens*[1], le « si vous voulez vous souvenir de la promesse qui vous a été faite » est un exemple du même genre. Quand, encore dans *la Bible d'Amiens*, Ruskin termine le morceau sur l'Egypte en disant : « Elle fut l'éducatrice de Moïse et l'Hôtesse du Christ », passe encore pour l'éducatrice de Moïse : pour éduquer il faut certaines vertus. Mais le fait d'avoir été « *l'hôtesse* » du Christ, s'il ajoute de la beauté à la phrase, peut-il vraiment être mis en ligne de compte dans une appréciation motivée des qualités du génie égyptien ?

C'est avec mes plus chères impressions esthétiques que j'ai voulu lutter ici, tâchant de pousser jusqu'à ses dernières et plus cruelles limites la sincérité intellectuelle. Ai-je besoin d'ajouter que, si je fais, en quelque sorte *dans l'absolu,* cette réserve générale moins sur les œuvres de Ruskin que sur l'essence de leur inspiration et la qualité de leur beauté, il n'en est pas moins pour moi un des plus grands écrivains de tous les temps et de tous les pays. J'ai essayé de saisir en lui, comme en un « sujet » particulièrement favorable à cette observation, une infirmité essentielle à l'esprit humain, plutôt que je n'ai voulu dénoncer un défaut personnel à Ruskin. Une fois que le lecteur aura bien compris en quoi consiste cette « idolâtrie », il s'expliquera l'importance excessive que Ruskin attache dans ses études d'art à la lettre des œuvres (importance dont j'ai signalé, bien trop sommaire-

1. Chapitre III, § 27.

ment, une autre cause dans la préface, voir plus haut page 106) et aussi cet abus des mots « irrévérent », « insolent », et « des difficultés que nous serions insolents de résoudre, un mystère qu'on ne nous a pas demandé d'éclaircir » (*Bible d'Amiens*, p. 239), « que l'artiste se méfie de l'esprit de choix, c'est un esprit insolent » *(Modern Painters)*, « l'abside pourrait presque paraître trop grande à un spectateur irrévérent » *(Bible d'Amiens)*, etc., etc. — et l'état d'esprit qu'ils révèlent. Je pensais à cette idolâtrie (je pensais aussi à ce plaisir qu'éprouve Ruskin à balancer ses phrases en un équilibre qui semble imposer à la pensée une ordonnance symétrique plutôt que le recevoir d'elle [1] quand je disais : « Sous quelles formes touchantes et tentatrices le mensonge a pu malgré tout se glisser au sein de sa sincérité intellectuelle, c'est ce que je n'ai pas à chercher. » Mais j'aurais dû, au contraire, le chercher et pécherais précisément par idolâtrie si je continuais à m'abriter derrière cette formule essentiellement ruskinienne [2] de respect. Ce n'est pas que je méconnaisse les vertus du respect, il est la condition même de l'amour. Mais il ne doit jamais, là où l'amour cesse, se substituer à lui pour nous

---

1. Je n'ai pas le temps de m'expliquer aujourd'hui sur ce défaut, mais il me semble qu'à travers ma traduction, si terne qu'elle soit, le lecteur pourra percevoir comme à travers le verre grossier mais brusquement illuminé d'un aquarium, le rapt rapide mais visible que la phrase fait de la pensée, et la déperdition immédiate que la pensée en subit.

2. Au cours de *la Bible d'Amiens*, le lecteur rencontrera souvent des formules analogues.

permettre de croire sans examen et d'admirer de
confiance. Ruskin aurait d'ailleurs été le premier à
nous approuver de ne pas accorder à ses écrits une
autorité infaillible, puisqu'il la refusait même aux
Ecritures Saintes. « Il n'y a pas de forme de langage
humain où l'erreur n'ait pu se glisser » (*Bible
d'Amiens,* III, 49). Mais l'attitude de la « révérence » qui croit « insolent d'éclaircir un mystère »
lui plaisait. Pour en finir avec l'idolâtrie et être plus
certain qu'il ne reste là-dessus entre le lecteur et
moi aucun malentendu, je voudrais faire comparaî-
tre ici un de nos contemporains les plus justement
célèbres (aussi différent d'ailleurs de Ruskin qu'il se
peut !) mais qui dans sa conversation, non dans ses
livres, laisse paraître ce défaut et, poussé à un tel
excès qu'il est plus facile chez lui de le reconnaître
et de le montrer, sans avoir plus besoin de tant
s'appliquer à le grossir. Il est quand il parle affligé
— délicieusement — d'idolâtrie. Ceux qui l'ont une
fois entendu trouveront bien grossière une « imitation » où rien ne subsiste de son agrément, mais
sauront pourtant de qui je veux parler, qui je
prends ici pour exemple, quand je leur dirai qu'il
reconnaît avec admiration dans l'étoffe où se drape
une tragédienne, le propre tissu qu'on voit sur *la
Mort* dans *le Jeune homme et la Mort,* de Gustave
Moreau, ou dans la toilette d'une de ses amies : « la
robe et la coiffure mêmes que portait la princesse de
Cadignan le jour où elle vit d'Arthez pour la
première fois. » Et en regardant la draperie de la
tragédienne ou la robe de la femme du monde,
touché par la noblesse de son souvenir, il s'écrie :

« C'est bien beau ! » non parce que l'étoffe est belle, mais parce qu'elle est l'étoffe peinte par Moreau ou décrite par Balzac et qu'ainsi elle est à jamais sacrée... aux idolâtres. Dans sa chambre vous verrez, vivants dans un vase ou peints à fresque sur le mur par des artistes de ses amis, des dielytras, parce que c'est la fleur même qu'on voit représentée à la Madeleine de Vézelay. Quant à un objet qui a appartenu à Baudelaire, à Michelet, à Hugo, il l'entoure d'un respect religieux. Je goûte trop profondément et jusqu'à l'ivresse les spirituelles improvisations où le plaisir d'un genre particulier qu'il trouve à ces vénérations conduit et inspire notre idolâtre pour vouloir le chicaner là-dessus le moins du monde.

Mais au plus vif de mon plaisir je me demande si l'incomparable causeur — et l'auditeur qui se laisse faire — ne pèchent pas également par insincérité ; si parce qu'une fleur (la passiflore) porte sur elle les instruments de la passion, il est sacrilège d'en faire présent à une personne d'une autre religion, et si le fait qu'une maison ait été habitée par Balzac (s'il n'y reste d'ailleurs rien qui puisse nous renseigner sur lui) la rend plus belle. Devons-nous vraiment, autrement que pour lui faire un compliment esthétique, préférer une personne parce qu'elle s'appellera Bathilde comme l'héroïne de Lucien Leuwen ?

La toilette de Mme de Cadignan est une ravissante invention de Balzac parce qu'elle donne une idée de l'art de Mme de Cadignan, qu'elle nous fait connaître l'impression que celle-ci veut produire sur d'Arthez et quelques-uns de ses « secrets ». Mais

une fois dépouillée de l'esprit qui est en elle, elle
n'est plus qu'un signe dépouillé de sa signification,
c'est-à-dire rien; et continuer à l'adorer, jusqu'à
s'extasier de la retrouver dans la vie sur un corps de
femme, c'est là proprement de l'idolâtrie. C'est le
péché intellectuel favori des artistes et auquel il en
est bien peu qui n'aient succombé. *Felix culpa*! est-
on tenté de dire en voyant combien il a été fécond
pour eux en inventions charmantes. Mais il faut au
moins qu'ils ne succombent pas sans avoir lutté. Il
n'est pas dans la nature de forme particulière, si
belle soit-elle, qui vaille autrement que par la part
de beauté infinie qui a pu s'y incarner : pas même la
fleur du pommier, pas même la fleur de l'épine rose.
Mon amour pour elles est infini et les souffrances
(hay fever) que me cause leur voisinage me permettent de leur donner chaque printemps des preuves
de cet amour qui ne sont pas à la portée de tous.
Mais même envers elles, envers elles si peu littéraires, se rapportant si peu à une tradition esthétique, qui ne sont pas « la fleur même qu'il y a dans
tel tableau du Tintoret », dirait Ruskin, ou dans tel
dessin de Léonard, dirait notre contemporain (qui
nous a révélé entre tant d'autres choses, dont
chacun parle maintenant et que personne n'avait
regardées avant lui — les dessins de l'Académie des
Beaux-Arts de Venise) je me garderai toujours d'un
culte exclusif qui s'attacherait en elles à autre chose
qu'à la joie qu'elles nous donnent, un culte au nom
de qui, par un retour égoïste sur nous-mêmes, nous
en ferions « nos » fleurs, et prendrions soin de les
honorer en ornant notre chambre des œuvres d'art

où elles sont figurées. Non, je ne trouverai pas un tableau plus beau parce que l'artiste aura peint au premier plan une aubépine, bien que je ne connaisse rien de plus beau que l'aubépine, car je veux rester sincère et que je sais que la beauté d'un tableau ne dépend pas des choses qui y sont représentées. Je ne collectionnerai pas les images de l'aubépine. Je ne vénère pas l'aubépine, je vais la voir et la respirer. Je me suis permis cette courte incursion — qui n'a rien d'une offensive — sur le terrain de la littérature contemporaine, parce qu'il me semblait que les traits d'idolâtrie en germe chez Ruskin apparaîtraient clairement au lecteur ici où ils sont grossis et d'autant plus qu'ils y sont aussi différenciés. Je prie en tout cas notre contemporain, s'il s'est reconnu dans ce crayon bien maladroit, de penser qu'il a été fait sans malice, et qu'il m'a fallu, je l'ai dit, arriver aux dernières limites de la sincérité avec moi-même, pour faire à Ruskin ce grief et pour trouver dans mon admiration absolue pour lui cette partie fragile. Or, non seulement « un partage avec Ruskin n'a rien du tout qui déshonore », mais encore je ne pourrai jamais trouver d'éloge plus grand à faire à ce contemporain que de lui avoir adressé le même reproche qu'à Ruskin. Et si j'ai eu la discrétion de ne pas le nommer, je le regrette presque. Car, lorsqu'on est admis auprès de Ruskin, fût-ce dans l'attitude du donateur; et pour soutenir seulement son livre et aider à y lire de plus près, on n'est pas à la peine, mais à l'honneur.

Je reviens à Ruskin. Cette idolâtrie et ce qu'elle mêle parfois d'un peu factice aux plaisirs littéraires

les plus vifs qu'il nous donne, il me faut descendre
jusqu'au fond de moi-même pour en saisir la trace,
pour en étudier le caractère, tant je suis aujourd'hui
« habitué » à Ruskin. Mais elle a dû me choquer
souvent quand j'ai commencé à aimer ses livres,
avant de fermer peu à peu les yeux sur leurs défauts,
comme il arrive dans tout amour. Les amours pour
les créatures vivantes ont quelquefois une origine
vile qu'ils épurent ensuite. Un homme fait la
connaissance d'une femme parce qu'elle peut l'aider à atteindre un but étranger à elle-même. Puis
une fois qu'il la connaît il l'aime pour elle-même, et
lui sacrifie sans hésiter ce but qu'elle devait seulement l'aider à atteindre. A mon amour pour les
livres de Ruskin se mêla ainsi à l'origine quelque
chose d'intéressé, la joie du bénéfice intellectuel que
j'allais en retirer. Il est certain qu'aux premières
pages que je lus, sentant leur puissance et leur
charme, je m'efforçai de n'y pas résister, de ne pas
trop discuter avec moi-même, parce que je sentais
que si un jour le charme de la pensée de Ruskin se
répandait pour moi sur tout ce qu'il avait touché, en
un mot si je m'éprenais tout à fait de sa pensée,
l'univers s'enrichirait de tout ce que j'ignorais
jusque-là, des cathédrales gothiques, et de combien
de tableaux d'Angleterre et d'Italie qui n'avaient
pas encore éveillé en moi ce désir sans lequel il n'y a
jamais de véritable connaissance. Car la pensée de
Ruskin n'est pas comme la pensée d'un Emerson
par exemple qui est contenue tout entière dans un
livre, c'est-à-dire un quelque chose d'abstrait, un
pur signe d'elle-même. L'objet auquel s'applique

une pensée comme celle de Ruskin et dont elle est
inséparable n'est pas immatériel, il est répandu çà
et là sur la surface de la terre. Il faut aller le
chercher là où il se trouve, à Pise, à Florence, à
Venise, à la National Gallery, à Rouen, à Amiens,
dans les montagnes de la Suisse. Une telle pensée
qui a un autre objet qu'elle-même, qui s'est réalisée
dans l'espace, qui n'est plus la pensée infinie et
libre, mais limitée et assujettie, qui s'est incarnée en
des corps de marbre sculpté, de montagnes nei-
geuses, en des visages peints, est peut-être moins
divine qu'une pensée pure. Mais elle nous embellit
davantage l'univers, ou du moins certaines parties
individuelles, certaines parties nommées, de l'univers, parce qu'elle y a touché, et qu'elle nous y a
initiés en nous obligeant, si nous voulons les
comprendre, à les aimer.

Et ce fut ainsi, en effet : l'univers reprit tout d'un
coup à mes yeux un prix infini. Et mon admiration
pour Ruskin donnait une telle importance aux
choses qu'il m'avait fait aimer, qu'elles me sem-
blaient chargées d'une valeur plus grande même
que celle de la vie. Ce fut à la lettre et dans une
circonstance où je croyais mes jours comptés ; je
partis pour Venise afin d'avoir pu avant de mourir,
approcher, toucher, voir incarnées, en des palais
défaillants mais encore debout et roses, les idées de
Ruskin sur l'architecture domestique au moyen âge.
Quelle importance, quelle réalité peut avoir aux
yeux de quelqu'un qui bientôt doit quitter la terre,
une ville aussi spéciale, aussi localisée dans le

temps, aussi particularisée dans l'espace que Venise
et comment les théories d'architecture domestique
que j'y pouvais étudier et vérifier sur des exemples
vivants pouvaient-elles être de ces « vérités qui
dominent la mort, empêchent de la craindre, et la
font presque aimer [1] » ? C'est le pouvoir du génie de
nous faire aimer une beauté, que nous sentons plus
réelle que nous, dans ces choses qui aux yeux des
autres sont aussi particulières et aussi périssables
que nous-mêmes.

Le « Je dirai qu'ils sont beaux quand tes yeux
l'auront dit » du poète, n'est pas très vrai, s'il s'agit
des yeux d'une femme aimée. En un certain sens, et
qu'elles que puissent être, même sur ce terrain de la
poésie, les magnifiques revanches qu'il nous pré-
pare, l'amour nous dépoétise la nature. Pour
l'amoureux, la terre n'est plus que « le tapis des
beaux pieds d'enfant » de sa maîtresse, la nature
n'est plus que « son temple ». L'amour qui nous
fait découvrir tant de vérités psychologiques profondes, nous ferme au contraire au sentiment poétique de la nature [2], parce qu'il nous met dans des

1. Renan.
2. Il me restait quelque inquiétude sur la parfaite justesse de cette
idée, mais qui me fut bien vite ôtée par le seul mode de vérification qui
existe pour nos idées, je veux dire la rencontre fortuite avec un grand
esprit. Presque au moment, en effet, où je venais d'écrire ces lignes,
paraissaient dans la *Revue des Deux Mondes* les vers de la comtesse de
Noailles que je donne ci-dessous. On verra que, sans le savoir, j'avais,
pour parler comme M. Barrès à Combourg, « mis mes pas dans les pas
du génie » :

> *Enfants, regardez bien toutes les plaines rondes ;*
> *La capucine avec ses abeilles autour ;*

dispositions égoïstes (l'amour est au degré le plus élevé dans l'échelle des égoïsmes, mais il est égoïste encore) où le sentiment poétique se produit difficilement. L'admiration pour une pensée au contraire fait surgir à chaque pas la beauté parce qu'à chaque moment elle en éveille le désir. Les personnes médiocres croient généralement que se laisser guider ainsi par les livres qu'on admire, enlève à notre faculté de juger une partie de son indépendance. « Que peut vous importer ce que sent Ruskin : sentez par vous-même ». Une telle opinion repose sur une erreur psychologique dont feront justice tous ceux qui, ayant accepté ainsi une discipline spirituelle, sentent que leur puissance de comprendre et de sentir en est infiniment accrue, et leur sens critique jamais paralysé. Nous sommes simplement alors dans un état de grâce où toutes nos facultés, notre sens critique aussi bien que les autres, sont accrues. Aussi cette servitude volontaire est-elle le commencement de la liberté. Il n'y a pas de meilleure manière d'arriver à prendre conscience de ce qu'on sent soi-même que d'essayer de recréer en soi ce qu'a senti un maître. Dans cet effort profond c'est notre pensée elle-même que nous mettons, avec la sienne, au jour. Nous sommes libres dans la vie, mais en ayant des buts : il y a longtemps qu'on

---

Regardez bien l'étang, les champs, avant l'amour ;
Car, après, l'on ne voit plus jamais rien du monde.
Après l'on ne voit plus que son cœur devant soi ;
On ne voit plus qu'un peu de flamme sur la route ;
On n'entend rien, on ne sait rien, et l'on écoute
Les pieds du triste amour qui court ou qui s'asseoit.

a percé à jour le sophisme de la liberté d'indifférence. C'est à un sophisme tout aussi naïf qu'obéis-
sent sans le savoir les écrivains qui font à tout
moment le vide dans leur esprit, croyant le débarrasser de toute influence extérieure, pour être bien
sûrs de rester personnels. En réalité les seuls cas où
nous disposons vraiment de toute notre puissance
d'esprit sont ceux où nous ne croyons pas faire
œuvre d'indépendance, où nous ne choisissons pas
arbitrairement le but de notre effort. Le sujet du
romancier, la vision du poète, la vérité du philosophe s'imposent à eux d'une façon presque nécessaire, extérieure pour ainsi dire à leur pensée. Et
c'est en soumettant son esprit à rendre cette vision,
à approcher de cette vérité que l'artiste devient
vraiment lui-même.

Mais en parlant de cette passion, un peu factice
au début, si profonde ensuite que j'eus pour la
pensée de Ruskin, je parle à l'aide de la mémoire et
d'une mémoire qui ne se rappelle que les faits,
« mais du passé profond ne peut rien ressaisir ».
C'est seulement quand certaines périodes de notre
vie sont closes à jamais, quand, même dans les
heures où la puissance et la liberté nous semblent
données, il nous est défendu d'en rouvrir furtivement les portes, c'est quand nous sommes incapables de nous remettre même pour un instant dans
l'état où nous fûmes pendant si longtemps, c'est
alors seulement que nous nous refusons à ce que de
telles choses soient entièrement abolies. Nous ne
pouvons plus les chanter, pour avoir méconnu le
sage avertissement de Gœthe, qu'il n'y a de poésie

que des choses que l'on sent encore. Mais ne pouvant réveiller les flammes du passé, nous voulons du moins recueillir sa cendre. A défaut d'une résurrection dont nous n'avons plus le pouvoir, avec la mémoire glacée que nous avons gardée de ces choses, — la mémoire des faits qui nous dit : « tu étais tel » sans nous permettre de le redevenir, qui nous affirme la réalité d'un paradis perdu au lieu de nous le rendre dans le souvenir, — nous voulons du moins le décrire et en constituer la science. C'est quand Ruskin est bien loin de nous que nous traduisons ses livres et tâchons de fixer dans une image ressemblante les traits de sa pensée. Aussi ne connaîtrez-vous pas les accents de notre foi ou de notre amour, et c'est notre piété seule que vous apercevrez çà et là, froide et furtive, occupée, comme la Vierge Thébaine, à restaurer un tombeau.

LA MORT DES CATHÉDRALES [1]

Supposons pour un instant le catholicisme éteint depuis des siècles, les traditions de son culte perdues. Seules, monuments devenus inintelligibles, d'une croyance oubliée, subsistent les cathédrales, désaffectées et muettes. Un jour, des savants arrivent à reconstituer les cérémonies qu'on y célébrait autrefois, pour lesquelles ces cathédrales avaient été construites et sans lesquelles on n'y trouvait plus qu'une lettre morte; lors des artistes,

---

1. C'est sous ce titre que je fis paraître autrefois dans le *Figaro* une étude qui avait pour but de combattre un des articles de la loi de séparation. Cette étude est bien médiocre; je n'en donne un court extrait que pour montrer combien, à quelques années de distance, les mots changent de sens et combien sur le chemin tournant du temps, nous ne pouvons pas apercevoir l'avenir d'une nation plus que d'une personne. Quand je parlai de la mort des Cathédrales, je craignis que la France fût transformée en une grève où de géantes conques ciselées sembleraient échouées, vidées de la vie qui les habita et n'apportant même plus à l'oreille qui se pencherait sur elles la vague rumeur d'autrefois, simples pièces de musée, glacées elles-mêmes. Dix ans ont passé, « la mort des Cathédrales », c'est la destruction de leurs pierres par les armées allemandes, non de leur esprit par une Chambre anticléricale qui ne fait plus qu'un avec nos évêques patriotes.

séduits par le rêve de rendre momentanément la vie
à ces grands vaisseaux qui s'étaient tus, veulent en
refaire pour une heure le théâtre du drame mystérieux qui s'y déroulait, au milieu des chants et des
parfums, entreprennent, en un mot, pour la messe
et les cathédrales, ce que les félibres ont réalisé pour
le théâtre d'Orange et les tragédies antiques. Certes
le gouvernement ne manquerait pas de subvention-
ner une telle tentative. Ce qu'il a fait pour des
ruines romaines, il n'y faillirait pas pour des monuments français, pour ces cathédrales qui sont la plus
haute et la plus originale expression du génie de la
France.

Ainsi donc voici des savants qui ont su retrouver
la signification perdue des cathédrales : les sculptures et les vitraux reprennent leurs sens, une odeur
mystérieuse flotte de nouveau dans le temple, un
drame sacré s'y joue, la cathédrale se remet à
chanter. Le gouvernement subventionne avec raison, avec plus de raison que les représentations du
théâtre d'Orange, de l'Opéra-Comique et de
l'Opéra, cette résurrection des cérémonies catholiques, d'un tel intérêt historique, social, plastique,
musical et de la beauté desquelles seul Wagner s'est
approché, en l'imitant, dans *Parsifal*.

Des caravanes de snobs vont à la ville sainte (que
ce soit Amiens, Chartres, Bourges, Laon, Reims,
Beauvais, Rouen, Paris), et une fois par an ils
ressentent l'émotion qu'ils allaient autrefois chercher à Bayreuth et à Orange : goûter l'œuvre d'art
dans le cadre même qui a été construit pour elle.
Malheureusement, là comme à Orange, ils ne

peuvent être que des curieux, des dilettanti ; quoi
qu'ils fassent, en eux n'habite pas l'âme d'autrefois.
Les artistes qui sont venus exécuter les chants, les
artistes qui jouent le rôle des prêtres, peuvent être
instruits, s'être pénétrés de l'esprit des textes. Mais,
malgré tout, on ne peut s'empêcher de penser
combien ces fêtes devaient être plus belles au temps
où c'étaient des prêtres qui célébraient les offices,
non pour donner aux lettrés une idée de ces
cérémonies, mais parce qu'ils avaient en leur vertu
la même foi que les artistes qui sculptèrent le
jugement dernier au tympan du porche, ou peigni-
rent la vie des saints aux vitraux de l'abside.
Combien l'œuvre tout entière devait parler plus
haut, plus juste, quand tout un peuple répondait à
la voix du prêtre, se courbait à genoux quand tintait
la sonnette de l'élévation, non pas comme dans ces
représentations rétrospectives, en froids figurants
stylés, mais parce qu'eux aussi, comme le prêtre,
comme le sculpteur, croyaient.

Voilà ce qu'on se dirait si la religion catholique
était morte. Or, elle existe et pour nous imaginer ce
qu'était vivante, et dans le plein exercice de ses
fonctions, une cathédrale du XIIIe siècle, nous
n'avons pas besoin de faire d'elle le cadre de
reconstitutions, de rétrospectives exactes peut-être,
mais glacées. Nous n'avons qu'à entrer à n'importe
quelle heure, pendant que se célèbre un office. La
mimique, la psalmodie et le chant ne sont pas
confiés ici à des artistes. Ce sont les ministres
mêmes du culte qui officient, dans un sentiment non
d'esthétique, mais de foi, d'autant plus esthétique-

ment. Les figurants ne pourraient être souhaités plus vivants et plus sincères, puisque c'est le peuple qui prend la peine de figurer pour nous, sans s'en douter. On peut dire que grâce à la persistance dans l'Eglise catholique, des mêmes rites et, d'autre part, de la croyance catholique dans le cœur des Français, les cathédrales ne sont pas seulement les plus beaux monuments de notre art, mais les seuls qui vivent encore leur vie intégrale, qui soient restés en rapport avec le but pour lequel ils furent construits.

Or, la rupture du gouvernement français avec Rome semble rendre prochaine la mise en discussion et probable l'adoption d'un projet de loi, aux termes duquel, au bout de cinq ans, les églises pourront être, et seront souvent désaffectées; le gouvernement non seulement ne subventionnera plus la célébration des cérémonies rituelles dans les églises, mais pourra les transformer en tout ce qui lui plaira : musée, salle de conférence ou casino.

Quand le sacrifice de la chair et du sang du Christ ne sera plus célébré dans les églises, il n'y aura plus de vie en elles. La liturgie catholique ne fait qu'un avec l'architecture et la sculpture de nos cathédrales, car les unes comme l'autre dérivent d'un même symbolisme. On a vu dans la précédente étude qu'il n'y a guère dans les cathédrales de sculpture, si secondaire qu'elle paraisse, qui n'ait sa valeur symbolique.

Or, il en est de même des cérémonies du culte.

Dans un livre admirable *L'art religieux au XIII⁰ siècle,* M. Emile Mâle analyse ainsi, d'après le *Rational*

des divins Offices, de Guillaume Durand, la première
partie de la fête du samedi saint :

« Dès le matin, on commence par éteindre dans
l'église toutes les lampes, pour marquer que l'ancienne Loi, qui éclairait le monde, est désormais
abrogée.

« Puis, le célébrant bénit le feu nouveau, figure
de la Loi nouvelle. Il la fait jaillir du silex, pour
rappeler que Jésus-Christ est, comme le dit saint
Paul, la pierre angulaire du monde. Alors, l'évêque
et le diacre se dirigent vers le chœur et s'arrêtent
devant le cierge pascal. »

Ce cierge, nous apprend Guillaume Durand, est
un triple symbole. Eteint, il symbolise à la fois la
colonne obscure qui guidait les Hébreux pendant le
jour, l'ancienne Loi et le corps de Jésus-Christ.
Allumé, il signifie la colonne de lumière qu'Israël
voyait pendant la nuit, la Loi nouvelle et le corps
glorieux de Jésus-Christ ressuscité. Le diacre fait
allusion à ce triple symbolisme en récitant, devant
le cierge, la formule de l'Exultet.

Mais il insiste surtout sur la ressemblance du
cierge et du corps de Jésus-Christ. Il rappelle que la
cire immaculée a été produite par l'abeille, à la fois
chaste et féconde comme la Vierge qui a mis au
monde le Sauveur. Pour rendre sensible aux yeux la
similitude de la cire et du corps divin, il enfonce
dans le cierge cinq grains d'encens qui rappellent à
la fois les cinq plaies de Jésus-Christ et les parfums
achetés par les Saintes femmes pour l'embaumer.
Enfin, il allume le cierge avec le feu nouveau, et,
dans toute l'église, on rallume les lampes, pour

représenter la diffusion de la nouvelle Loi dans le monde.

Mais ceci, dira-t-on, n'est qu'une fête exceptionnelle. Voici l'interprétation d'une cérémonie quotidienne, la messe, qui, vous allez le voir, n'est pas moins symbolique.

« Le chant grave et triste de l'Introït ouvre la cérémonie ; il affirme l'attente des patriarches et des prophètes. Le chœur des clercs est le chœur même des saints de l'ancienne Loi, qui soupirent après la venue du Messie, qu'ils ne doivent point voir. L'évêque entre alors et il apparaît comme la vivante image de Jésus-Christ. Son arrivée symbolise l'avènement du Sauveur, attendu par les nations. Dans les grandes fêtes, on porte devant lui sept flambeaux pour rappeler que, suivant la parole du prophète, les sept dons du Saint-Esprit se reposent sur la tête du Fils de Dieu. Il s'avance sous un dais triomphal dont les quatre porteurs peuvent se comparer aux quatre évangélistes. Deux acolytes marchent à sa droite et à sa gauche et figurent Moïse et Hélie, qui se montrèrent sur le Thabor aux côtés de Jésus-Christ. Ils nous enseignent que Jésus avait pour lui l'autorité de la Loi et l'autorité des prophètes.

L'évêque s'assied sur son trône et reste silencieux. Il ne semble prendre aucune part à la première partie de la cérémonie. Son attitude contient un enseignement : il nous rappelle par son silence que les premières années de la vie de Jésus-Christ s'écoulèrent dans l'obscurité et dans le recueillement. Le sous-diacre, cependant, s'est dirigé vers le pupitre, et, tourné vers la droite, il lit l'épître à haute voix. Nous entrevoyons ici le premier acte du drame de la Rédemption.

La lecture de l'épître, c'est la prédication de saint Jean-Baptiste dans le désert. Il parle avant que le Sauveur ait commencé à faire entendre sa voix, mais il ne parle qu'aux Juifs. Aussi le sous-diacre, image du précurseur, se tourne-t-il vers le nord, qui est le côté de l'ancienne Loi. Quand la lecture est terminée, il s'incline devant l'évêque, comme le précurseur s'humilia devant Jésus-Christ.

Le chant du Graduel qui suit la lecture de l'épître, se rapporte encore à la mission de saint Jean-Baptiste, il symbolise les exhortations à la pénitence qu'il adresse aux Juifs, à la veille des temps nouveaux.

Enfin, le célébrant lit l'Evangile. Moment solennel, car c'est ici que commence la vie active du Messie ; sa parole se fait entendre pour la première fois dans le monde. La lecture de l'Evangile est la figure même de sa prédication.

Le « Credo » suit l'Evangile comme la foi suit l'annonce de la vérité. Les douze articles du Credo se rapportent à la vocation des douze apôtres.

« Le costume même que le prêtre porte à l'autel, ajoute M. Mâle, les objets qui servent au culte sont autant de symboles. » La chasuble qui se met par-dessus les autres vêtements, c'est la charité qui est supérieure à tous les préceptes de la loi et qui est elle-même la loi suprême. L'étole, que le prêtre se passe au cou, est le joug léger du Seigneur ; et comme il est écrit que tout chrétien doit chérir ce joug, le prêtre baise l'étole en la mettant et en l'enlevant. La mitre à deux pointes de l'évêque symbolise la science qu'il doit avoir de l'un et de l'autre Testament; deux rubans y sont attachés pour rappeler que l'Ecriture doit être interprétée suivant la lettre et suivant l'esprit. La cloche est la voix des prédicateurs. La charpente à laquelle elle est suspendue est la figure de la croix. La corde, faite de trois fils tordus, signifie la triple intelligence de l'Ecriture, qui doit être interprétée dans le triple sens historique, allégorique et moral. Quand on prend la corde dans sa main pour ébranler la cloche, on exprime symboliquement cette vérité fondamentale que la connaissance des Ecritures doit aboutir à l'action. »

Ainsi tout, jusqu'au moindre geste du prêtre, jusqu'à l'étole qu'il revêt, est d'accord pour le symboliser avec le sentiment profond qui anime la cathédrale tout entière.

Jamais spectacle comparable, miroir aussi géant de la science, de l'âme et de l'histoire ne fut offert aux regards et à l'intelligence de l'homme. Le même symbolisme embrasse jusqu'à la musique qui se fait entendre alors dans l'immense vaisseau et de qui les sept tons grégoriens figurent les sept vertus théologales et les sept âges du monde. On peut dire qu'une représentation de Wagner à Bayreuth (à plus forte raison d'Emile Augier ou de Dumas sur une scène de théâtre subventionné) est peu de chose auprès de la célébration de la grand'messe dans la cathédrale de Chartres.

Sans doute ceux-là seuls qui ont étudié l'art religieux du moyen âge sont capables d'analyser

complètement la beauté d'un tel spectacle. Et cela
suffirait pour que l'Etat eût l'obligation de veiller à
sa perpétuité. Il subventionne les cours du Collège
de France, qui ne s'adressent cependant qu'à un
petit nombre de personnes et qui, à côté de cette
complète résurrection intégrale qu'est une grand'
messe dans une cathédrale, paraissent bien froides.
Et à côté de l'exécution de pareilles symphonies, les
représentations de nos théâtres également subven-
tionnés correspondent à des besoins littéraires bien
mesquins. Mais empressons-nous d'ajouter que
ceux-là qui peuvent lire à livre ouvert dans la
symbolique du moyen âge, ne sont pas les seuls
pour qui la cathédrale vivante, c'est-à-dire la cathédrale sculptée, peinte, chantante, soit le plus grand
des spectacles. C'est ainsi qu'on peut sentir la
musique sans connaître l'harmonie. Je sais bien que
Ruskin, montrant quelles raisons spirituelles expli-
quent la disposition des chapelles dans l'abside des
cathédrales, a dit : « Jamais vous ne pourrez vous
enchanter des formes de l'architecture si vous n'êtes
pas en sympathie avec les pensées d'où elles sortirent. » Il n'en est pas moins vrai que nous connais-
sons tous le fait d'un ignorant, d'un simple rêveur,
entrant dans une cathédrale, sans essayer de
comprendre, se laissant aller à ses émotions, et
éprouvant une impression plus confuse sans doute,
mais peut-être aussi forte. Comme témoignage
littéraire de cet état d'esprit, fort différent à coup
sûr de celui du savant dont nous parlions tout à
l'heure, se promenant dans la cathédrale comme
dans une « forêt de symboles, qui l'observent avec

des regards familiers », mais qui permet pourtant
de trouver dans la cathédrale, à l'heure des offices,
une émotion vague, mais puissante, je citerai la
belle page de Renan appelée la Double Prière :

« Un des plus beaux spectacles religieux qu'on
puisse encore contempler de nos jours (et qu'on ne
pourra plus bientôt contempler, si la Chambre vote
le projet en question) est celui que présente à la
tombée de la nuit l'antique cathédrale de Quimper.
Quand l'ombre a rempli les bas-côtés du vaste
édifice, les fidèles des deux sexes se réunissent dans
la nef et chantent en langue bretonne la prière du
soir sur un rythme simple et touchant. La cathédrale n'est éclairée que par deux ou trois lampes.
Dans la nef, d'un côté, sont les hommes, debout ; de
l'autre, les femmes agenouillées forment comme une
mer immobile de coiffes blanches. Les deux moitiés
chantent alternativement et la phrase commencée
par l'un des chœurs est achevée par l'autre. Ce
qu'ils chantent est fort beau. Quand je l'entendis, il
me sembla qu'avec quelques légères transforma-
tions, on pourrait l'accommoder à tous les états de
l'humanité. Cela surtout me fit rêver une prière qui,
moyennant certaines variations, pût convenir également aux hommes et aux femmes. »

Entre cette vague rêverie qui n'est pas sans
charme et les joies plus conscientes du « connaisseur » en art religieux, il y a bien des degrés.
Rappelons, pour mémoire, le cas de Gustave Flaubert étudiant, mais pour l'interpréter dans un
sentiment moderne, une des plus belles parties de la
liturgie catholique :

« Le prêtre trempa son pouce dans l'huile sainte et commença les onctions sur ses yeux d'abord... sur ses narines friandes de brises tièdes et de senteurs amoureuses, sur ses mains qui s'étaient délectées aux contacts suaves... sur ses pieds enfin, si rapides quand ils couraient à l'assouvissance de ses désirs, et qui maintenant ne marcheraient plus. »

Nous disions tout à l'heure que presque toutes les images dans une cathédrale étaient symboliques. Quelques-unes ne le sont point. Ce sont celles des êtres qui ayant contribué de leurs deniers à la décoration de la cathédrale voulurent y conserver à jamais une place pour pouvoir, des balustres de la niche ou de l'enfoncement du vitrail, suivre silencieusement les offices et participer sans bruit aux prières, *in saecula saeculorum*. Les bœufs de Laon eux-mêmes ayant chrétiennement monté jusque sur la colline où s'élève la cathédrale les matériaux qui servirent à la construire l'architecte les en récompensa en dressant leurs statues au pied des tours, d'où vous pouvez les voir encore aujourd'hui, dans le bruit des cloches et la stagnation du soleil, lever leurs têtes cornues au-dessus de l'arche sainte et colossale jusqu'à l'horizon des plaines de France, leur « songe intérieur ». Hélas, s'ils ne sont pas détruits, que n'ont-ils pas vu dans ces campagnes où chaque printemps ne vient plus fleurir que des tombes ? Pour des bêtes, les placer ainsi au-dehors, sortant comme d'une arche de Noë gigantesque qui se serait arrêtée sur ce mont Ararat, au milieu du déluge de sang. Aux hommes on accordait davantage.

Ils entraient dans l'église, ils y prenaient leur place qu'ils gardaient après leur mort et d'où ils pouvaient continuer, comme au temps de leur vie, à suivre le divin sacrifice, soit que penchés hors de leur sépulture de marbre, ils tournent légèrement la tête du côté de l'évangile ou du côté de l'épître, pouvant apercevoir, comme à Brou, et sentir autour de leur nom l'enlacement étroit et infatigable de fleurs emblématiques et d'initiales adorées, gardant parfois jusque dans le tombeau, comme à Dijon, les couleurs éclatantes de la vie soit qu'au fond du vitrail dans leurs manteaux de pourpre, d'outre-mer ou d'azur qui emprisonne le soleil, s'en enflamme, remplissent de couleur ses rayons transparents et brusquement les délivrent, multicolores, errant sans but parmi la nef qu'ils teignent ; dans leur splendeur désorientée et paresseuse, leur palpable irréalité, ils restent les donateurs qui, à cause de cela même, avaient mérité la concession d'une prière à perpétuité. Et tous, ils veulent que l'Esprit-Saint, au moment où il descendra de l'église, reconnaisse bien les siens. Ce n'est pas seulement la reine et le prince qui portent leurs insignes, leur couronne ou leur collier de la Toison d'Or. Les changeurs se sont fait représenter, vérifiant le titre des monnaies, les pelletiers vendant leurs fourrures (voir dans l'ouvrage de M. Mâle la reproduction de ces deux vitraux), les bouchers abattant des bœufs, les chevaliers portant leur blason, les sculpteurs taillant des chapiteaux. De leurs vitraux de Chartres, de Tours, de Sens, de Bourges, d'Auxerre, de Clermont, de Toulouse, de Troyes, les tonneliers, pelletiers, épiciers, pèlerins, laboureurs, armuriers, tisserands, tailleurs de pierre, bouchers, vanniers, cordonniers, changeurs, à entendre l'office, n'entendront plus la messe qu'ils s'étaient assurée en donnant pour l'édification de l'église le plus clair de leurs deniers. Les morts ne gouvernent plus les vivants. Et les vivants, oublieux, cessent de remplir les vœux des morts.

SENTIMENTS FILIAUX
D'UN PARRICIDE

Quand M. van Blarenberghe le père mourut, il y a quelques mois, je me souvins que ma mère avait beaucoup connu sa femme. Depuis la mort de mes parents je suis (dans un sens qu'il serait hors de propos de préciser ici) moins moi-même, davantage leur fils. Sans me détourner de mes amis, plus volontiers je me retourne vers les leurs. Et les lettres que j'écris maintenant, ce sont pour la plupart celles que je crois qu'ils auraient écrites, celles qu'ils ne peuvent plus écrire et que j'écris à leur place, félicitations, condoléances surtout à des amis à eux que souvent je ne connais presque pas. Donc, quand Mme van Blarenberghe perdit son mari, je voulus qu'un témoignage lui parvînt de la tristesse que mes parents en eussent éprouvée. Je me rappelais que j'avais, il y avait déjà bien des années, dîné quelquefois chez des amis communs, avec son fils. C'est à lui que j'écrivis, pour ainsi dire, au nom de mes parents disparus, bien plus qu'au mien. Je reçus en réponse la belle lettre suivante, empreinte d'un si grand amour filial. J'ai pensé qu'un tel témoignage, avec la signification qu'il reçoit du drame qui l'a suivi de si près, avec la signification qu'il lui donne surtout, devait être rendu public. Voici cette lettre :

Les Timbrieux, par Josselin (Morbihan).
24 septembre 1906.

« *Je regrette vivement, cher monsieur, de ne pas avoir pu vous remercier encore de la sympathie que vous m'avez témoignée dans ma douleur. Vous voudrez bien m'excuser, cette douleur a été telle, que, sur le conseil des médecins, pendant quatre mois, j'ai constamment voyagé. Je commence seulement, et avec une peine extrême, à reprendre ma vie habituelle.*

« *Si tardivement que cela soit, je veux vous dire aujourd'hui que j'ai été extrêmement sensible au fidèle souvenir que vous avez gardé de nos anciennes et excellentes relations et profondément touché du sentiment qui vous a inspiré de me parler, ainsi qu'à ma mère, au nom de vos parents si prématurément disparus. Je n'avais personnellement l'honneur de les connaître que fort peu, mais je sais combien mon père appréciait le vôtre et quel plaisir ma mère avait toujours à voir Mme Proust. J'ai trouvé extrêmement délicat et sensible que vous nous ayez envoyé d'eux un message d'outre-tombe.*

« *Je rentrerai assez prochainement à Paris et si je réussis d'ici peu à surmonter le besoin d'isolement que m'a causé jusqu'ici la disparition de celui à qui je rapportais tout l'intérêt de ma vie, qui en faisait toute la joie, je serais bien heureux d'aller vous serrer la main et causer avec vous du passé.*

« *Très affectueusement à vous.*

« H. VAN BLARENBERGHE. »

Cette lettre me toucha beaucoup, je plaignais celui qui souffrait ainsi, je le plaignais, je l'enviais : il avait encore sa mère pour se consoler en la consolant. Et si je ne pus répondre aux tentatives qu'il voulut bien faire pour me voir, c'est que j'en fus matériellement empêché. Mais surtout cette lettre modifia, dans un sens plus sympathique, le souvenir que j'avais gardé de lui. Les bonnes relations auxquelles il avait fait allusion dans sa lettre, étaient en réalité de fort banales relations mondaines. Je n'avais guère eu l'occasion de causer avec lui à la table où nous dînions quelquefois ensemble, mais l'extrême distinction d'esprit des maîtres de maison m'était et m'est restée un sûr garant qu'Henri van Blarenberghe, sous des dehors un peu conventionnels et peut-être plus représenta-tifs du milieu où il vivait, que significatifs de sa propre personnalité, cachait une nature plus origi-nale et vivante. Au reste, parmi ces étranges instantanés de la mémoire que notre cerveau, si petit et si vaste, emmagasine en nombre prodigieux, si je cherche, entre ceux qui figurent Henri van Blarenberghe, l'instantané qui me semble resté le plus net, c'est toujours un visage souriant que j'aperçois, souriant du regard surtout qu'il avait singulièrement fin, la bouche encore entr'ouverte après avoir jeté une fine repartie. Agréable et assez distingué, c'est ainsi que je le « revois », comme on dit avec raison. Nos yeux ont plus de part qu'on ne croit dans cette exploration active du passé qu'on nomme le souvenir. Si au moment où sa pensée va chercher quelque chose du passé pour le fixer, le ramener un moment à la vie, vous regardez les yeux de celui qui fait effort pour se souvenir, vous verrez qu'ils se sont immédiatement vidés des formes qui les entourent et qu'ils reflétaient il y a un instant. « Vous avez un regard absent, vous êtes ailleurs », disons-nous, et pourtant nous ne voyons que l'envers du phénomène qui s'accomplit à ce moment-là dans la pensée. Alors les plus beaux yeux du monde ne nous touchent plus par leur beauté, ils ne sont plus, pour détourner de sa signification une expression de Wells, que des « machines à explorer le Temps », des télescopes de l'invisible, qui deviennent à plus longue portée à mesure qu'on vieillit. On sent si bien, en voyant se bander pour le souvenir le regard fatigué de tant d'adaptation à des temps si différents, souvent si lointains, le regard rouillé des vieillards, on sent si bien que sa trajectoire, traversant « l'ombre des fours » vécus, va atterrir, à quelques pas devant eux, semble-t-il, en réalité à cinquante ou soixante ans en arrière. Je me souviens combien les yeux charmants de la princesse Mathilde changeaient de beauté, quand ils se fixaient sur telle ou telle image qu'avaient déposée *eux-mêmes* sur sa rétine et dans son souvenir tels grands hommes, tels grands spectacles du commencement du siècle, et c'est cette image-là, émanée d'eux, qu'elle voyait et que nous ne verrons jamais. J'éprouvais une impression de surnaturel à ces moments où mon regard rencontrait le sien qui, d'une ligne courte et mystérieuse, dans une activité de résurrection, joignait le présent au passé.

Agréable et assez distingué, disais-je, c'est ainsi que je revoyais Henri van Blarenberghe dans une de ces meilleures images que ma mémoire ait conservée de lui. Mais après avoir reçu cette lettre, je retouchai cette image au fond de mon souvenir, en interprétant, dans le sens d'une sensibilité plus profonde, d'une mentalité moins mondaine, certains éléments du regard ou des traits qui pouvaient en effet comporter une acception plus intéressante et plus généreuse que celle où je m'étais d'abord arrêté. Enfin, lui ayant dernièrement demandé des renseignements sur un employé des Chemins de fer de l'Est (M. van Blarenberghe était président du conseil d'administration) à qui un de mes amis s'intéressait, je reçus de lui la réponse suivante qui, écrite le 12 janvier dernier, ne me parvint, par suite de changements d'adresses qu'il avait ignorés, que le 17 janvier, il n'y a pas quinze jours, moins de huit jours avant le drame :

48, rue de la Bienfaisance,
12 janvier 1907.

« *Cher Monsieur,*
« *Je me suis informé à la Compagnie de l'Est de la présence possible dans la personne de X... et de son adresse éventuelle. On n'a rien découvert. Si vous êtes bien sûr du*

*nom, celui qui le porte a disparu de la Compagnie sans
laisser de traces ; il ne devait y être attaché que d'une
manière bien provisoire et accessoire.*

« *Je suis vraiment bien affligé des nouvelles que vous me
donnez de l'état de votre santé depuis la mort si prématurée et
cruelle de vos parents. Si ce peut être une consolation pour
vous, je vous dirai que, moi aussi, j'ai bien du mal
physiquement et moralement à me remettre de l'ébranlement
que m'a causé la mort de mon père. Il faut espérer toujours...
Je ne sais ce que me réserve l'année 1907, mais souhaitons
qu'elle nous apporte à l'un et à l'autre, quelque amélioration,
et que dans quelques mois nous puissions nous voir.*

« *Veuillez agréer, je vous prie, mes sentiments les plus
sympathiques.*

                    « H. VAN BLARENBERGHE. »

Cinq ou six jours après avoir reçu cette lettre, je
me rappelai, en m'éveillant, que je voulais y
répondre. Il faisait un de ces grands froids inatten-
dus, qui sont comme les « grandes marées » du ciel,
recouvrant toutes les digues que les grandes villes
dressent entre nous et la nature et venant battre nos
fenêtres closes, pénètrent jusque dans nos chambres, en faisant sentir à nos frileuses épaules, par un
vivifiant contact, le retour offensif des forces élé-
mentaires. Jours troublés de brusques changements
barométriques, de secousses plus graves. Nulle joie
d'ailleurs dans tant de force. On pleurait d'avance
la neige qui allait tomber et les choses elles-mêmes,
comme dans le beau vers d'André Rivoire, avaient
l'air d' « attendre de la neige ». Qu'une « dépres-

sion s'avance vers les Baléares », comme disent les
journaux, que seulement la Jamaïque commence à
trembler, au même instant à Paris, les migraineux,
les rhumatisants, les asthmatiques, les fous sans
doute aussi, prennent leurs crises, tant les nerveux
sont unis aux points les plus éloignés de l'univers
par les liens d'une solidarité qu'ils souhaiteraient
souvent moins étroite. Si l'influence des astres, sur
certains au moins d'entre eux, doit être un jour
reconnue (Framery, Pelletean, cités par M. Bris-
saud) à qui mieux appliquer qu'à tel nerveux, le
vers du poète :

Et de longs fils soyeux l'unissent aux étoiles.

En m'éveillant je me disposais à répondre à
Henri van Blarenberghe. Mais avant de le faire, je
voulus jeter un regard sur le *Figaro*, procéder à cet
acte abominable et voluptueux qui s'appelle *lire le
journal* et grâce auquel tous les malheurs et les
cataclysmes de l'univers pendant les dernières
vingt-quatre heures, les batailles qui ont coûté la vie
à cinquante mille hommes, les crimes, les grèves, les
banqueroutes, les incendies, les empoisonnements,
les suicides, les divorces, les cruelles émotions de
l'homme d'Etat et de l'acteur, transmués pour notre
usage personnel à nous qui n'y sommes pas intéres-
sés, en un régal matinal, s'associent excellemment
d'une façon particulièrement excitante et tonique, à
l'ingestion recommandée de quelques gorgées de
café au lait. Aussitôt rompue d'un geste indolent, la
fragile bande du *Figaro* qui seule nous séparait

encore de toute la misère du globe et dès les premières nouvelles sensationnelles où la douleur de tant d'êtres « entre comme élément », ces nouvelles sensationnelles que nous aurons tant de plaisir à communiquer tout à l'heure à ceux qui n'ont pas encore lu le journal, on se sent soudain allègrement rattaché à l'existence qui, au premier instant du réveil, nous paraissait bien inutile à ressaisir. Et si par moments quelque chose comme une larme a mouillé nos yeux satisfaits, c'est à la lecture d'une phrase comme celle-ci : « Un silence impressionnant étreint tous les cœurs, les tambours battent aux champs, les troupes présentent les armes, une immense clameur retentit : « Vive Fallières ! » Voilà ce qui nous arrache un pleur, un pleur que nous refuserions à un malheur proche de nous. Vils comédiens que seule fait pleurer la douleur d'Hercule, ou moins que cela le voyage du Président de la République ! Ce matin-là pourtant la lecture du *Figaro* ne me fut pas douce. Je venais de parcourir d'un regard charmé les éruptions volcaniques, les crises ministérielles et les duels d'apaches et je commençais avec calme la lecture d'un fait divers que son titre : « Un drame de la folie » pouvait rendre particulièrement propre à la vive stimulation des énergies matinales, quand tout d'un coup je vis que la victime, c'était Mme van Blarenberghe, que l'assassin, qui s'était ensuite tué, c'était son fils Henri van Blarenberghe, dont j'avais encore la lettre près de moi, pour y répondre : « *Il faut espérer toujours... Je ne sais ce que me réserve 1907, mais souhaitons qu'il nous apporte un apaisement* », etc. Il

faut espérer toujours ! Je ne sais ce que me réserve
1907 ! La vie n'avait pas été longue à lui répondre.
1907 n'avait pas encore laissé tomber son premier
mois de l'avenir dans le passé, qu'elle lui avait
apporté son présent, fusil, revolver et poignard,
avec, sur son esprit, le bandeau qu'Athénée attachait sur l'esprit d'Ajax pour qu'il massacrât pasteurs et troupeaux dans le camp des Grecs sans
savoir ce qu'il faisait. « C'est moi qui ai jeté des
images mensongères dans ses yeux. Et il s'est rué,
frappant çà et là, pensant tuer de sa main les
Atrides et se jetant tantôt sur l'un, tantôt sur
l'autre. Et moi, j'excitais l'homme en proie à la
démence furieuse et je le poussais dans des
embûches ; et il vient de rentrer là, la tête trempée
de sueur et les mains ensanglantées. » Tant que les
fous frappent ils ne savent pas, puis la crise passée,
quelle douleur. Tekmessa, la femme d'Ajax, le dit :
« Sa démence est finie, sa fureur est tombée comme
le souffle du Motos. Mais ayant recouvré l'esprit, il
est maintenant tourmenté d'une douleur nouvelle,
car contempler ses propres maux quand personne
ne les a causés que soi-même, accroît amèrement les
douleurs. Depuis qu'il sait ce qui s'est passé, il se
lamente en hurlements lugubres, lui qui avait
coutume de dire qu'il était indigne d'un homme de
pleurer. Il reste assis, immobile, hurlant, et certes il
médite contre lui-même quelque noir dessein. »
Mais quand l'accès est passé pour Henri van
Blarenberghe ce ne sont pas des troupeaux et des
pasteurs égorgés qu'il a devant lui. La douleur ne
tue pas en un instant, puisqu'il n'est pas mort en

apercevant sa mère assassinée devant lui, puisqu'il n'est pas mort en entendant sa mère mourante lui dire, comme la princesse Andrée dans Tolstoï : « Henri, qu'as-tu fait de moi ! qu'as-tu fait de moi ! » « En arrivant au palier qui interrompt la course de l'escalier entre le premier et le second étages, dit le *Matin*, ils (les domestiques que dans ce récit, peut-être d'ailleurs inexact, on n'aperçoit jamais qu'en fuite et redescendant les escaliers quatre à quatre) virent Mme van Blarenberghe, le visage révulsé par l'épouvante, descendre deux ou trois marches en criant : « Henri ! Henri ! qu'as-tu fait ! » Puis la malheureuse, couverte de sang, leva les bras en l'air et s'abattit la face en avant... Les domestiques épouvantés redescendirent pour chercher du secours. Peu après, quatre agents qu'on est allé chercher, forcèrent les portes verrouillées de la chambre du meurtrier. En dehors des blessures qu'il s'était faites avec son poignard, il avait tout le côté gauche du visage labouré par un coup de feu. *L'œil pendait sur l'oreiller.* » Ici ce n'est plus à Ajax que je pense. Dans cet œil « qui pend sur l'oreiller » je reconnais arraché, dans le geste le plus terrible que nous ait légué l'histoire de la souffrance humaine, l'œil même du malheureux Œdipe ! « Œdipe se précipite à grands cris, va, vient, demande une épée... Avec d'horribles cris, il se jette contre les doubles portes, arrache les battants des gonds creux, se rue dans la chambre où il voit Jocaste pendue à la corde qui l'étranglait. Et la voyant ainsi, le malheureux frémit d'horreur, dénoue la corde, le corps de sa mère n'étant plus

retenu tombe à terre. Alors, il arrache les agrafes
d'or des vêtements de Jocaste, il s'en crève les yeux
ouverts disant qu'ils ne verront plus les maux qu'il
avait soufferts et les malheurs qu'il avait causés, et
criant des imprécations il frappe encore ses yeux
aux paupières levées, et ses prunelles saignantes
coulaient sur ses joues, en une pluie, une grêle de
sang noir. Il crie qu'on montre à tous les Cadméens
le parricide. Il veut être chassé de cette terre. Ah!
l'antique félicité était ainsi nommée de son vrai
nom. Mais à partir de ce jour, rien ne manque à
tous les maux qui ont un nom. Les gémissements, le
désastre, la mort, l'opprobre. » Et en songeant à la
douleur d'Henri van Blarenberghe quand il vit sa
mère morte, je pense aussi à un autre fou bien
malheureux, à Lear étreignant le cadavre de sa fille
Cordelia. « Oh! elle est partie pour toujours! Elle
est morte comme la terre. Non, non, plus de vie!
Pourquoi un chien, un cheval, un rat ont-ils la vie,
quand tu n'as même plus le souffle? Tu ne revien-
drais plus jamais! jamais! jamais! jamais! jamais!
Regardez! Regardez ses lèvres! Regardez-la!
Regardez-la! »

Malgré ses horribles blessures, Henri van Blan-
renberghe ne meurt pas tout de suite. Et je ne peux
m'empêcher de trouver bien cruel (quoique peut-
être utile, est-on si certain de ce que fut en réalité le
drame? Rappelez-vous les frères Karamazov) le
geste du commissaire de police. « Le malheureux
n'est pas mort. Le commissaire le prit par les
épaules et lui parla : « M'entendez-vous? Répon-
dez ». Le meurtrier ouvrit l'œil intact, cligna un

instant et retomba dans le coma. » A ce cruel commissaire j'ai envie de redire les mots dont Kent, dans la scène du *Roi Léar*, que je citais précisément tout à l'heure, arrête Edgar qui voulait réveiller Léar déjà évanoui : « Non ! ne troublez pas son âme ! Oh ! laissez-la partir ! C'est le haïr que vouloir sur la roue de cette rude vie l'étendre plus long-temps. »

Si j'ai répété avec insistance ces grands noms tragiques, surtout ceux d'Ajax et d'Œdipe, le lecteur doit comprendre pourquoi, pourquoi aussi j'ai publié ces lettres et écrit cette page. J'ai voulu montrer dans quelle pure, dans quelle religieuse atmosphère de beauté morale eut lieu cette explosion de folie et de sang qui l'éclabousse sans parvenir à la souiller. J'ai voulu aérer la chambre du crime d'un souffle qui vînt du ciel, montrer que ce fait divers était exactement un de ces drames grecs dont la représentation était presque une cérémonie religieuse et que le pauvre parricide n'était pas une brute criminelle, un être en dehors de l'humanité, mais un noble exemplaire d'huma-nité, un homme d'esprit éclairé, un fils tendre et pieux, que la plus inéluctable fatalité — disons pathologique pour parler comme tout le monde — a jeté — le plus malheureux des mortels — dans un crime et une expiation dignes de demeurer illustres.

« Je crois difficilement à la mort », dit Michelet dans une page admirable. Il est vrai qu'il le dit à propos d'une méduse, de qui la mort, si peu différente de sa vie, n'a rien d'incroyable, en sorte qu'on peut se demander si Michelet n'a pas fait qu'utiliser dans cette phrase un de ces « fonds de cuisine » que possèdent assez vite les grands écrivains et grâce à quoi ils sont assurés de pouvoir servir à l'improviste à leur clientèle le régal particulier qu'elle réclame d'eux. Mais si je crois sans difficulté à la mort d'une méduse, je ne puis croire facilement à la mort d'une personne, même à la simple éclipse, à la simple déchéance de sa raison. Notre sentiment de la continuité de l'âme est le plus fort. Quoi ! cet esprit qui, tout à l'heure, de ses vues dominait la vie, dominait la mort, nous inspirait tant de respect, le voilà dominé par la vie, par la mort, plus faible que notre esprit qui, quoiqu'il en ait, ne se peut plus incliner devant ce qui est si vite devenu un presque néant ! Il en est pour cela de la folie comme de l'affaiblissement des facultés chez le vieillard, comme de la mort. Quoi ? L'homme qui a écrit hier la lettre que je citais tout à l'heure, si élevée, si sage, cet homme aujourd'hui... ? Et même, pour descendre à des infiniments petits fort importants ici, l'homme qui très raisonnablement était attaché aux petites choses de l'existence, répondait si élégamment à une lettre, s'acquittait si exactement d'une démarche, tenait à l'opinion des autres, désirait leur paraître sinon influent, du moins aimable, qui conduisait avec tant de finesse et de loyauté son jeu sur l'échiquier social !... Je dis que cela est fort important ici, et si j'avais cité toute la première partie de la seconde lettre qui, à vrai dire, n'intéressait en apparence que moi, c'est que cette raison pratique semble plus exclusive encore de ce qui est arrivé que la belle et profonde tristesse des dernières lignes. Souvent, dans un esprit déjà dévasté, ce sont les maîtresses branches, la cime, qui survivent les dernières, quand toutes les ramifications plus basses sont déjà élaguées par le mal. Ici, la plante spirituelle est intacte. Et tout à l'heure en copiant ces lettres, j'aurais voulu pouvoir faire sentir l'extrême délicatesse, plus l'incroyable fermeté de la main qui avait tracé ces caractères, si nets et si fins...

— Qu'as-tu fait de moi ! qu'as-tu fait de moi ! Si nous voulions y penser, il n'y a peut-être pas une mère vraiment aimante qui ne pourrait, à son dernier jour, souvent bien avant, adresser ce reproche à son fils. Au fond, nous vieillissons, nous tuons tout ce qui nous aime par les soucis que nous lui donnons, par l'inquiète tendresse elle-même que nous inspirons et mettons sans cesse en alarme. Si nous savions voir dans un corps chéri le lent travail de destruction poursuivi par la douloureuse tendresse qui l'anime, voir les yeux flétris, les cheveux longtemps restés indomptablement noirs, ensuite vaincus comme le reste et blanchissants, les artères durcies, les reins bouchés, le cœur forcé, vaincu le courage devant la vie, la marche alentie, alourdie, l'esprit qui sait qu'il n'a plus à espérer, alors qu'il rebondissait si inlassablement en invincibles espérances, la gaîté même, la gaîté innée et semblait-il immortelle, qui faisait si aimable compagnie avec la tristesse, à jamais tarie, peut-être celui qui saurait voir cela, dans ce moment tardif de lucidité que les vies les plus ensorcelées de chimère peuvent bien avoir, puisque celle même de don Quichotte eut le

sien, peut-être celui-là, comme Henri van Blarenberghe quand il eut achevé sa mère à coups de
poignard, reculerait devant l'horreur de sa vie et se
jetterait sur un fusil, pour mourir tout de suite.
Chez la plupart des hommes, une vision si douloureuse (à supposer qu'ils puissent se hausser jusqu'à
elle) s'efface bien vite aux premiers rayons de la joie
de vivre. Mais quelle joie, quelle raison de vivre,
quelle vie peuvent résister à cette vision ? D'elle ou
de la joie, quelle est vraie, quel est « le Vrai » ?

JOURNÉES
DE LECTURE[1]

Il n'y a peut-être pas de jours de notre enfance
que nous ayons si pleinement vécus que ceux que
nous avons cru laisser sans les vivre, ceux que nous
avons passés avec un livre préféré. Tout ce qui,
semblait-il, les remplissait pour les autres, et que
nous écartions comme un obstacle vulgaire à un
plaisir divin : le jeu pour lequel un ami venait nous
chercher au passage le plus intéressant, l'abeille ou
le rayon de soleil gênants qui nous forçaient à lever
les yeux de la page ou à changer de place, les
provisions de goûter qu'on nous avait fait emporter
et que nous laissions à côté de nous sur le banc, sans
y toucher, tandis que, au-dessus de notre tête, le
soleil diminuait de force dans le ciel bleu, le dîner
pour lequel il avait fallu rentrer et pendant lequel

---

1. On trouvera ici la plupart des pages écrites pour une traduction
de *Sésame et les Lys* et réimprimées ici grâce à la généreuse autorisation
de M. Alfred Vallette. Elles étaient dédiées à la princesse Alexandre de
Caraman-Chimay en témoignage d'un admiratif attachement que vingt
années n'ont pas affaibli.

nous ne pensions qu'à monter finir, tout de suite après, le chapitre interrompu, tout cela, dont la lecture aurait dû nous empêcher de percevoir autre chose que l'importunité, elle en gravait au contraire en nous un souvenir tellement doux (tellement plus précieux à notre jugement actuel que ce que nous lisions alors avec amour) que, s'il nous arrive encore aujourd'hui de feuilleter ces livres d'autre-fois, ce n'est plus que comme les seuls calendriers que nous ayons gardés des jours enfuis, et avec l'espoir de voir reflétés sur leurs pages les demeures et les étangs qui n'existent plus.

Qui ne se souvient comme moi de ces lectures faites au temps des vacances, qu'on allait cacher successivement dans toutes celles des heures du jour qui étaient assez paisibles et assez inviolables pour pouvoir leur donner asile. Le matin, en rentrant du parc, quand tout le monde était parti faire une promenade, je me glissais dans la salle à manger, où, jusqu'à l'heure encore lointaine du déjeuner, personne n'entrerait que la vieille Félicie relative-ment silencieuse, et où je n'aurais pour compa-gnons, très respectueux de la lecture, que les assiettes peintes accrochées au mur, le calendrier dont la feuille de la veille avait été fraîchement arrachée, la pendule et le feu qui parlent sans demander qu'on leur réponde et dont les doux propos vides de sens ne viennent pas, comme les paroles des hommes, en substituer un différent à celui des mots que vous lisez. Je m'installais sur une chaise, près du petit feu de bois dont, pendant le déjeuner, l'oncle matinal et jardinier dirait : « Il ne fait pas de mal! On supporte très bien un peu de feu; je vous assure qu'à six heures il faisait joliment froid dans le potager. Et dire que c'est dans huit jours Pâques! » Avant le déjeuner qui, hélas! mettrait fin à la lecture, on avait encore deux grandes heures. De temps en temps, on entendait le bruit de la pompe d'où l'eau allait découler et qui vous faisait lever les yeux vers elle et la regarder à travers la fenêtre fermée, là, tout près, dans l'unique allée du jardinet qui bordait de briques et de faïences en demi-lunes ses plates-bandes de pensées : des pensées cueillies, semblait-il, dans ces ciels trop beaux, ces ciels versicolores et comme reflétés des vitraux de l'église qu'on voyait parfois entre les toits du village, ciels tristes qui apparaissaient avant les orages, ou après, trop tard, quand la journée allait finir. Malheureusement la cuisinière venait longtemps d'avance mettre le couvert; si encore elle l'avait mis sans parler! Mais elle croyait devoir dire : « Vous n'êtes pas bien comme cela; si je vous approchais une table? » Et rien que pour répondre : « Non, merci bien », il fallait arrêter net et ramener de loin sa voix qui, en dedans des lèvres, répétait sans bruit, en courant, tous les mots que les yeux avaient lus; il fallait l'arrêter, la faire sortir, et, pour dire convenablement : « Non, merci bien », lui donner une apparence de vie ordinaire, une intonation de réponse, qu'elle avait perdues. L'heure passait; souvent, longtemps avant le déjeuner, commençaient à arriver dans la salle à manger ceux qui, étant fatigués, avaient abrégé la promenade, avaient « pris par Méréglise », ou ceux qui n'étaient pas sortis ce matin-là, ayant « à écrire ». Ils disaient bien : « Je ne veux pas te déranger », mais commençaient aussitôt à s'approcher du feu, à consulter l'heure, à déclarer que le déjeuner ne serait pas mal accueilli. On entourait d'une particulière déférence celui ou celle qui était « restée à écrire » et on lui disait : « Vous avez fait votre petite correspondance » avec un sourire où il y avait du respect, du mystère, de la paillardise et des ménagements, comme si cette « petite correspondance » avait été à la fois un secret d'Etat, une prérogative, une bonne fortune et une indisposition. Quelques-uns, sans plus attendre, s'asseyaient d'avance à table, à leurs places. Cela, c'était la désolation, car ce serait d'un mauvais exemple pour les autres arrivants, allait faire croire qu'il était déjà midi, et prononcer trop tôt à mes parents la parole fatale : « Allons, ferme ton livre, on va déjeuner. » Tout était prêt, le couvert entièrement mis sur la nappe où manquait seulement ce qu'on n'apportait qu'à la fin du repas, l'appareil en verre où l'oncle horticulteur et cuisinier faisait lui-même le café à table, tubulaire et compliqué comme un instrument de physique qui aurait senti bon et où c'était si agréable de voir monter dans la cloche de verre l'ébullition soudaine qui laissait ensuite aux parois embuées une cendre odorante et brune ; et aussi la crème et les fraises que le même oncle mêlait, dans des proportions toujours identiques, s'arrêtant juste au rose qu'il fallait avec l'expérience d'un coloriste et la divination d'un gourmand. Que le déjeuner me paraissait long ! Ma grand'tante ne faisait que goûter aux plats pour donner son avis avec une douceur qui supportait, mais n'admettait pas la contradiction. Pour un roman, pour des vers, choses où elle se connaissait très bien, elle s'en remettait toujours, avec une humilité de femme, à l'avis de plus compétents. Elle pensait que c'était là le domaine flottant du caprice où le goût d'un seul ne peut pas fixer la vérité. Mais sur les choses dont les règles et les principes lui avaient été enseignés par sa mère, sur la manière de faire certains plats, de jouer les sonates de Beethoven et de recevoir avec amabilité, elle était certaine d'avoir une idée juste de la perfection et de discerner si les autres s'en rapprochaient plus ou moins. Pour les trois choses, d'ailleurs, la perfection était presque la même : c'était une sorte de simplicité dans les moyens, de sobriété et de charme. Elle repoussait avec horreur qu'on mît des épices dans les plats qui n'en exigent pas absolument, qu'on jouât avec affectation et abus de pédales, qu'en « recevant » on sortît d'un naturel parfait et parlât de soi avec exagération. Dès la première bouchée, aux premières notes, sur un simple billet, elle avait la prétention de savoir si elle avait affaire à une bonne cuisinière, à un vrai musicien, à une femme bien élevée. « Elle peut avoir beaucoup plus de doigts que moi, mais elle manque de goût en jouant avec tant d'emphase cet andante si simple. » « Ce peut être une femme très brillante et remplie de qualités, mais c'est un manque de tact de parler de soi en cette circonstance. » « Ce peut être une cuisinière très savante, mais elle ne sait pas faire le bifteck aux pommes. »

Le bifteck aux pommes! morceau de concours idéal, difficile par sa simplicité même, sorte de « Sonate pathétique » de la cuisine, équivalent gastronomique de ce qu'est dans la vie sociale la visite de la dame qui vient vous demander des renseignements sur un domestique et qui, dans un acte si simple, peut à tel point faire preuve, ou manquer de tact et d'éducation. Mon grand-père avait tant d'amour-propre, qu'il aurait voulu que tous les plats fussent réussis et s'y connaissait trop peu en cuisine pour jamais savoir quand ils étaient manqués. Il voulait bien admettre qu'ils le fussent parfois, très rarement d'ailleurs, mais seulement par un pur effet du hasard. Les critiques toujours motivées de ma grand'tante, impliquant au contraire que la cuisinière n'avait pas su faire tel plat, ne pouvaient manquer de paraître particulièrement intolérables à mon grand-père. Souvent pour éviter des discussions avec lui, ma grand'tante, après avoir goûté du bout des lèvres, ne donnait pas son avis, ce qui, d'ailleurs, nous faisait connaître immédiatement qu'il était défavorable. Elle se taisait, mais nous lisions dans ses yeux doux une désapprobation inébranlable et réfléchie qui avait le don de mettre mon grand-père en fureur. Il la priait ironiquement de donner son avis, s'impatientait de son silence, la pressait de questions, s'emportait, mais on sentait qu'on l'aurait conduite au martyre plutôt que de lui faire confesser la croyance de mon grand-père : que l'entremets n'était pas trop sucré.

Après le déjeuner, ma lecture reprenait tout de suite ; surtout si la journée était un peu chaude, chacun montait se retirer dans sa chambre, ce qui me permettait, par le petit escalier aux marches rapprochées, de gagner tout de suite la mienne, à l'unique étage si bas que des fenêtres enjambées on n'aurait eu qu'un saut d'enfant à faire pour se trouver dans la rue. J'allais fermer ma fenêtre, sans avoir pu esquiver le salut de l'armurier d'en face, qui, sous prétexte de baisser ses auvents, venait tous les jours après déjeuner fumer sa pipe devant sa porte et dire bonjour aux passants, qui, parfois, s'arrêtaient à causer. Les théories de William Morris, qui ont été si constamment appliquées par Maple et les décorateurs anglais, édictent qu'une chambre n'est belle qu'à la condition de contenir seulement des choses qui nous soient utiles et que toute chose utile, fût-ce un simple clou, soit non pas dissimulée, mais apparente. Au-dessus du lit à tringles de cuivre et entièrement découvert, aux murs nus de ces chambres hygiéniques, quelques reproductions de chefs-d'œuvre. A la juger d'après les principes de cette esthétique, ma chambre n'était nullement belle, car elle était pleine de choses qui ne pouvaient servir à rien et qui dissimu-laient pudiquement, jusqu'à en rendre l'usage extrêmement difficile, celles qui servaient à quelque chose. Mais c'est justement de ces choses qui n'étaient pas là pour ma commodité, mais sem-blaient y être venues pour leur plaisir, que ma chambre tirait pour moi sa beauté. Ces hautes courtines blanches qui dérobaient aux regards le lit placé comme au fond d'un sanctuaire ; la jonchée de couvre-pieds en marceline, de courtes-pointes à fleurs, de couvre-lits brodés, de taies d'oreillers en batiste, sous laquelle il disparaissait le jour, comme un autel au mois de Marie sous les festons et les fleurs, et que, le soir, pour pouvoir me coucher, j'allais poser avec précaution sur un fauteuil où ils consentaient à passer la nuit ; à côté du lit, la trinité du verre à dessins bleus, du sucrier pareil et de la carafe (toujours vide depuis le lendemain de mon arrivée sur l'ordre de ma tante qui craignait de me la voir « répandre »), sortes d'instruments du culte — presque aussi saints que la précieuse liqueur de fleur d'oranger placée près d'eux dans une ampoule de verre — que je n'aurais pas cru plus permis de profaner ni même possible d'utiliser pour mon usage personnel que si ç'avaient été des ciboires consacrés, mais que je considérais longuement avant de me déshabiller, dans la peur de les renverser par un faux mouvement ; ces petites étoles ajourées au crochet qui jetaient sur le dos des fauteuils un manteau de roses blanches qui ne devaient pas être sans épines puisque, chaque fois que j'avais fini de lire et que je voulais me lever, je m'apercevais que j'y étais resté accroché ; cette cloche de verre, sous laquelle, isolée des contacts vulgaires, la pendule bavardait dans l'intimité pour des coquillages venus de loin et pour une vieille fleur sentimentale, mais qui était si lourde à soulever que, quand la pendule s'arrêtait, personne, excepté l'horloger, n'aurait été assez imprudent pour entreprendre de la remonter ; cette blanche nappe en guipure qui, jetée comme un revêtement d'autel sur la commode ornée de deux vases, d'une

image du Sauveur et d'un buis bénit, la faisait
ressembler à la Sainte Table (dont un prie-Dieu,
rangé là tous les jours quand on avait « fini la
chambre », achevait d'évoquer l'idée), mais dont
les effilochements toujours engagés dans la fente des
tiroirs en arrêtaient si complètement le jeu que je ne
pouvais jamais prendre un mouchoir sans faire
tomber d'un seul coup image du Sauveur, vases
sacrés, buis bénit, et sans trébucher moi-même en
me rattrapant au prie-Dieu ; cette triple superposi-
tion enfin de petits rideaux d'étamine, de grands
rideaux de mousseline et de plus grands rideaux de
basin, toujours souriants dans leur blancheur d'aubépine souvent ensoleillée, mais au fond bien aga-
çants dans leur maladresse et leur entêtement à
jouer autour de leurs barres de bois parallèles et à se
prendre les uns dans les autres et tous dans la
fenêtre dès que je voulais l'ouvrir ou la fermer, un
second étant toujours prêt, si je parvenais à en
dégager un premier, à venir prendre immédiatement sa place dans les jointures aussi parfaitement
bouchées par eux qu'elles l'eussent été par un
buisson d'aubépines réelles ou par des nids d'hirondelles qui auraient eu la fantaisie de s'installer là, de
sorte que cette opération, en apparence si simple,
d'ouvrir ou de fermer ma croisée, je n'en venais
jamais à bout sans le secours de quelqu'un de la
maison ; toutes ces choses, qui non seulement ne
pouvaient répondre à aucun de mes besoins, mais
apportaient même une entrave, d'ailleurs légère, à
leur satisfaction, qui évidemment n'avaient jamais
été mises là pour l'utilité de quelqu'un, peuplaient

ma chambre de pensées en quelque sorte personnelles, avec cet air de prédilection d'avoir choisi de
vivre là et de s'y plaire, qu'ont souvent, dans une
clairière, les arbres, et, au bord des chemins ou sur
les vieux murs, les fleurs. Elles la remplissaient
d'une vie silencieuse et diverse, d'un mystère où ma
personne se trouvait à la fois perdue et charmée ;
elles faisaient de cette chambre une sorte de chapelle où le soleil — quand il traversait les petits
carreaux rouges que mon oncle avait intercalés au
haut des fenêtres — piquait sur les murs, après
avoir rosé l'aubépine des rideaux, des lueurs aussi
étranges que si la petite chapelle avait été enclose
dans une plus grande nef à vitraux ; et où le bruit
des cloches arrivait si retentissant à cause de la
proximité de notre maison et de l'église, à laquelle
d'ailleurs, aux grandes fêtes, les reposoirs nous
liaient par un chemin de fleurs, que je pouvais
imaginer qu'elles étaient sonnées dans notre toit,
juste au-dessus de la fenêtre d'où je saluais souvent
le curé tenant son bréviaire, ma tante revenant de
vêpres ou l'enfant de chœur qui nous portait du
pain bénit. Quant à la photographie par Brown du
Printemps de Botticelli ou au moulage de la *Femme
inconnue* du musée de Lille, qui, aux murs et sur la
cheminée des chambres de Maple, sont la part
concédée par William Morris à l'inutile beauté, je
dois avouer qu'ils étaient remplacés dans ma chambre par une sorte de gravure représentant le prince
Eugène, terrible et beau dans son dolman, et que je
fus très étonné d'apercevoir une nuit, dans un grand
fracas de locomotives et de grêle, toujours terrible et

beau, à la porte d'un buffet de gare, où il servait de réclame à une spécialité de biscuits. Je soupçonne aujourd'hui mon grand-père de l'avoir autrefois reçu, comme prime, de la munificence d'un fabricant, avant de l'installer à jamais dans ma chambre. Mais alors je ne me souciais pas de son origine, qui me paraissait historique et mystérieuse et je ne m'imaginais pas qu'il pût y avoir plusieurs exemplaires de ce que je considérais comme une personne, comme un habitant permanent de la chambre que je ne faisais que partager avec lui et où je le retrouvais tous les ans, toujours pareil à lui-même. Il y a maintenant bien longtemps que je ne l'ai vu, et je suppose que je ne le reverrai jamais. Mais si une telle fortune m'advenait, je crois qu'il aurait bien plus de choses à me dire que le *Printemps* de Botticelli. Je laisse les gens de goût orner leur demeure avec la reproduction des chefs-d'œuvre qu'ils admirent et décharger leur mémoire du soin de leur conserver une image précieuse en la confiant à un cadre de bois sculpté. Je laisse les gens de goût faire de leur chambre l'image même de leur goût et la remplir seulement de choses qu'il puisse approuver. Pour moi, je ne me sens vivre et penser que dans une chambre où tout est la création et le langage de vies profondément différentes de la mienne, d'un goût opposé au mien, où je ne retrouve rien de ma pensée consciente, où mon imagination s'exalte en se sentant plongée au sein du non-moi ; je ne me sens heureux qu'en mettant le pied — avenue de la Gare, sur le port ou place de l'Eglise — dans un de ces hôtels de province aux

longs corridors froids où le vent du dehors lutte avec
succès contre les efforts du calorifère, où la carte de
géographie détaillée de l'arrondissement est encore
le seul ornement des murs, où chaque bruit ne sert
qu'à faire apparaître le silence en le déplaçant, où les
chambres gardent un parfum de renfermé que le
grand air vient laver, mais n'efface pas, et que les
narines aspirent cent fois pour l'apporter à l'imagination, qui s'en enchante, qui le fait poser comme
un modèle pour essayer de le recréer en elle avec
tout ce qu'il contient de pensées et de souvenir; où
le soir, quand on ouvre la porte de sa chambre, on a
le sentiment de violer toute la vie qui y est restée
éparse, de la prendre hardiment par la main quand,
la porte refermée, on entre plus avant, jusqu'à la
table ou jusqu'à la fenêtre; de s'asseoir dans une
sorte de libre promiscuité avec elle sur le canapé
exécuté par le tapissier du chef-lieu dans ce qu'il
croyait le goût de Paris; de toucher partout la
nudité de cette vie dans le dessein de se troubler soi-
même par sa propre familiarité, en posant ici et là
ses affaires, en jouant le maître dans cette chambre
pleine jusqu'aux bords de l'âme des autres et qui
garde jusque dans la forme des chenêts et le dessin
des rideaux l'empreinte de leur rêve, en marchant
pieds nus sur son tapis inconnu; alors, cette vie
secrète, on a le sentiment de l'enfermer avec soi
quand on va, tout tremblant, tirer le verrou; de la
pousser devant soi dans le lit et de coucher enfin
avec elle dans les grands draps blancs qui vous
montent par-dessus la figure, tandis que, tout près,

l'église sonne pour toute la ville les heures d'insomnie des mourants et des amoureux.

Je n'étais pas depuis bien longtemps à lire dans
ma chambre qu'il fallait aller au parc, à un
kilomètre du village. Mais après le jeu obligé,
j'abrégeais la fin du goûter apporté dans des paniers
et distribué aux enfants au bord de la rivière, sur
l'herbe où le livre avait été posé avec défense de le
prendre encore. Un peu plus loin, dans certains
fonds assez incultes et assez mystérieux du parc, la
rivière cessait d'être une eau rectiligne et artificielle,
couverte de cygnes et bordées d'allées où souriaient
des statues, et, par moments sautelante de carpes, se
précipitait, passait à une allure rapide la clôture du
parc, devenait une rivière dans le sens géographique du mot — une rivière qui devait avoir un nom
— et ne tardait pas à s'épandre (la même vraiment
qu'entre les statues et sous les cygnes?) entre des
herbages où dormaient des bœufs et dont elle noyait
les boutons d'or, sortes de prairies rendues par elle
assez marécageuses et qui, tenant d'un côté au
village par des tours informes, restes, disait-on, du
moyen âge, joignaient de l'autre, par des chemins
montants d'églantiers et d'aubépines, la « nature »
qui s'étendait à l'infini, des villages qui avaient
d'autres noms, l'inconnu. Je laissais les autres finir
de goûter dans le bas du parc, au bord des cygnes,
et je montais en courant dans le labyrinthe jusqu'à
telle charmille où je m'asseyais, introuvable, adossé
aux noisetiers taillés, apercevant le plant d'asperges, les bordures de fraisiers, le bassin où,
certains jours, les chevaux faisaient monter l'eau en

tournant, la porte blanche qui était la « fin du parc » en haut, et au-delà, les champs de bleuets et de coquelicots. Dans cette charmille, le silence était profond, le risque d'être découvert presque nul, la sécurité rendue plus douce par les cris éloignés qui, d'en bas, m'appelaient en vain, quelquefois même se rapprochaient, montaient les premiers talus, cherchant partout, puis s'en retournaient, n'ayant pas trouvé ; alors plus aucun bruit ; seul de temps en temps le son d'or des cloches qui au loin, par-delà les plaines, semblait tinter derrière le ciel bleu, aurait pu m'avertir de l'heure qui passait ; mais, surpris par sa douceur et troublé par le silence plus profond, vidé des derniers sons, qui le suivait, je n'étais jamais sûr du nombre des coups. Ce n'était pas les cloches tonnantes qu'on entendait en rentrant dans le village — quand on approchait de l'église qui, de près, avait repris sa taille haute et raide, dressant sur le bleu du soir son capuchon d'ardoise ponctué de corbeaux — faire voler le son en éclats sur la place « pour les biens de la terre ». Elles n'arrivaient au bout du parc que faibles et douces et ne s'adressant pas à moi, mais à toute la campagne, à tous les villages, aux paysans isolés dans leur champ, elles ne me forçaient nullement à lever la tête, elles passaient près de moi, portant l'heure aux pays lointains, sans me voir, sans me connaître et sans me déranger.

Et quelquefois à la maison, dans mon lit, long-temps après le dîner, les dernières heures de la soirée abritaient aussi ma lecture, mais cela, seule-ment les jours où j'étais arrivé aux derniers chapitres d'un livre, où il n'y avait plus beaucoup à lire pour arriver à la fin. Alors, risquant d'être puni si j'étais découvert et l'insomnie qui, le livre fini, se prolongerait peut-être toute la nuit, dès que mes parents étaient couchés je rallumais ma bougie ; tandis que, dans la rue toute proche, entre la maison de l'armurier et la poste, baignées de silence, il y avait plein d'étoiles au ciel sombre et pourtant bleu, et qu'à gauche, sur la ruelle exhaussée où commençait en tournant son ascension surélevée, on sentait veiller, monstrueuse et noire, l'abside de l'église dont les sculptures la nuit ne dormaient pas, l'église villageoise et pourtant historique, séjour magique du Bon Dieu, de la brioche bénite, des saints multicolores et des dames des châteaux voisins qui, les jours de fête, faisant, quand elles traversaient le marché, piailler les poules et regarder les commères, venaient à la messe « dans leurs attelages », non sans acheter au retour, chez le pâtissier de la place, juste après avoir quitté l'ombre du porche où les fidèles en poussant la porte à tambour semaient les rubis errants de la nef, quelques-uns de ces gâteaux en forme de tours, protégés du soleil par un store, — « manqués », « saint-honorés » et « génoises », — dont l'odeur oisive et sucrée est restée mêlée pour moi aux cloches de la grand'messe et à la gaîté des dimanches.

Puis la dernière page était lue, le livre était fini. Il fallait arrêter la course éperdue des yeux et de la voix qui suivait sans bruit, s'arrêtant seulement pour reprendre haleine, dans un soupir profond.

Alors, afin de donner aux tumultes depuis trop longtemps déchaînés en moi pour pouvoir se calmer ainsi d'autres mouvements à diriger, je me levais, je me mettais à marcher le long de mon lit, les yeux encore fixés à quelque point qu'on aurait vainement cherché dans la chambre ou dehors, car il n'était situé qu'à une distance d'âme, une de ces distances qui ne se mesurent pas par mètres et par lieues, comme les autres, et qu'il est d'ailleurs impossible de confondre avec elles quand on regarde les yeux « lointains » de ceux qui pensent « à autre chose ». Alors, quoi ? ce livre, ce n'était que cela ? Ces êtres à qui on avait donné plus de son attention et de sa tendresse qu'aux gens de la vie, n'osant pas toujours avouer à quel point on les aimait, et même quand nos parents nous trouvaient en train de lire et avaient l'air de sourire de notre émotion, fermant le livre, avec une indifférence affectée ou un ennui feint ; ces gens pour qui on avait haleté et sangloté, on ne les verrait plus jamais, on ne saurait plus rien d'eux. Déjà, depuis quelques pages, l'auteur, dans le cruel « Epilogue », avait eu soin de les « espacer » avec une indifférence incroyable pour qui savait l'intérêt avec lequel il les avait suivis jusquelà pas à pas. L'emploi de chaque heure de leur vie nous avait été narrée. Puis subitement : « Vingt ans après ces événements on pouvait rencontrer dans les rues de Fougères [1] un vieillard encore droit,

1. J'avoue que certain emploi de l'imparfait de l'indicatif — de ce temps cruel qui nous présente la vie comme quelque chose d'éphémère à la fois et de passif, qui, au moment même où il retrace nos actions, les frappe d'illusion, les anéantit dans le passé sans nous laisser comme le

etc. » Et le mariage dont deux volumes avaient été employés à nous faire entrevoir la possibilité délicieuse, nous effrayant puis nous réjouissant de chaque obstacle dressé puis aplani, c'est par une phrase incidente d'un personnage secondaire que nous apprenions qu'il avait été célébré, nous ne savions pas au juste quand, dans cet étonnant épilogue écrit, semblait-il, du haut du ciel, par une personne indifférente à nos passions d'un jour, qui s'était substituée à l'auteur. On aurait tant voulu que le livre continuât, et, si c'était impossible, avoir d'autres renseignements sur tous ces personnages, apprendre maintenant quelque chose de leur vie, employer la nôtre à des choses qui ne fussent pas tout à fait étrangères à l'amour qu'ils nous avaient inspiré [1] et dont l'objet nous faisait tout à coup

---

parfait, la consolation de l'activité — est resté pour moi une source inépuisable de mystérieuses tristesses. Aujourd'hui encore je peux avoir pensé pendant des heures à la mort avec calme ; il me suffit d'ouvrir un volume des *Lundis* de Sainte-Beuve et d'y tomber par exemple sur cette phrase de Lamartine (il s'agit de Mme d'Albany) : « Rien ne *rappelait* en elle à cette époque... *C'était* une petite femme dont la taille un peu affaissée sous son poids avait perdu, etc. » pour me sentir aussitôt envahi par la plus profonde mélancolie. — Dans les romans, l'intention de faire de la peine est si visible chez l'auteur qu'on se raidit un peu plus.

1. On peut l'essayer, par une sorte de détour, pour les livres qui ne sont pas d'imagination pure et où il y a un substratum historique. Balzac, par exemple, dont l'œuvre en quelque sorte impure est mêlée d'esprit et de réalité trop peu transformée, se prête parfois singulièrement à ce genre de lecture. Ou du moins il a trouvé le plus admirable de ces « lecteurs historiques » en M. Albert Sorel qui a écrit sur « une Ténébreuse Affaire » et sur « l'envers de l'Histoire Contemporaine » d'incomparables essais. Combien la lecture, au reste, cette jouissance à la fois ardente et rassise, semble bien convenir à M. Sorel, à cet esprit

défaut, ne pas avoir aimé en vain, pour une heure, des êtres qui demain ne seraient plus qu'un nom sur une page oubliée, dans un livre sans rapport avec la vie et sur la valeur duquel nous nous étions bien mépris puisque son lot ici-bas, nous le comprenions maintenant et nos parents nous l'apprenaient au besoin d'une phrase dédaigneuse, n'était nullement, comme nous l'avions cru, de contenir l'univers et la destinée, mais d'occuper une place fort étroite dans la bibliothèque du notaire, entre les fastes sans prestige du *Journal de modes illustré* et de *la Géographie d'Eure-et-Loir*.

. . . .

... Avant d'essayer de montrer au seuil des « Trésors des Rois » pourquoi à mon avis la Lecture ne doit pas jouer dans la vie le rôle prépondérant que lui assigne Ruskin dans ce petit ouvrage, je devais mettre hors de cause les charmantes lectures de l'enfance dont le souvenir doit rester pour chacun de nous une bénédiction. Sans doute je n'ai que trop prouvé par la longueur et le caractère du développement qui précède ce que j'avais d'abord avancé d'elles : que ce qu'elles laissent surtout en nous, c'est l'image des lieux et

---

chercheur, à ce corps calme et puissant, la lecture, pendant laquelle les mille sensations de poésie et de bien-être confus qui s'envolent avec allégresse du fond de la bonne santé viennent composer autour de la rêverie du lecteur un plaisir doux et doré comme le miel. — Cet art d'ailleurs d'enfermer tant d'originales et fortes méditations dans une lecture, ce n'est pas qu'à propos d'œuvres à demi historiques que M. Sorel l'a porté à cette perfection. Je me souviendrai toujours — et avec quelle reconnaissance — que mon étude sur *la Bible d'Amiens* a été pour lui le sujet des plus puissantes pages peut-être qu'il ait jamais écrites.

des jours où nous les avons faites. Je n'ai pas échappé à leur sortilège : voulant parler d'elles, j'ai parlé de tout autre chose que des livres parce que ce n'est pas d'eux qu'elles m'ont parlé. Mais peut-être les souvenirs qu'elles m'ont l'un après l'autre rendus en auront-ils eux-mêmes éveillés chez le lecteur et l'auront-ils peu à peu amené, tout en s'attardant dans ces chemins fleuris et détournés, à recréer dans son esprit l'acte psychologique original appelé *Lecture,* avec assez de force pour pouvoir suivre maintenant comme au-dedans de lui-même les quelques réflexions qu'il me reste à présenter.

On sait que les « Trésors des Rois » est une conférence sur la lecture que Ruskin donna à l'hôtel de ville de Rusholme, près Manchester, le 6 décembre 1864, pour aider à la création d'une bibliothèque à l'institut de Rusholme. Le 14 décembre, il en prononçait une seconde, « Des Jardins des Reines » sur le rôle de la femme, pour aider à fonder des écoles à Ancoats. « Pendant toute cette année 1864, dit M. Collingwood dans son admirable ouvrage « Life and Work of Ruskin », il demeura *at home,* sauf pour faire de fréquentes visites à Carlyle. Et quand en décembre il donna à Manchester les cours qui, sous le nom de « Sésame et les Lys », devinrent son ouvrage le plus populaire [1], nous pouvons

---

1. Cet ouvrage fut ensuite augmenté par l'addition aux deux premières conférences d'une troisième : « The Mystery of Life and its Arts. » Les éditions populaires continuèrent à ne contenir que « des Trésors des Rois » et « des Jardins des Reines ». Nous n'avons traduit, dans le présent volume, que ces deux conférences, et sans les faire

discerner son meilleur état de santé physique et intellectuelle dans les couleurs plus brillantes de sa pensée. Nous pouvons reconnaître l'écho de ses entretiens avec Carlyle dans l'idéal héroïque, aristocratique et stoïque qu'il propose et dans l'insistance avec laquelle il revient sur la valeur des livres et des bibliothèques publiques, Carlyle étant le fondateur de la London Bibliothèque... »

Pour nous, qui ne voulons ici que discuter en elle-même, et sans nous occuper de ses origines historiques, la thèse de Ruskin, nous pouvons la résumer assez exactement par ces mots de Descartes, que « la lecture de tous les bons livres est comme une conversation avec les plus honnêtes gens des siècles passés qui en ont été les auteurs ». Ruskin n'a peut-être pas connu cette pensée d'ailleurs un peu sèche du philosophe français, mais c'est elle en réalité qu'on retrouve partout dans sa conférence, enveloppée seulement dans un or apollinien où fondent des brumes anglaises, pareil à celui dont la gloire illumine les paysages de son peintre préféré. « A supposer, dit-il, que nous ayons et la volonté et l'intelligence de bien choisir nos amis, combien peu d'entre nous en ont le pouvoir, combien est limitée la sphère de nos choix. Nous ne pouvons connaître qui nous voudrions... Nous pouvons par une bonne

---

précéder d'aucune des préfaces que Ruskin écrivit pour « Sésame et les Lys ». Les dimensions de ce volume et l'abondance de notre propre Commentaire ne nous ont pas permis de mieux faire. Sauf pour quatre d'entre elles (Smith, Elder et Cº) les nombreuses éditions de « Sésame et les Lys » ont toutes paru chez Georges Allen, l'illustre éditeur de toute l'œuvre de Ruskin, le maître de Ruskin House.

fortune entrevoir un grand poète et entendre le son de sa voix, ou poser une question à un homme de science qui nous répondra aimablement. Nous pouvons usurper dix minutes d'entretien dans le cabinet d'un ministre, avoir une fois dans notre vie le privilège d'arrêter le regard d'une reine. Et pourtant ces hasards fugitifs nous les convoitons, nous dépensons nos années, nos passions et nos facultés à la poursuite d'un peu moins que cela, tandis que, durant ce temps, il y a une société qui nous est continuellement ouverte, de gens qui nous parleraient aussi longtemps que nous le souhaiterions, quel que soit notre rang. Et cette société, parce qu'elle est si nombreuse et si douce et que nous pouvons la faire attendre près de nous toute une journée — rois et hommes d'Etat attendant patiemment non pour accorder une audience, mais pour l'obtenir — nous n'allons jamais la chercher dans ces antichambres simplement meublées que sont les rayons de nos bibliothèques, nous n'écoutons jamais un mot de ce qu'ils auraient à nous dire [1]. » « Vous me direz peut-être, ajoute Ruskin, que si vous aimez mieux causer avec des vivants, c'est que vous voyez leur visage », etc., et réfutant cette première objection, puis une seconde, il montre que la lecture est exactement une conversation avec des hommes beaucoup plus sages et plus intéressants que ceux que nous pouvons avoir l'occasion de connaître autour de nous. J'ai essayé de montrer dans les notes dont j'ai accompagné ce

1. *Sésame et les Lys, Des Trésors des Rois,* 6.

volume que la lecture ne saurait être ainsi assimilée à une conversation, fût-ce avec le plus sage des hommes ; que ce qui diffère essentiellement entre un livre et un ami, ce n'est pas leur plus ou moins grande sagesse, mais la manière dont on communique avec eux, la lecture, au rebours de la conversation, consistant pour chacun de nous à recevoir communication d'une autre pensée, mais tout en restant seul, c'est-à-dire en continuant à jouir de la puissance intellectuelle qu'on a dans la solitude et que la conversation dissipe immédiatement, en continuant à pouvoir être inspiré, à rester en plein travail fécond de l'esprit sur lui-même. Si Ruskin avait tiré les conséquences d'autres vérités qu'il a énoncées quelques pages plus loin, il est probable qu'il aurait rencontré une conclusion analogue à la mienne. Mais évidemment il n'a pas cherché à aller au cœur même de l'idée de *lecture*. Il n'a voulu, pour nous apprendre le prix de la lecture, que nous conter une sorte de beau mythe platonicien, avec cette simplicité des Grecs qui nous ont montré à peu près toutes les idées vraies et ont laissé aux scrupules modernes le soin de les approfondir. Mais si je crois que la lecture, dans son essence originale, dans ce miracle fécond d'une communication au sein de la solitude, est quelque chose de plus, quelque chose d'autre que ce qu'a dit Ruskin, je ne crois pas malgré cela qu'on puisse lui reconnaître dans notre vie spirituelle le rôle prépondérant qu'il semble lui assigner.

Les limites de son rôle dérivent de la nature de ses vertus. Et ces vertus, c'est encore aux lectures d'enfance que je vais aller demander en quoi elles consistent. Ce livre, que vous m'avez vu tout à l'heure lire au coin du feu dans la salle à manger, dans ma chambre, au fond du fauteuil revêtu d'un appuie-tête au crochet, et pendant les belles heures de l'après-midi, sous les noisetiers et les aubépines du parc, où tous les souffles des champs infinis venaient de si loin jouer silencieusement auprès de moi, tendant sans mot dire à mes narines distraites l'odeur des trèfles et des sainfoins sur lesquels mes yeux fatigués se levaient parfois ; ce livre, comme vos yeux en se penchant vers lui ne pourraient déchiffrer son titre à vingt ans de distance, ma mémoire, dont la vue est plus appropriée à ce genre de perceptions, va vous dire quel il était : *le Capitaine Fracasse*, de Théophile Gautier. J'en aimais par-dessus tout deux ou trois phrases qui m'apparaissaient comme les plus originales et les plus belles de l'ouvrage. Je n'imaginais pas qu'un autre auteur en eût jamais écrit de comparables. Mais j'avais le sentiment que leur beauté correspondait à une réalité dont Théophile Gautier ne nous laissait entrevoir une ou deux fois par volume qu'un petit coin. Et comme je pensais qu'il la connaissait assurément tout entière, j'aurais voulu lire d'autres livres de lui où toutes les phrases seraient aussi belles que celles-là et auraient pour objet les choses sur lesquelles j'aurais désiré avoir son avis. « Le rire n'est point cruel de sa nature ; il distingue l'homme de la bête, et il est, ainsi qu'il appert en l'Odyssée d'Homerus, poète grégeois, l'apanage des dieux immortels et bienheureux qui rient olympiennement tout leur saoul durant les loisirs de l'éternité[1]. » Cette phrase me donnait une véritable ivresse. Je croyais apercevoir une antiquité merveilleuse à travers ce moyen âge que seul Gautier pouvait me révéler. Mais j'aurais voulu qu'au lieu de dire cela furtivement, après l'ennuyeuse description d'un château que le trop grand nombre de termes que je ne connaissais pas m'empêchait de me figurer le moins du monde, il écrivît tout le long du volume des phrases de ce genre et me parlât de choses qu'une fois son livre fini je pourrais continuer à connaître et à aimer. J'aurais voulu qu'il me dît, lui, le seul sage détenteur de la vérité, ce que je devais penser au juste de Shakespeare, de Saintine, de Sophocle, d'Euripide, de Silvio Pellico que

---

1. En réalité, cette phrase ne se trouve pas, au moins sous cette forme, dans le *Capitaine Fracasse*. Au lieu de « ainsi qu'il appert en l'Odyssée d'Homerus, poète grégeois », il y a simplement « suivant Homerus ». Mais comme les expressions « il appert d'Homerus », « il appert de l'Odyssée », qui se trouvent ailleurs dans le même ouvrage, me donnaient un plaisir de même qualité, je me suis permis, pour que l'exemple fût plus frappant pour le lecteur, de fondre toutes ces beautés en une, aujourd'hui que je n'ai plus pour elles, à vrai dire, de respect religieux. Ailleurs encore dans le *Capitaine Fracasse,* Homerus est qualifié de poète grégeois, et je ne doute pas que cela aussi m'enchantât. Toutefois, je ne suis plus capable de retrouver avec assez d'exactitude ces joies oubliées pour être assuré que je n'ai pas forcé la note et dépassé la mesure en accumulant en une seule phrase tant de merveilles ! Je ne le crois pas pourtant. Et je pense avec regret que l'exaltation avec laquelle je répétais la phrase du *Capitaine Fracasse* aux iris et aux pervenches penchés au bord de la rivière, en piétinant les cailloux de l'allée, aurait été plus délicieuse encore si j'avais pu trouver en une seule phrase de Gautier tant de ses charmes que mon propre artifice réunit aujourd'hui, sans parvenir, hélas ! à me donner aucun plaisir.

j'avais lu pendant un mois de mars très froid,
marchant, tapant des pieds, courant par les chemins, chaque fois que je venais de fermer le livre
dans l'exaltation de la lecture finie, des forces
accumulées dans l'immobilité, et du vent salubre
qui soufflait dans les rues du village. J'aurais voulu
surtout qu'il me dît si j'avais plus de chance
d'arriver à la vérité en redoublant ou non ma
sixième et en étant plus tard diplomate ou avocat à
la Cour de cassation. Mais aussitôt la belle phrase
finie il se mettait à décrire une table couverte
« d'une telle couche de poussière qu'un doigt aurait
pu y tracer des caractères », chose trop insignifiante
à mes yeux pour que je pusse même y arrêter mon
attention ; et j'en étais réduit à me demander quels
autres livres Gautier avait écrits qui contenteraient
mieux mon aspiration et me feraient connaître enfin
sa pensée tout entière.

Et c'est là, en effet, un des grands et merveilleux
caractères des beaux livres (et qui nous fera
comprendre le rôle à la fois essentiel et limité que la
lecture peut jouer dans notre vie spirituelle) que
pour l'auteur ils pourraient s'appeler « Conclusions » et pour le lecteur « Incitations ». Nous
sentons très bien que notre sagesse commence où
celle de l'auteur finit, et nous voudrions qu'il nous
donnât des réponses, quand tout ce qu'il peut faire
est de nous donner des désirs. Et ces désirs, il ne
peut les éveiller en nous qu'en nous faisant contempler la beauté suprême à laquelle le dernier effort de
son art lui a permis d'atteindre. Mais par une loi
singulière et d'ailleurs providentielle de l'optique

des esprits (loi qui signifie peut-être que nous ne pouvons recevoir la vérité de personne, et que nous devons la créer nous-même), ce qui est le terme de leur sagesse ne nous apparaît que comme le commencement de la nôtre, de sorte que c'est au moment où ils nous ont dit tout ce qu'ils pouvaient nous dire qu'ils font naître en nous le sentiment qu'ils ne nous ont encore rien dit. D'ailleurs, si nous leur posons des questions auxquelles ils ne peuvent pas répondre, nous leur demandons aussi des réponses qui ne nous instruiraient pas. Car c'est un effet de l'amour que les poètes éveillent en nous de nous faire attacher une importance littérale à des choses qui ne sont pour eux que significatives d'émotions personnelles. Dans chaque tableau qu'ils nous montrent, ils ne semblent nous donner qu'un léger aperçu d'un site merveilleux, différent du reste du monde, et au cœur duquel nous voudrions qu'ils nous fissent pénétrer. « Menez-nous », voudrions-nous pouvoir dire à M. Mae-terlinck, à Mme de Noailles, « dans le jardin de Zélande où croissent les fleurs démodées », sur la route parfumée « de trèfle et d'armoise » et dans tous les endroits de la terre dont vous ne nous avez pas parlé dans vos livres, mais que vous jugez aussi beaux que ceux-là. » Nous voudrions aller voir ce champ que Millet (car les peintres nous enseignent à la façon des poètes) nous montre dans son *Printemps,* nous voudrions que M. Claude Monet nous conduisît à Giverny, au bord de la Seine, à ce coude de la rivière qu'il nous laisse à peine distin-guer à travers la brume du matin. Or, en réalité, ce sont de simples hasards de relations ou de parenté qui, en leur donnant l'occasion de passer ou de séjourner auprès d'eux, ont fait choisir pour les peindre à Mme de Noailles, à Maeterlinck, à Millet, à Claude Monet, cette route, ce jardin, ce champ, ce coude de rivière, plutôt que tels autres. Ce qui nous les fait paraître autres et plus beaux que le reste du monde, c'est qu'ils portent sur eux comme un reflet insaisissable l'impression qu'ils ont donnée au génie, et que nous verrions errer aussi singulière et aussi despotique sur la face indifférente et soumise de tous les pays qu'il aurait peints. Cette apparence avec laquelle ils nous charment et nous déçoivent et au-delà de laquelle nous voudrions aller, c'est l'essence même de cette chose en quelque sorte sans épaisseur — mirage arrêté sur une toile — qu'est une vision. Et cette brume que nos yeux avides voudraient percer, c'est le dernier mot de l'art du peintre. Le suprême effort de l'écrivain comme de l'artiste n'aboutit qu'à soulever partiellement pour nous le voile de laideur et d'insignifiance qui nous laisse incurieux devant l'univers. Alors, il nous dit : « Regarde, regarde,

> *Parfumés de trèfle et d'armoise,*
> *Serrant leurs vifs ruisseaux étroits*
> *Les pays de l'Aisne et de l'Oise.*

« Regarde la maison de Zélande, rose et luisante comme un coquillage. Regarde ! Apprends à voir ! » Et à ce moment il disparaît. Tel est le prix de la lecture et telle est aussi son insuffisance. C'est donner un trop grand rôle à ce qui n'est qu'une initiation d'en faire une discipline. La lecture est au seuil de la vie spirituelle ; elle peut nous y introduire : elle ne la constitue pas.

Il est cependant certains cas, certains cas pathologiques pour ainsi dire, de dépression spirituelle, où la lecture peut devenir une sorte de discipline curative et être chargée, par des incitations répétées, de réintroduire perpétuellement un esprit paresseux dans la vie de l'esprit. Les livres jouent alors auprès de lui un rôle analogue à celui des psychothérapeutes auprès de certains neurasthéniques.

On sait que, dans certaines affections du système nerveux, le malade, sans qu'aucun de ses organes soit lui-même atteint, est enlisé dans une sorte d'impossibilité de vouloir, comme dans une ornière profonde, d'où il ne peut se tirer seul, et où il finirait par dépérir, si une main puissante et secourable ne lui était tendue. Son cerveau, ses jambes, ses poumons, son estomac, sont intacts. Il n'a aucune incapacité réelle de travailler, de marcher, de s'exposer au froid, de manger. Mais ces différents actes, qu'il serait très capable d'accomplir, il est incapable de les vouloir. Et une déchéance organique qui finirait par devenir l'équivalent des maladies qu'il n'a pas serait la conséquence irrémédiable de l'inertie de sa volonté, si l'impulsion qu'il ne peut trouver en lui-même ne lui venait de dehors, d'un médecin qui voudra pour lui, jusqu'au jour où seront peu à peu rééduqués ses divers vouloirs organiques. Or, il existe certains esprits qu'on

pourrait comparer à ces malades et qu'une sorte de
paresse [1] ou de frivolité empêche de descendre
spontanément dans les régions profondes de soi-
même où commence la véritable vie de l'esprit. Ce
n'est pas qu'une fois qu'on les y a conduits ils ne
soient capables d'y découvrir et d'y exploiter de
véritables richesses, mais, sans cette intervention
étrangère, ils vivent à la surface dans un perpétuel
oubli d'eux-mêmes, dans une sorte de passivité qui
les rend le jouet de tous les plaisirs, les diminue à la
taille de ceux qui les entourent et les agitent, et,
pareils à ce gentilhomme qui, partageant depuis son
enfance la vie des voleurs de grand chemin, ne se
souvenait plus de son nom pour avoir depuis trop

---

1. Je la sens en germe chez Fontanes, dont Sainte-Beuve a dit : « Ce
côté épicurien était bien fort chez lui... sans ces habitudes un peu
matérielles, Fontanes avec son talent aurait produit bien davantage...
et des œuvres plus durables. » Notez que l'impuissant prétend toujours
qu'il ne l'est pas. Fontanes dit :

> *Je perds mon temps s'il faut les croire,*
> *Eux seuls du siècle sont l'honneur*

et assure qu'il travaille beaucoup.
    Le cas de Coleridge est déjà plus pathologique. « Aucun homme de
son temps, ni peut-être d'aucun temps, dit Carpenter (cité par
M. Ribot dans son beau livre sur les Maladies de la Volonté), n'a réuni
plus que Coleridge la puissance du raisonnement du philosophe,
l'imagination du poète, etc. Et pourtant, il n'y a personne qui, étant
doué d'aussi remarquables talents, en ait tiré si peu : le grand défaut
de son caractère était le manque de volonté pour mettre ses dons
naturels à profit, si bien qu'ayant toujours flottant dans l'esprit de
gigantesques projets, il n'a jamais essayé sérieusement d'en exécuter un
seul. Ainsi, dès le début de sa carrière, il trouva un libraire généreux
qui lui promit trente guinées pour des poèmes qu'il avait récités, etc. Il
préféra venir toutes les semaines mendier sans fournir une seule ligne
de ce poème qu'il n'aurait eu qu'à écrire pour se libérer. »

longtemps cessé de le porter, ils finiraient par abolir
en eux tout sentiment et tout souvenir de leur
noblesse spirituelle, si une impulsion extérieure ne
venait les réintroduire en quelque sorte de force
dans la vie de l'esprit, où ils retrouvent subitement
la puissance de penser par eux-mêmes et de créer.
Or, cette impulsion que l'esprit paresseux ne peut
trouver en lui-même et qui doit lui venir d'autrui, il
est clair qu'il doit la recevoir au sein de la solitude
hors de laquelle, nous l'avons vu, ne peut se
produire cette activité créatrice qu'il s'agit précisément de ressusciter en lui. De la pure solitude
l'esprit paresseux ne pourrait rien tirer, puisqu'il est
incapable de mettre de lui-même en branle son
activité créatrice. Mais la conversation la plus
élevée, les conseils les plus pressants ne lui servi-
raient non plus à rien, puisque cette activité originale ils ne peuvent la produire directement. Ce qu'il
faut donc, c'est une intervention qui, tout en venant
d'un autre, se produise au fond de nous-mêmes,
c'est bien l'impulsion d'un autre esprit, mais reçue
au sein de la solitude. Or, nous avons vu que c'était
précisément là la définition de la lecture, et qu'à la
lecture seule elle convenait. La seule discipline qui
puisse exercer une influence favorable sur de tels
esprits, c'est donc la lecture : ce qu'il fallait démon-
trer, comme disent les géomètres. Mais, là encore,
la lecture n'agit qu'à la façon d'une incitation qui
ne peut en rien se substituer à notre activité
personnelle ; elle se contente de nous en rendre
l'usage, comme, dans les affections nerveuses auxquelles nous faisions allusion tout à l'heure, le

psychothérapeute ne fait que restituer au malade la volonté de se servir de son estomac, de ses jambes, de son cerveau, restés intacts. Soit d'ailleurs que tous les esprits participent plus ou moins à cette paresse, à cette stagnation dans les bas niveaux, soit que, sans lui être nécessaire, l'exaltation qui suit certaines lectures ait une influence propice sur le travail personnel, on cite plus d'un écrivain qui aimait à lire une belle page avant de se mettre au travail. Emerson commençait rarement à écrire sans relire quelques pages de Platon. Et Dante n'est pas le seul poète que Virgile ait conduit jusqu'au seuil du paradis.

Tant que la lecture est pour nous l'initiatrice dont les clefs magiques nous ouvrent au fond de nous-mêmes la porte des demeures où nous n'aurions pas su pénétrer, son rôle dans notre vie est salutaire. Il devient dangereux au contraire quand, au lieu de nous éveiller à la vie personnelle de l'esprit, la lecture tend à se substituer à elle, quand la vérité ne nous apparaît plus comme un idéal que nous ne pouvons réaliser que par le progrès intime de notre pensée et par l'effort de notre cœur, mais comme une chose matérielle, déposée entre les feuillets des livres comme un miel tout préparé par les autres et que nous n'avons qu'à prendre la peine d'atteindre sur les rayons des bibliothèques et de déguster ensuite passivement dans un parfait repos de corps et d'esprit. Parfois même, dans certains cas un peu exceptionnels, et d'ailleurs, nous le verrons, moins dangereux, la vérité, conçue comme extérieure encore, est lointaine, cachée dans un lieu d'accès difficile. C'est alors quelque document secret, quelque correspondance inédite, des mémoires qui peuvent jeter sur certains caractères un jour inattendu, et dont il est difficile d'avoir communication. Quel bonheur, quel repos pour un esprit fatigué de chercher la vérité en lui-même de se dire qu'elle est située hors de lui, aux feuillets d'un in-folio jalousement conservé dans un couvent de Hollande, et que si, pour arriver jusqu'à elle, il faut se donner de la peine, cette peine sera toute matérielle, ne sera pour la pensée qu'un délassement plein de charme. Sans doute, il faudra faire un long voyage, traverser en coche d'eau les plaines gémissantes de vent, tandis que sur la rive les roseaux s'inclinent et se relèvent tour à tour dans une ondulation sans fin ; il faudra s'arrêter à Dordrecht, qui mire son église couverte de lierre dans l'entrelacs des canaux dormants et dans la Meuse frémissante et dorée où les vaisseaux en glissant dérangent, le soir, les reflets alignés des toits rouges et du ciel bleu ; et enfin, arrivé au terme du voyage, on ne sera pas encore certain de recevoir communication de la vérité. Il faudra pour cela faire jouer de puissantes influences, se lier avec le vénérable archevêque d'Utrecht, à la belle figure carrée d'ancien janséniste, avec le pieux gardien des archives d'Amersfoort. La conquête de la vérité est conçue dans ces cas-là comme le succès d'une sorte de mission diplomatique où n'ont manqué ni les difficultés du voyage, ni les hasards de la négociation. Mais, qu'importe ? Tous ces membres de la vieille petite église d'Utrecht, de la bonne volonté, de qui il dépend que nous entrions en possession de

la vérité, sont des gens charmants dont les visages
du XVIIᵉ siècle nous changent des figures accoutu-
mées et avec qui il sera si amusant de rester en
relations, au moins par correspondance. L'estime
dont ils continueront à nous envoyer de temps à
autre le témoignage nous relèvera à nos propres
yeux et nous garderons leurs lettres comme un
certificat et comme une curiosité. Et nous ne
manquerons pas un jour de leur dédier un de nos
livres, ce qui est bien le moins que l'on puisse faire
pour des gens qui vous ont fait don... de la vérité. Et
quant aux quelques recherches, aux courts travaux
que nous serons obligés de faire dans la bibliothèque du couvent et qui seront les préliminaires
indispensables de l'acte d'entrée en possession de la
vérité — de la vérité que pour plus de prudence et
pour qu'elle ne risque pas de nous échapper nous
prendrons en note — nous aurions mauvaise grâce
à nous plaindre des peines qu'ils pourront nous
donner : le calme et la fraîcheur du vieux couvent
sont si exquises, où les religieuses portent encore le
haut hennin aux ailes blanches qu'elles ont dans le
Roger Van der Weyden du parloir ; et, pendant que
nous travaillons, les carillons du XVIIᵉ siècle étour-
dissent si tendrement l'eau naïve du canal qu'un
peu de soleil pâle suffit à éblouir entre la double
rangée d'arbres dépouillés dès la fin de l'été qui
frôlent les miroirs accrochés aux maisons à pignons
des deux rives [1].

1. Je n'ai pas besoin de dire qu'il serait inutile de chercher ce
couvent près d'Utrecht et que tout ce morceau est de pure imagination.
Il m'a pourtant été suggéré par les lignes suivantes de M. Léon Séché

Cette conception d'une vérité sourde aux appels
de la réflexion et docile au jeu des influences, d'une
vérité qui s'obtient par lettres de recommandations,
que nous remet en mains propres celui qui la
détenait matériellement sans peut-être seulement la
connaître, d'une vérité qui se laisse copier sur un
carnet, cette conception de la vérité est pourtant
loin d'être la plus dangereuse de toutes. Car bien
souvent pour l'historien, même pour l'érudit, cette
vérité qu'ils vont chercher au loin dans un livre est
moins, à proprement parler, la vérité elle-même que
son indice ou sa preuve, laissant par conséquent
place à une autre vérité qu'elle annonce ou qu'elle
vérifie et qui, elle, est du moins une création
individuelle de leur esprit. Il n'en est pas de même
pour le lettré. Lui, lit pour lire, pour retenir ce qu'il

---

dans son ouvrage sur Sainte-Beuve : « Il (Sainte-Beuve) s'avisa un
jour, pendant qu'il était à Liège, de prendre langue avec la petite église
d'Utrecht. C'était un peu tard, mais Utrecht était bien loin de Paris et
je ne sais pas si *Volupté* aurait suffi à lui ouvrir à deux battants les
archives d'Amersfoort. J'en doute un peu, car même après les deux
premiers volumes de son *Port-Royal,* le pieux savant qui avait alors la
garde de ces archives, etc. Sainte-Beuve obtint avec peine du bon
M. Karsten la permission d'entrebâiller certains cartons... Ouvrez la
deuxième édition de *Port-Royal* et vous verrez la reconnaissance que
Sainte-Beuve témoigna à M. Karsten » (Léon Séché, *Sainte-Beuve,*
tome I, pages 229 et suivantes). Quant aux détails du voyage, ils
reposent tous sur des impressions vraies. Je ne sais si on passe par
Dordrecht pour aller à Utrecht, mais c'est bien telle que je l'ai vue que
j'ai décrit Dordrecht. Ce n'est pas en allant à Utrecht, mais à
Vollendam, que j'ai voyagé en coche d'eau, entre les roseaux. Le canal
que j'ai placé à Utrecht est à Delft. J'ai vu à l'hôpital de Beaune un
Van der Weyden, et des religieuses d'un ordre venu, je crois, des
Flandres, qui portent encore la même coiffe non que dans le Roger van
der Weyden, mais que dans d'autres tableaux vus en Hollande.

a lu. Pour lui, le livre n'est pas l'ange qui s'envole aussitôt qu'il a ouvert les portes du jardin céleste, mais une idole immobile, qu'il adore pour elle-même, qui, au lieu de recevoir une dignité vraie des pensées qu'elle éveille, communique une dignité factice à tout ce qui l'entoure. Le lettré invoque en souriant en l'honneur de tel nom qu'il se trouve dans Villehardouin ou dans Boccace[1], en faveur de tel usage qu'il est décrit dans Virgile. Son esprit sans activité originale ne sait pas isoler dans les livres la substance qui pourrait le rendre plus fort; il s'encombre de leur forme intacte, qui, au lieu d'être pour lui un élément assimilable, un principe de vie, n'est qu'un corps étranger, un principe de mort. Est-il besoin de dire que si je qualifie de malsains ce goût, cette sorte de respect fétichiste pour les livres, c'est relativement à ce que seraient les habitudes idéales d'un esprit sans défauts qui n'existe pas, et comme font les physiologistes qui décrivent un fonctionnement d'organes normal tel qu'il ne s'en rencontre guère chez les êtres vivants. Dans la réalité, au contraire, où il n'y a pas plus d'esprits parfaits que de corps entièrement sains,

1. Le snobisme pur est plus innocent. Se plaire dans la société de quelqu'un parce qu'il a eu un ancêtre aux croisades, c'est de la vanité, l'intelligence n'a rien à voir à cela. Mais se plaire dans la société de quelqu'un parce que le nom de son grand-père se retrouve souvent dans Alfred de Vigny ou dans Chateaubriand, ou (séduction vraiment irrésistible pour moi, je l'avoue) avoir le blason de sa famille (il s'agit d'une femme bien digne d'être admirée sans cela) dans la grande Rose de Notre-Dame d'Amiens, voilà où le péché intellectuel commence. Je l'ai du reste analysé trop longuement ailleurs, quoiqu'il me reste beaucoup à en dire, pour avoir à y insister autrement ici.

ceux que nous appelons les grands esprits sont
atteints comme les autres de cette « maladie littéraire ». Plus que les autres, pourrait-on dire. Il
semble que le goût des livres croisse avec l'intelligence, un peu au-dessous d'elle, mais sur la même
tige, comme toute passion s'accompagne d'une
prédilection pour ce qui entoure son objet, a du
rapport avec lui, dans l'absence lui en parle encore.
Aussi, les plus grands écrivains, dans les heures où
ils ne sont pas en communication directe avec la
pensée, se plaisent dans la société des livres. N'est-
ce pas surtout pour eux, du reste, qu'ils ont été
écrits ; ne leur dévoilent-ils pas mille beautés, qui
restent cachées au vulgaire ? A vrai dire, le fait que
des esprits supérieurs soient ce que l'on appelle
livresques ne prouve nullement que cela ne soit pas
un défaut de l'être. De ce que les hommes médiocres
sont souvent travailleurs et les intelligents souvent
paresseux, on ne peut pas conclure que le travail
n'est pas pour l'esprit une meilleure discipline que
la paresse. Malgré cela, rencontrer chez un grand
homme un de nos défauts nous incline toujours à
nous demander si ce n'était pas au fond une qualité
méconnue, et nous n'apprenons pas sans plaisir
qu'Hugo savait Quinte-Curce, Tacite et Justin par
cœur, qu'il était en mesure, si on contestait devant
lui la légitimité d'un terme [1], d'en établir la filiation,
jusqu'à l'origine, par des citations qui prouvaient
une véritable érudition. (J'ai montré ailleurs
comment cette érudition avait chez lui nourri le

1. Paul Stapfer : *Souvenirs sur Victor Hugo*, parus dans *la Revue de Paris*.

génie au lieu de l'étouffer, comme un paquet de
fagots qui éteint un petit feu et en accroît un grand.)
Maeterlinck, qui est pour nous le contraire du lettré,
dont l'esprit est perpétuellement ouvert aux mille
émotions anonymes communiquées par la ruche, le
parterre ou l'herbage, nous rassure grandement, sur
les dangers de l'érudition, presque de la bibliophi-
lie, quand il nous décrit en amateur les gravures qui
ornent une vieille édition de Jacob Cats ou de l'abbé
Sandrus. Ces dangers, d'ailleurs, quand ils existent,
menaçant beaucoup moins l'intelligence que la
sensibilité, la capacité de lecture profitable, si l'on
peut ainsi dire, est beaucoup plus grande chez les
penseurs que chez les écrivains d'imagination.
Schopenhauer, par exemple, nous offre l'image d'un
esprit dont la vitalité porte légèrement la plus
énorme lecture, chaque connaissance nouvelle étant
immédiatement réduite à la part de réalité, à la
portion vivante qu'elle contient.

Schopenhauer n'avance jamais une opinion sans
l'appuyer aussitôt sur plusieurs citations, mais on
sent que les textes cités ne sont pour lui que des
exemples, des allusions inconscientes et anticipées
où il aime à retrouver quelques traits de sa propre
pensée, mais qui ne l'ont nullement inspirée. Je me
rappelle une page du *Monde comme Représentation et
comme Volonté* où il y a peut-être vingt citations à la
file. Il s'agit du pessimisme (j'abrège naturellement
les citations) : « Voltaire, dans *Candide,* fait la
guerre à l'optimisme d'une manière plaisante.
Byron l'a faite, à sa façon tragique, dans *Caïn.*
Hérodote rapporte que les Thraces saluaient le

nouveau-né par des gémissements et se réjouis-
saient à chaque mort. C'est ce qui est exprimé dans
les beaux vers que nous rapporte Plutarque :
« Lugere genitum, tanta qui intravit mala, etc. »
C'est à cela qu'il faut attribuer la coutume des
Mexicains de souhaiter, etc., et Swift obéissait au
même sentiment quand il avait coutume dès sa
jeunesse (à en croire sa biographie par Walter
Scott) de célébrer le jour de sa naissance comme un
jour d'affliction. Chacun connaît ce passage de
l'Apologie de Socrate où Platon dit que la mort est
un bien admirable. Une maxime d'Héraclite était
conçue de même : « Vitæ nomen quidem est vita,
opus autem mors. » Quant aux beaux vers de
Théognis ils sont célèbres : « Optima sors homini
non esse, etc. » Sophocle, dans l'*Œdipe à Colone*
(1224), en donne l'abrégé suivant : « Natum non
esse sortes vincit alias omnes, etc. » Euripide dit :
« Omnis hominum vita est plena dolore » (*Hippo-
lyte*, 189), et Homère l'avait déjà dit : « Non enim
quidquam alicubi est calamitosius homine omnium,
quotquot super terram spirant, etc. » D'ailleurs
Pline l'a dit aussi : « Nullum melius esse tempestiva
morte. » Shakespeare met ces paroles dans la
bouche du vieux roi Henri IV : « O, if this were
seen — The happiest youth, — Would shut the
book and sit him down and die. » Byron enfin :
« Tis someting better not to be. » Balthazar Gra-
cian nous dépeint l'existence sous les plus noires
couleurs dont le *Criticon*, etc. [1] ». Si je ne m'étais

---

1. Schopenhauer, *Le Monde comme Représentation et comme Volonté*
(chapitre de la Vanité et des Souffrances de la Vie).

déjà laissé entraîner trop loin par Schopenhauer, j'aurais eu plaisir à compléter cette petite démonstration, à l'aide des *Aphorismes sur la Sagesse dans la Vie,* qui est peut-être de tous les ouvrages que je connais celui qui suppose chez un auteur, avec le plus de lecture, le plus d'originalité, de sorte qu'en tête de ce livre, dont chaque page renferme plusieurs citations, Schopenhauer a pu écrire le plus sérieusement du monde : « Compiler n'est pas mon fait. »

Sans doute, l'amitié, l'amitié qui a égard aux individus, est une chose frivole, et la lecture est une amitié. Mais du moins c'est une amitié sincère, et le fait qu'elle s'adresse à un mort, à un absent, lui donne quelque chose de désintéressé, de presque touchant. C'est de plus une amitié débarrassée de tout ce qui fait la laideur des autres. Comme nous ne sommes tous, nous les vivants, que des morts qui ne sont pas encore entrés en fonctions, toutes ces politesses, toutes ces salutations dans le vestibule que nous appelons déférence, gratitude, dévouement et où nous mêlons tant de mensonges, sont stériles et fatigantes. De plus, — dès les premières relations de sympathie, d'admiration, de reconnaissance, — les premières paroles que nous prononçons, les premières lettres que nous écrivons, tissent autour de nous les premiers fils d'une toile d'habitudes, d'une véritable manière d'être, dont nous ne pouvons plus nous débarrasser dans les amitiés suivantes ; sans compter que pendant ce temps-là les paroles excessives que nous avons prononcées restent comme des lettres de change que nous

devons payer, ou que nous paierons plus cher
encore toute notre vie des remords de les avoir laissé
protester. Dans la lecture, l'amitié est soudain
ramenée à sa pureté première. Avec les livres, pas
d'amabilité. Ces amis-là, si nous passons la soirée
avec eux, c'est vraiment que nous en avons envie.
Eux, du moins, nous ne les quittons souvent qu'à
regret. Et quand nous les avons quittés, aucune de
ces pensées qui gâtent l'amitié : Qu'ont-ils pensé de
nous ? — N'avons-nous pas manqué de tact ? —
Avons-nous plu ? — et la peur d'être oublié pour tel
autre. Toutes ces agitations de l'amitié expirent au
seuil de cette amitié pure et calme qu'est la lecture.
Pas de déférence non plus ; nous ne rions de ce que
dit Molière que dans la mesure exacte où nous le
trouvons drôle ; quand il nous ennuie nous n'avons
pas peur d'avoir l'air ennuyé, et quand nous avons
décidément assez d'être avec lui, nous le remettons
à sa place aussi brusquement que s'il n'avait ni
génie ni célébrité. L'atmosphère de cette pure
amitié est le silence, plus pur que la parole. Car
nous parlons pour les autres, mais nous nous
taisons pour nous-mêmes. Aussi le silence ne porte
pas, comme la parole, la trace de nos défauts, de nos
grimaces. Il est pur, il est vraiment une atmosphère.
Entre la pensée de l'auteur et la nôtre il n'interpose
pas ces éléments irréductibles réfractaires à la
pensée, de nos égoïsmes différents. Le langage
même du livre est pur (si le livre mérite ce nom),
rendu transparent par la pensée de l'auteur qui en a
retiré tout ce qui n'était pas elle-même jusqu'à le
rendre son image fidèle ; chaque phrase, au fond,

ressemblant aux autres, car toutes sont dites par l'inflexion unique d'une personnalité ; de là une sorte de continuité, que les rapports de la vie et ce qu'ils mêlent à la pensée d'éléments qui lui sont étrangers excluent et qui permet très vite de suivre la ligne même de la pensée de l'auteur, les traits de sa physionomie qui se reflètent dans ce calme miroir. Nous savons nous plaire tour à tour aux traits de chacun sans avoir besoin qu'ils soient admirables, car c'est un grand plaisir pour l'esprit de distinguer ces peintures profondes et d'aimer d'une amitié sans égoïsme, sans phrases, comme en soi-même. Un Gautier, simple bon garçon plein de goût (cela nous amuse de penser qu'on a pu le considérer comme le représentant de la perfection dans l'art), nous plaît ainsi. Nous ne nous exagérons pas sa puissance spirituelle, et dans son *Voyage en Espagne,* où chaque phrase, sans qu'il s'en doute, accentue et poursuit le trait plein de grâce et de gaîté de sa personnalité (les mots se rangeant d'eux-mêmes pour la dessiner, parce que c'est elle qui les a choisis et disposés dans leur ordre), nous ne pouvons nous empêcher de trouver bien éloignée de l'art véritable cette obligation à laquelle il croit devoir s'astreindre de ne pas laisser une seule forme sans la décrire entièrement, en l'accompagnant d'une comparaison qui, n'étant née d'aucune impression agréable et forte, ne nous charme nulle-ment. Nous ne pouvons qu'accuser la pitoyable sécheresse de son imagination quand il compare la campagne avec ses cultures variées « à ces cartes de tailleurs où sont collés les échantillons de pantalons et de gilets » et quand il dit que de Paris à Angoulême il n'y a rien à admirer. Et nous sourions de ce gothique fervent qui n'a même pas pris la peine d'aller à Chartres visiter la cathédrale [1].

Mais quelle bonne humeur, quel goût! comme nous le suivons volontiers dans ses aventures, ce compagnon plein d'entrain; il est si sympathique que tout autour de lui nous le devient. Et après les quelques jours qu'il a passés auprès du commandant Lebarbier de Tinan, retenu par la tempête à bord de son beau vaisseau « étincelant comme de l'or », nous sommes tristes qu'il ne nous dise plus un mot de cet aimable marin et nous le fasse quitter pour toujours sans nous apprendre ce qu'il est devenu [2]. Nous sentons bien que sa gaîté hâbleuse et ses mélancolies aussi sont chez lui habitudes un peu débraillées de journaliste. Mais nous lui passons tout cela, nous faisons ce qu'il veut, nous nous amusons quand il rentre trempé jusqu'aux os, mourant de faim et de sommeil, et nous nous attristons quand il récapitule avec une tristesse de feuilletoniste les noms des hommes de sa génération morts avant l'heure. Nous disions à propos de lui que ses phrases dessinaient sa physionomie, mais

1. « Je regrette d'avoir passé par Chartres sans avoir pu voir la cathédrale. » (*Voyage en Espagne*, p. 2).

2. Il devint, me dit-on, le célèbre amiral de Tinan, père de Mme Pochet de Tinan, dont le nom est resté cher aux artistes, et le grand-père du brillant officier de cavalerie. — C'est lui aussi, je pense, qui devant Gaëte, assura quelque temps le ravitaillement et les communications de François II et de la reine de Naples. (Voir Pierre de la Gorce, *Histoire du second Empire*.)

sans qu'il s'en doutât ; car si les mots sont choisis, non par notre pensée selon les affinités de son essence, mais par notre désir de nous peindre, il représente ce désir et ne nous représente pas. Fromentin, Musset, malgré tous leurs dons, parce qu'ils ont voulu laisser leur portrait à la postérité, l'ont peint fort médiocre ; encore nous intéressent-ils infiniment même par là, car leur échec est instructif. De sorte que quand un livre n'est pas le miroir d'une individualité puissante, il est encore le miroir de défauts curieux de l'esprit. Penchés sur un livre de Fromentin ou sur un livre de Musset, nous apercevons au fond du premier ce qu'il y a de court et de niais, dans une certaine « distinction », au fond du second, ce qu'il y a de vide dans l'éloquence.

Si le goût des livres croît avec l'intelligence, ses dangers, nous l'avons vu, diminuent avec elle. Un esprit original sait subordonner la lecture à son activité personnelle. Elle n'est plus pour lui que la plus noble des distractions, la plus ennoblissante surtout, car, seuls, la lecture et le savoir donnent les « belles manières » de l'esprit. La puissance de notre sensibilité et de notre intelligence, nous ne pouvons la développer qu'en nous-mêmes, dans les profondeurs de notre vie spirituelle. Mais c'est dans ce contact avec les autres esprits qu'est la lecture, que se fait l'éducation des « façons » de l'esprit. Les lettrés restent, malgré tout, comme les gens de qualité de l'intelligence, et ignorer certain livre, certaine particularité de la science littéraire, restera toujours, même chez un homme de génie, une marque de roture intellectuelle. La distinction et la noblesse consistent dans l'ordre de la pensée aussi, dans une sorte de franc-maçonnerie d'usages, et dans un héritage de traditions [1].

Très vite, dans ce goût et ce divertissement de lire, la préférence des grands écrivains va aux livres des anciens. Ceux mêmes qui parurent à leurs contemporains le plus « romantiques » ne lisaient guère que les classiques. Dans la conversation de Victor Hugo, quand il parle de ses lectures, ce sont les noms de Molière, d'Horace, d'Ovide, de Regnard, qui reviennent le plus souvent. Alphonse Daudet, le moins livresque des écrivains, dont l'œuvre toute de modernité et de vie semble avoir rejeté tout héritage classique, lisait, citait, commentait sans cesse Pascal, Montaigne, Diderot, Tacite [2].

1. La distinction vraie, du reste, feint toujours de ne s'adresser qu'à des personnes distinguées qui connaissent les mêmes usages, et elle n' « explique » pas. Un livre d'Anatole France sous-entend une foule de connaissances érudites, renferme de perpétuelles allusions que le vulgaire n'y aperçoit pas et qui en font, en dehors de ses autres beautés, l'incomparable noblesse.

2. C'est pour cela sans doute que souvent, quand un grand écrivain fait de la critique, il parle beaucoup des éditions qu'on donne d'ouvrages anciens, et très peu des livres contemporains. Exemple les *Lundis* de Sainte-Beuve et la *Vie littéraire* d'Anatole France. Mais tandis que M. Anatole France juge à merveille ses contemporains, on peut dire que Sainte-Beuve a méconnu tous les grands écrivains de son temps. Et qu'on n'objecte pas qu'il était aveuglé par des haines personnelles. Après avoir incroyablement rabaissé le romancier chez Stendhal, il célèbre, en manière de compensation, la modestie, les procédés délicats de l'homme, comme s'il n'y avait rien d'autre de favorable à en dire ! Cette cécité de Sainte-Beuve, en ce qui concerne son époque, contraste singulièrement avec ses prétentions à la clairvoyance, à la prescience. « Tout le monde est fort, dit-il, dans

On pourrait presque aller jusqu'à dire, renouvelant peut-être, par cette interprétation d'ailleurs toute partielle, la vieille distinction entre classiques et romantiques, que ce sont les publics (les publics intelligents, bien entendu) qui sont romantiques, tandis que les maîtres (même les maîtres dits romantiques, les maîtres préférés des publics romantiques) sont classiques. (Remarque qui pourrait s'étendre à tous les arts. Le public va entendre la musique de M. Vincent d'Indy, M. Vincent d'Indy relit celle de Monsigny [1]. Le public va aux

---

Chateaubriand et son groupe littéraire, à prononcer sur Racine et Bossuet... Mais la sagacité du juge, la perspicacité du critique, se prouve surtout sur des écrits neufs, non encore essayés du public. Juger à première vue, deviner, devancer, voilà le don critique. Combien peu le possèdent. »

1. Et, réciproquement, les classiques n'ont pas de meilleurs commentateurs que les « romantiques ». Seuls, en effet, les romantiques savent lire les ouvrages classiques, parce qu'ils les lisent comme ils ont été écrits, romantiquement, parce que, pour bien lire un poète ou un prosateur, il faut être soi-même, non pas érudit, mais poète ou prosateur. Cela est vrai pour les ouvrages les moins « romantiques ». Les beaux vers de Boileau, ce ne sont pas les professeurs de rhétorique qui nous les ont signalés, c'est Victor Hugo :

> *Et dans quatre mouchoirs de sa beauté salis*
> *Envoie au blanchisseur ses roses et ses lys.*

C'est M. Anatole France :

> *L'ignorance et l'erreur à ses naissantes pièces*
> *En habits de marquis, en robes de comtesses.*

Le dernier numéro de *la Renaissance latine* (15 mai 1905) me permet, au moment où je corrige ces épreuves, d'étendre, par un nouvel exemple, cette remarque aux beaux-arts. Elle nous montre, en effet, dans M. Rodin (article de M. Mauclair) le véritable commentateur de la statuaire grecque.

expositions de M. Vuillard et de M. Maurice Denis cependant que ceux-ci vont au Louvre.) Cela tient sans doute à ce que cette pensée contemporaine que les écrivains et les artistes originaux rendent accessible et désirable au public, fait dans une certaine mesure tellement partie d'eux-mêmes qu'une pensée différente les divertit mieux. Elle leur demande, pour qu'ils aillent à elle, plus d'effort, et leur donne aussi plus de plaisir ; on aime toujours un peu à sortir de soi, à voyager, quand on lit.

Mais il est une autre cause à laquelle je préfère, pour finir, attribuer cette prédilection des grands esprits pour les ouvrages anciens [1]. C'est qu'ils n'ont pas seulement pour nous, comme les ouvrages contemporains, la beauté qu'y sut mettre l'esprit qui les créa. Ils en reçoivent une autre plus émouvante encore, de ce que leur matière même, j'entends la langue où ils furent écrits, est comme un miroir de la vie. Un peu de bonheur qu'on éprouve à se promener dans une ville comme Beaune qui garde intact son hôpital du xvᵉ siècle, avec son puits, son lavoir, sa voûte de charpente lambrissée et peinte, son toit à hauts pignons percé de lucarnes que couronnent de légers épis en plomb

---

1. Prédilection qu'eux-mêmes croient généralement fortuite : ils supposent que les plus beaux livres se trouvent par hasard avoir été écrits par les auteurs anciens ; et sans doute cela peut arriver puisque les livres anciens que nous lisons sont choisis dans le passé tout entier, si vaste auprès de l'époque contemporaine. Mais une raison en quelque sorte accidentelle ne peut suffire à expliquer une attitude d'esprit si générale.

martelé (toutes ces choses qu'une époque en dispa-
raissant a comme oubliées là, toutes ces choses qui
n'étaient qu'à elle, puisque aucune des époques qui
l'ont suivie n'en a vu naître de pareilles), on ressent
encore un peu de ce bonheur à errer au milieu d'une
tragédie de Racine ou d'un volume de Saint-Simon.
Car ils contiennent toutes les belles formes de
langage abolies qui gardent le souvenir d'usages, ou
de façons de sentir qui n'existent plus, traces
persistantes du passé à quoi rien du présent ne
ressemble et dont le temps, en passant sur elles, a
pu seul embellir encore la couleur.

Une tragédie de Racine, un volume des
Mémoires de Saint-Simon ressemblent à de belles
choses qui ne se font plus. Le langage dans lequel ils
ont été sculptés par de grands artistes avec une
liberté qui en fait briller la douceur et saillir la force
native, nous émeut comme la vue de certains
marbres, aujourd'hui inusités, qu'employaient les
ouvriers d'autrefois. Sans doute dans tel de ces
vieux édifices la pierre a fidèlement gardé la pensée
du sculpteur, mais aussi, grâce au sculpteur, la
pierre, d'une espèce aujourd'hui inconnue, nous a
été conservée, revêtue de toutes les couleurs qu'il a
su tirer d'elle, faire apparaître, harmoniser. C'est
bien la syntaxe vivante en France au XVIIe siècle —
et en elle des coutumes et un tour de pensée
disparus — que nous aimons à trouver dans les vers
de Racine. Ce sont les formes mêmes de cette
syntaxe, mises à nu, respectées, embellies par son
ciseau si franc et si délicat, qui nous émeuvent dans
ces tours de langage familiers jusqu'à la singularité

et jusqu'à l'audace [1] et dont nous voyons, dans les morceaux les plus doux et les plus tendres, passer comme un trait rapide ou revenir en arrière en belles lignes brisées, le brusque dessin. Ce sont ces

1. Je crois par exemple que le charme qu'on a l'habitude de trouver à ces vers d'Andromaque :

> *Pourquoi l'assassiner? Qu'a-t-il fait? A quel titre?*
> *Qui te l'a dit?*

vient précisément de ce que le lien habituel de la syntaxe est volontairement rompu. « A quel titre? » se rapporte non pas à « Qu'a-t-il fait? » qui le précède immédiatement, mais à « Pourquoi l'assassiner? Et « Qui te l'a dit? » se rapporte aussi à « assassiner ». (On peut, se rappelant un autre vers d'Andromaque : « Qui vous l'a dit? » est pour « Qui te l'a dit, de l'assassiner? ») Zigzags de l'expression (la ligne récurrente et brisée dont je parle ci-dessus) qui ne laissent pas d'obscurcir un peu le sens, si bien que j'ai entendu une grande actrice plus soucieuse de la clarté du discours que de l'exactitude de la prosodie dire carrément : « Pourquoi l'assassiner? A quel titre? Qu'a-t-il fait? » Les plus célèbres vers de Racine le sont en réalité parce qu'ils charment ainsi par quelque audace familière de langage jetée comme un pont harti entre deux rives de douceur. « Je t'aimais inconstant, *qu'aurais-je fait* fidèle. » Et quel plaisir cause la belle rencontre de ces expressions dont la simplicité presque commune donne au sens, comme à certains visages dans Mantegna, une si douce plénitude, de si belles couleurs :

> *Et dans un fol amour ma jeunesse* embarquée...
> *Réunissons trois cœurs qui n'ont pu* s'accorder.

Et c'est pourquoi il convient de lire les écrivains classiques dans le texte, et non de se contenter de morceaux choisis. Les pages illustres des écrivains sont souvent celles où cette contexture intime de leur langage est dissimulée par la beauté, d'un caractère presque universel, du morceau. Je ne crois pas que l'essence particulière de la musique de Glück se trahisse autant dans tel air sublime que dans telle cadence de ses récitatifs où l'harmonie est comme le son même de la voix de son génie quand elle retombe sur une intonation involontaire où est marquée toute sa gravité naïve et sa distinction, chaque fois qu'on

formes révolues prises à même la vie du passé que
nous allons visiter dans l'œuvre de Racine comme
dans une cité ancienne et demeurée intacte. Nous
éprouvons devant elles la même émotion que
devant ces formes abolies, elles aussi, de l'architecture, que nous ne pouvons plus admirer que dans
les rares et magnifiques exemplaires que nous en a
légués le passé qui les façonna : telles que les vieilles
enceintes des villes, les donjons et les tours, les
baptistères des églises ; telles qu'auprès du cloître,
ou sous le charnier de l'Aitre, le petit cimetière qui
oublie au soleil, sous ses papillons et ses fleurs, la
Fontaine funéraire et la Lanterne des Morts.

Bien plus, ce ne sont pas seulement les phrases
qui dessinent à nos yeux les formes de l'âme
ancienne. Entre les phrases — et je pense à des
livres très antiques qui furent d'abord récités, —
dans l'intervalle qui les sépare se tient encore
aujourd'hui comme dans un hypogée inviolé, rem-
plissant les interstices, un silence bien des fois
séculaire. Souvent dans l'Evangile de saint Luc,

---

l'entend pour ainsi dire reprendre haleine. Qui a vu des photographies
de Saint-Marc de Venise peut croire (et je ne parle pourtant que de
l'extérieur du monument) qu'il a une idée de cette église à coupoles,
alors que c'est seulement en approchant, jusqu'à pouvoir les toucher
avec la main, le rideau diapré de ces colonnes riantes, c'est seulement
en voyant la puissance étrange et grave qui enroule des feuilles ou
perche des oiseaux dans ces chapiteaux qu'on ne peut distinguer que de
près, c'est seulement en ayant sur la place même l'impression de ce
monument bas, tout en longueur de façade, avec ses mâts fleuris et son
décor de fête, son aspect de « palais d'exposition », qu'on sent éclater
dans ces traits significatifs mais accessoires et qu'aucune photographie
ne retient, sa véritable et complexe individualité.

rencontrant les *deux points* qui l'interrompent avant chacun des morceaux presque en forme de cantiques dont il est parsemé [1], j'ai entendu le silence du fidèle, qui venait d'arrêter sa lecture à haute voix pour entonner les versets suivants [2] comme un psaume qui lui rappelait les psaumes plus anciens de la Bible. Ce silence remplissait encore la pause de la phrase qui, s'étant scindée pour l'enclore, en avait gardé la forme ; et plus d'une fois, tandis que je lisais, il m'apporta le parfum d'une rose que la brise entrant par la fenêtre ouverte avait répandu dans la salle haute où se tenait l'Assemblée et qui ne s'était pas évaporé depuis près de deux mille ans. La divine comédie, les pièces de Shakespeare, donnent aussi l'impression de contempler, inséré dans l'heure actuelle, un peu de passé ; cette impression si exaltante qui fait ressembler certaines « Journées de lecture » à des journées de flânerie à Venise, sur la Piazetta par exemple, quand on a devant soi, dans leur couleur à demi irréelle de choses situées à quelques pas et à bien des siècles,

---

1. « Et Marie dit : « Mon âme exalte le Seigneur et se réjouit en Dieu mon Sauveur, etc. » — Zacharie son père fut rempli du Saint-Esprit et il prophétisa en ces mots : « Béni soit le Seigneur, le Dieu d'Israël de ce qu'il a racheté, etc. » « Il la reçut dans ses bras, bénit Dieu et dit : « Maintenant, Seigneur, tu laisses ton serviteur s'en aller en paix... »

2. A vrai dire aucun témoignage positif ne me permet d'affirmer que dans ces lectures le récitant chantât les sortes de psaumes que saint Luc a introduits dans son évangile. Mais il me semble que cela ressort suffisamment du rapprochement de différents passages de Renan et notamment de saint Paul, p. 257 et suiv. les Apôtres, p. 99 et 100. Marc-Aurèle, p. 502-503, etc.

les deux colonnes de granit gris et rose qui portent sur leurs chapiteaux, l'une le lion de saint Marc, l'autre saint Théodore foulant le crocodile ; ces deux belles et sveltes étrangères sont venues jadis d'Orient sur la mer qui se brise à leurs pieds ; sans comprendre les propos échangés autour d'elles, elles continuent à attarder leurs jours du XIIe siècle dans la foule d'aujourd'hui, sur cette place publique où brille encore distraitement, tout près, leur sourire lointain.

PASTICHES

MÉLANGES

ŒUVRES DE MARCEL PROUST

Aux Éditions Gallimard

CORRESPONDANCE AVEC GASTON GALLIMARD, 1912-1922

MON CHER PETIT, LETTRES À LUCIEN DAUDET

Bibliothèque de la Pléiade

À LA RECHERCHE DU TEMPS PERDU
Nouvelle édition augmentée d'inédits, établie sous la direction de Jean-Yves Tadié, 1987-1989 (4 volumes).

CONTRE SAINTE-BEUVE *précédé de* PASTICHES ET MÉLANGES *et suivi de* ESSAIS ET ARTICLES. *Édition de Pierre Clarac avec la collaboration d'Yves Sandre.*

JEAN SANTEUIL *précédé de* LES PLAISIRS ET LES JOURS
Édition de Pierre Clarac avec la collaboration d'Yves Sandre.

*Ouvrage reproduit
par procédé photomécanique.
Impression S.E.P.C.
à Saint-Amand (Cher), le 7 septembre 1992.
Dépôt légal : septembre 1992.
Numéro d'imprimeur : 1841-1283.*
ISBN 2-07-072218-1./Imprimé en France.